U0799855

南方的立場

南方都市报◎出品
李文凯　周筱赟◎主编

南方都市报2008年度社论精选［第三辑］

南方日报出版社
NANFANG DAILY PRESS

图书在版编目（CIP）数据

南方的立场·第3辑：南方都市报2008年度社论精选 / 李文凯，周筱赟主编.—广州：南方日报出版社，2009.4

ISBN 978-7-80652-851-8

Ⅰ.南… Ⅱ.①李…②周… Ⅲ.报刊—社论—汇编—广州市 Ⅳ.D609

中国版本图书馆CIP数据核字（2009）第037964号

南方的立场·第3辑——南方都市报2008年度社论精选

李文凯 周筱赟 主编

出版发行：南方日报出版社
地　　址：广州市广州大道中289号
电　　话：（020）87373998-8502
经　　销：全国新华书店
印　　刷：佛山市浩文彩色印刷有限公司
开　　本：787mm×1092mm 1/16
印　　张：15.5
字　　数：310千字
版　　次：2009年4月第1版
印　　次：2009年4月第1次印刷
定　　价：29.80元

投稿热线：（020）87373998-8503 读者热线：（020）87373998-8502

网址：http://www.nanfangdaily.com.cn/press http://www.southcn.com/ebook

发现印装质量问题，影响阅读，请与承印厂联系调换。

代序

不再孤独的喧嚣

□长平

2008年，世界一片喧嚣。声音从四面八方传来。

那是风雪的声音，在新年的天空呼啸；那是火车的声音，在冰冻的铁轨上滑过；那是民工的声音，在拥挤的火车站焦虑；那是军人的声音，在滑坡的公路上抢险……

那是地震的声音，在午后的大地轰鸣；那是灾民的声音，在垮塌的房屋中哭泣；那是父母的声音，在教室的废墟上呼唤；那是总理的声音，在瓦砾的缝隙中穿行；那是志愿者的声音，在爱的心扉颤动……

那是奥运的声音，在古老的北京响起；那是火炬的声音，在潮湿的风中燃烧；那是古缶的声音，在奢华的展演中开幕；那是加油的声音，在斑驳的赛场上呐喊；那是金牌的声音，在激动的泪光中闪耀……

那是华尔街的声音，在银行的倒闭中惊叫；那是股票的声音，在疯狂的下跌中嘶吼；那是房市的声音，在转折的路口彷徨；那是企业的声音，在狼狈不堪中喘息；那是失业者的声音，在寒冬的夜晚瑟缩……

在这所有的声音中，有一种声音至关重要，它无所不在，无微不至，无可替代，无处遁形，那就是媒体的声音。

它从记者的喉咙里发出，从编辑的指尖穿过，从印刷机的滚筒下碾过，从演播厅的灯光中烤过，从服务器的数据里挤过，历尽艰难来到你的面前。也许有些疲惫，也许有些变形，但是它仍然在回荡，它是声音的通道，也是声音的源头，它是声音中的声音，哭泣中的哭泣，欢笑中的欢笑，愤怒中的愤怒，赞美中的赞美。

你所听到的声音，多半来自媒体。你听到很黄很暴力，那是电视里的画面；你听到印花税涨涨跌跌，那是报纸上的油墨；你听到外媒歪曲事实，那是网络的比特；你听到奥巴马的演讲，那是收音机的音频。

媒体就是社会的声音。

声音就是世界的希望。

如果沉默是一堵墙，声音就是墙上的门窗；如果黑暗是一片海洋，声音就是岸边的灯塔；如果不义是天上的阴霾，声音就是挤破云层的一缕阳光；如果恐惧是深夜街头的寒冷，声音就是那一把火柴的亮光。

有存在就有声音。

有声音就有一切。

2008年，我们经历过最大的伤痛，但是并没有绝望，因为声音始终没有消失；2008年，我们正在经历最大的恐慌，但是仍在努力挣扎，因为还有声音在传来。

2008年，有人想要掩盖声音，但是声音越来越大；有人想要封口，但是封不住的口越来越多——

没有因为政府开了新闻发布会，周老虎就弄假成真；没有因为有人做了俯卧撑，官员就不承担渎职的责任；没有因为短信被定性为谣言，市民就不再去散步；没有因为企业公关和政府拖延，有毒奶粉就继续残害孩子；没有因为官商勾结瞒上欺下，伤亡数字就无人知晓；没有因为真假记者排队领取封口费，矿难就如同没有发生过一样……

2008年最大的改变，就是声音越来越响亮；2008年最大的进步，就是声音越来越多元——

媒体的发声平台更多了：报纸的评论版多了，电视的评论员多了，网络的评论频道多了，个人博客多了，社会公共论坛多了。

大智大勇的记者更多了：年轻的记者依然眼疾手快，资深的记者更加矛利盾坚；市场化媒体不敢落后，官方通讯社也进步不小；传统媒体的记者不乏铁肩道义，网络博客的公民记者更见妙手文章。

发言的人更多了：记者在新闻现场奔走，评论员在新闻背后摇唇鼓舌，网民在论坛上振臂高呼，官员在网谈中积极回应，人大、政协代表在两会上激烈争吵，知名的慈善家在呼唤爱心，普通的志愿者也在就事论事。

声音五彩缤纷，世界因此而美丽。

声音参差不齐，人们因此而幸福。

2008年，那些揭露黑暗的记者，不再孤立无援；那些力排众议的声音，不再独自承受。

世界从来不缺少声音，但是它曾经是那么单调；世界从来都很喧嚣，但是它曾经只有一种立场。

在媒体的声音中，没有喧嚣的孤独，只有孤独的喧嚣。

喧嚣应该多元，声音需要包容。

2008年，有一些声音让你听得刺耳，有一些声音让你觉得无聊，有一些声音让你感到愤怒，有一些声音让你认为不可理喻。

不要试图去消灭它们。包容，尊重，倾听，理解，思考，然后发出你自己的声音。

你的嗓门可以很响亮，但是不要掩盖了对方的声音；你的言辞可以很激烈，但是不要变成毫无意义的谩骂。

那些声音中的确有无数的垃圾，但是请让更多的声音来大浪淘沙；记者中的确有一些人出卖良知，但是请让更多的声音来明辨是非。

声音就是流水，可以涤荡尘埃；声音就是杀毒剂，可以消灭细菌。

请让我们把这个节日，献给所有的声音。

所有提供事实的人，哪怕只有一条线索；所有发表评论的人，哪怕只是只言片语——不管你是记者还是网友，不管你是官员还是民工，不管你是中国人还是外国人，不管你是成人还是孩子，不管你在台前还是幕后，不管你用电脑还是用手语，只要你曾发出声音，就请你和我们分享这个节日。

这个节日属于你们！

你们就是声音！

你们就是世界！

（本文为2008年11月8日社论，原为献给2008年记者节而作）

目录

事件：中国国家主席胡锦涛2007年12月31日通过中国国际广播电台、中央人民广播电台和中央电视台发表了题为“共同推进人类和平与发展的崇高事业”的新年贺词。他在贺词中强调，2008年，对中国人民来说，是十分重要的一年。中国将隆重纪念改革开放30周年。1978年开始的改革开放，是决定当代中国命运的关键抉择，社会主义中国的面貌由此发生了历史性变化。

观点：盘点30年改革的伟大成绩并非难事，难的是如何在原有改革动力消失殆尽、利益诉求各执一端的社会背景下再次扣响改革的扳机。在2008年，中国最需遭遇的，乃是这样的机遇与勇气；在2008年，与国民最息息相关的，正是这样的与众不同。

2008，与众不同

Hello，2008!

在等待2008的日子，我们默念了许多遍，也吟唱了许多遍：We are ready。

在迎来2008的今日，许它一个新的起点，一起期待366天的递进：Are you ready?

对每个人来说，这长长的一年，未必可以早早地谋篇布局。但那些已经过去的苦乐笑泪，给你独自体会的收获，那些依然温热的梦想，让你坚信前路的风景——2008，要与众不同。

对一个国家来说，这短短的一年，却早在更大的时空逻辑里。要向民生负责，要向世界证明，要向历史致敬，要向现状宣战。积跬步为至千里，瞻前后而忧患不止——2008，当与众不同。

对新闻媒体来说，这丰富多彩的一年，有足够激的扣人心弦，有足够炫的眼花缭乱，有足够震撼的宏大叙事，有足够煽情的人间冷暖。2008，必定与众不同了。问题是：在喧嚣中，我们能否保持冷静；在纷繁中，我们能否甄别要点；在爆发中，我们能否记录真实；在关键处，我们能否助力潮流；在多年后，我们能否依然无愧于此。

既然历史选择了2008，那且看2008会创造怎样的历史。

2008年，是大选年。大洋彼岸的美国，“布什王朝”即将落幕，四年一轮的厮杀，谁将执掌超级大国的权柄？北方重邻俄罗斯，“普京王朝”能否告终？转型路上的取舍，究竟如何回应超级大国的旧梦？这两个国家的变局，构成中国政府最重要的外交要素，更关乎中国民众比对世界的最关键参照。而台湾岛上的政治纷争，也很快要在这一年见分晓。海峡两岸的进退祸福，华人民主试验的成败功过，则又是中国最紧要的内政国运。

2008年，是奥运年。加入WTO，主办奥运会，这是中国回归世界主流的两大标志性诉求，虽百般曲折，锲而不舍而终偿夙愿。雅典的运动场不同于罗马的斗兽场，奥运会的荣光也绝非躯体之野蛮。亮出“同一个世界，同一个梦想”的口号，给出“绿色奥运，科技奥运，人文奥运”的承诺，不仅于体育竞技追求更高、更快、更强，而且于社会治理要兑现更开放、更透明、更自由。在奥运到来之前，中国已经开始了自己的积极改变；在奥运到来之后，中国没有理由不把这一改变坚持到底、推往深层。

2008年，是解放思想、改革开放30周年。三十而立，人犹如此，改革的大业又如何？重温历史，是要梳理我们从何处来，是要审视当下困在了何地，是要讨论接下来该往何处去。这30周年的纪念，官方必有隆重的庆典，而民间早就开始了各抒己见的激烈大辩论，不求共识重构，而见利益各表。对改革衣钵的继承者而言，这是一份遗产，更是一重阻拦——盘点30年改革的伟大成绩并非难事，难的是如何在原有改革动力消失殆尽、利益诉求各执一端的社会背景下再次扣响改革的扳机。在2008年，中国最需遭遇的，乃是这样的机遇与勇气；在2008年，与国民最息息相关的，正是这样的与众不同。

认定2008年的再次解放、重启改革，作为新闻人，我们唯愿能张大自己的耳朵，听清吹绿江岸的风声，睁大自己的眼睛，辨清奔出前村的波纹。我们将在时间隧道里穿梭，在南北大地上奔走，让回忆与期许聚会，让细节与线索补充，让不同的意见对话，让具体的行动共鸣。当然，这所有的一切，最终要呈于报纸之上，沟通关心家国与家人的你。

在这与众不同的一年中，我们一起坚持和努力。

（2008年1月1日）

事件：中国人民政治协商会议全国委员会1日上午举行新年茶话会。中共中央总书记、国家主席、中央军委主席胡锦涛在茶话会上发表重要讲话。胡锦涛指出，2008年是我国实行改革开放30周年。我们要对改革开放进行系统回顾总结，以生动的事实、伟大的成就、成功的经验对全党全国人民进行坚持改革开放的教育，进一步坚定走中国特色社会主义道路、坚持中国特色社会主义理论体系的决心和信心。

观点：立足国情的改革开放自有30年风华，却也指示出程度不等、形式不一的困局所在，譬如政治体制改革滞后于经济体制改革、腐败顽疾难以根除、行政权力问责难等等。这些方面情势急迫，甚而倒逼改革，但诸如此类的切要之处并非改革开放的失败，而是启动新一轮改革开放的起点，也是重新树立改革开放的荣誉、拓展改革开放价值的凭依。

三十年纪念：为了更改革更开放

国家主席胡锦涛前日出席全国政协茶话会，他强调要坚持解放思想，对改革开放30年的经验进行系统的回顾总结。而在此前的元旦前夕，胡锦涛借助新年贺词同样表示将隆重纪念改革开放30周年。逢五小纪念、逢十大纪念本是传统所系，以“改革开放”为主旨确定纪念的基调则显得颇为意蕴深长。

在本国的语境中，纪念的目的可以是铭刻，也可以是忘却。无疑，国家最高领导人在新年前后反复申诉的是前一种表达。30年改革开放成果卓然，对国人和国家具有怎样的积极意义，已积累了丰富的阐述，无需赘言。当然，纪念改革开放要列举其具体而微的进步，但纪念的本身绝不该局限于此，而是要证明、确认及张扬改革开放的必要性和正当性。也就是说，纪念的目的实质上就是纪念的立场。亦即，改革开放绝对不能止歇，绝对不能走回头路，无改革则无希望无出路。

从这层含义上理解，行将贯穿全年的纪念活动实为一次国家总动员。这也让纪念改革开放突破了纯粹的仪式感，勾连起社会人心。而社会需要慰藉，人心需要温暖。梳理改革开放的成就，总结改革开放的经验，总而言之展示改革开放的正面力量是必需的。现实地看，改革必定存在风险，继续改革难免遭遇更大的风险。以纪念的方式宣示改革开放的正效应，可激荡进取的勇气，保育振奋的锐气。

正如胡锦涛所言，改革开放是“新的伟大革命”，自然包括社会改革和思想变革，这充分说明了改革开放的基本面错综复杂。但既言革命，必然隐寓着反对力量的存在。改革开放30年，利益调整的力度前所未有，社会转型过程中有断裂也有伤痕，造成了所谓“三千年未有之变局”。在此格局下形成不满甚至反对意见都不奇怪。它们来源广泛，也不能简单地斥之为反动。实际上，褒扬之中隐含微词，既可能是改革开放的失误所致，也可能是改革开放的不足使然。

否认这些就不是实事求是，也就会造成改革开放纪念中的缺憾。

从纪念改革开放中汲取信心，是纪念的应有之义。但评估改革开放绝不能只是积攒功劳簿。30年来的改革开放是摸着石头过河，经验具有无比珍贵的价值。在下一步涉足改革开放的深水区时，必定离不开这些经验所提供的智慧。然而，在秉承改革开放的宝贵经验时，也要警惕经验主义的墨守成规或意志消沉。对照改革开放更广阔的经纬度，参考世界文明的普世原则，积蓄拓荒的果敢精神，诚恳地考虑理当改革的领域中不够改革的地方，以及养成更有胆略的批判精神，直面不够开放或开放得不好的地方。

立足国情的改革开放自有30年风华，却也指示出程度不等、形式不一的困局所在，譬如政治体制改革滞后于经济体制改革、腐败顽疾难以根除、行政权力问责难等等。这些方面情势急迫，甚而倒逼改革，但诸如此类的切要之处并非改革开放的失败，而是启动新一轮改革开放的起点，也是重新树立改革开放的荣誉、拓展改革开放价值的凭依。曾有一段时间，关于要不要继续改革开放的讨论出现喧哗。今年纪念改革开放的主基调回应了这种吵闹，但以改革之举创造新境地才是凝聚共识、巩固改革合法性的利器。

警醒改革开放的不足，以及实现一个完整意义上的改革开放——这样的命题是随着改革开放的进程自然产生的。假使在纪念中消失了这种使命感，改革开放的生命力恐怕就要萎缩，乃至于无所依附。因而，纪念30年磨一剑固然要享受满足的愉悦感，但更深切的应是体察其背后的危机。未来的改革路径是深化，也是补白。

雄关漫道，为了铭记的纪念当有志于此，并逐一征服。历史地看，无数曲折和动荡磨砺了改革的韧性，使得它有足够的能力抗击风险，再行试验。30年了，揭示改革的力所不逮之处，抑或袒露开放的荒废之所，只为向前向内再冲锋、再抵近、再有成就。如此纪念，才是真的纪念。

（2008年1月3日）

事件：2007 年 12 月 29 日，广电总局和信息产业部联合发布了《互联网视听节目服务管理规定》，这一规定将于 2008 年 1 月 31 日起生效。《规定》明确指出，国家对互联网等信息网络视听节目服务实行许可证制度。从事互联网视听节目服务，需先向广电主管部门申办信息网络传播视听节目许可证或履行备案手续，然后向电信主管部门申办电信业务经营许可。《规定》还要求申请者须为国有独资或国有控股单位。

观点：网络视频节目的产业管制，直接触及无数企业的发展利益，是为公平；也捆绑了网络时代社会表达的公民权利，是为正义；还牵系文化繁荣社会进步的自由精神，是为责任。如此攸关大义，行政作为万莫如此轻率。

冷风吹向网络　监管莫误竞争

新年刚到，互联网吹来了冷风。近日，国家广电总局和信息产业部联合发布了《互联网视听节目服务管理规定》，这个即将从今年 1 月 31 日起施行的规定，旨在抬高行业准入门槛，将网上五花八门的视频节目纳入更加严格的监管。依照规定，今后申请互联网视听节目服务的企业，必须是国有独资或国有控股单位，且在申请之日前三年内无违法违规记录。许多人直觉认为，曾经百花齐放的网络视频节目，恐怕不日将因接受“健康有序之指导”而不复繁荣。

在更明晰的政策细节发布之前，业界人士与网民的疑惧却已真实确定。行政法规撒开大网，不仅仅勒住了产业发展的网绳，还牵住了网络表达的空间，前者左右了直接的产业利益分配，后者令自由开放的视频节目创作受掣肘。就这两重顾虑，已经可以感觉到一番春寒。更技术性的细节当然仍待明确，诸如今后是否只能由国企提供网络视频节目，网友自发拍摄的视频节目是否可以上传，目前红火的视频网站是否仍能存在。我们期望每一个答案都积极向上，但也只能是期望而已。

过去的一年，互联网深度介入社会生活，从史上“最牛钉子户”到华南虎照风波，从政治盛会到厦门 PX，网络见证了走向开放的国家步伐，网民参与了顽强掘进的历史进程。关于互联网的任何管制措施，都可能在这种敏感的社会情绪中放大它的负面效应。有权威数据表明，截至去年 6 月，中国已拥有 1.62 亿网民和 6710 万台上网电脑。网络所汇聚的人气，所展开的图景，所揭示的真相，已经使其成为变革时代的健康力量，一切进步的民众都是唯愿它更加繁荣更加开放，而不是相反。

因此，进取有为的产业政策，当鼓励这种朝向历史进步方向的技术繁荣与文明传播，而不能以计划经济视野之中的所有制偏见，人为压制市场力量的正常进入和生长。就互联网在中国的发展历程来看，几乎是清一色的民营企业开创了今天的互联网产业，事实也证明民营企业的作为，丝毫无愧于一个全新时代的引领者角色。以所谓国有民营的所有制划分，在网络视频节目领域向民营企业竖起高耸的门槛，如非政治上不信任，便是经济上太盲目，实不可取。

而从网络经济的发展来看，自从 Web2.0 出现以来，网络更加注重用户之间的交互作用，网民既是网络内容的浏览者，也是网站内容的制造者。许多基于交互技术的社区、交友和视频网站的前景甚好。目前，Web2.0 应用最多的是博客，第二位的即是网络视频。不少中国的网络企业欲咬定网络视频，再度发力做大产业。此番国家广电总局与信息产业部的管制政策，无疑令诸多有志于此的网络企业，将不得不重新调整重心，增大企业的战略成本，甚至可能被强行赶出这一轮的产业竞争。

无论是出于对文化发展的政策解套，对思想创新的真诚鼓励，还是对保护市场的公平竞争，尊重文化表达的充分权利，广电总局与信息产业部的管制政策，都显出行政干预的惊心之处。网络视频节目的产业管制，直接触及无数企业的发展利益，是为公平；也捆绑了网络时代社会表达的公民权利，是为正义；还牵系文化繁荣社会进步的自由精神，是为责任。如此攸关大义，行政作为万莫如此轻率。

（2008 年 1 月 4 日）

事件：中国人民大学宪政与行政法治研究中心对2007年度全国发生的、具有影响的21个宪法事例进行在线投票，并结合专家评议意见评选出了“2007年度中国十大宪法事例”。它们是：重庆“最牛钉子户”事件、山西黑砖窑事件、肖志军案件、69名专家学者签名建议废除劳动教养制度事件、《劳动合同法》的颁布与深圳华为公司7000员工辞职事件、山东淄博淄川区实行城乡按相同人口比例选人大代表事件、《政府信息公开条例》的制定、厦门PX项目事件、上海市人大否决上海市政府医保议案事件以及广电总局对娱乐节目、“选秀”节目的限制。

观点：2007年的宪法事例告诉我们，最好的维护就是让它为民所用。法学界有名言曰：法律必须被信仰，否则它形同虚设。怎样才能获得真正的信仰呢？那就是让它成为民众生活的伴侣。没有救济就没有法律，没有依赖就没有信仰。

宪法的尊严源自为民所用

继去年评选“2006年度十大宪法事例”之后，最近中国人民大学宪政与行政法治研究中心又一次举办研讨会，邀请来自各方的60多位专家评出了“2007年度中国十大宪法事例”。与去年相比，公众对今年的事例更加熟悉，甚至铭心刻骨。这是因为公众的权利意识更加觉醒，并且用自己的行动激活了宪法。

这十大事件中，多数跟日常民生直接相关，如重庆“最牛钉子户”事件、肖志军案件、《劳动合同法》的颁布与深圳华为公司7000员工辞职事件、厦门PX项目事件等；有的更涉及到消费权利和言论自由，如广电总局对娱乐节目、“选秀”节目的限制；有的关系到权力机关的建立和运作，如山东淄博淄川区实行城乡按相同人口比例选人大代表事件、《政府信息公开条例》及上海市人大否决上海市政府医保议案事件。站在普通民众的立场看，这些事情都与我有关，宪法可以为我所用。

这本来不应该是一个新鲜的发现，但是对很多人来说又的确是一个惊喜。从来人们都被告知，宪法是国家的根本大法，它规定国家的社会制度、国家制度、国家机构、公民的基本权利和义务等，在国家的法律中拥有最高的权威地位。在这个冗长的定义中，公民权利几乎被淹没不见。尤其是在实际的法律实践中，宪法往往不见踪影。在阶级分析的意识形态中，法律被视为统治阶级意志的体现，是一个阶级统治另一个阶级的工具，而不是它在现代政治学意义上的民众的集体盟约，对权力的构建和限制，对公正和秩序的有效维护。更由于数千年来的人治传统，长官意志决定一切，根本大法要么是对民众高高举起的大棒，要么是中看不中用的遮羞布。在现实生活中，谁要跟宪法去较真，谁就常常被当作傻瓜。

事情正在不知不觉中发生变化。我们要感谢法学家和法律工作者的贡献，他们让法律越来越深入人心，成为一种新的有效的社会组织力量。在一些具体的法律成为民众生活不可分割的一部分的同时，这两年他们又把宪法从神龛上抬了下来，不断地提醒人们说，要让被冷藏的宪法苏醒过来。法学博士、教授们一次又一次地上书人大，联名发表公开信，为宪法正名，为宪法呐喊，呼吁违宪审查。从去年开始的年度宪法事例评选，也是这些有益的工作的一部分。

我们更要感谢身边勇敢的民众，他们不仅举起了宪法，而且翻开了其中的篇章，拿出了具体的条款，来维护自己的权利。2007 年里尤其值得铭记的是，厦门市民的集体抗争与重庆“最牛钉子户”的个体抗争。令人欣慰的是，他们的艰苦努力都得到了应有的回报。这两起事件使得宪法大放异彩，让更多的人看到，宪法不仅建构抽象的国家，也维护具体的民权。其实，世界上并不存在抽象的国家，国家都是由具体的民权组成的。如果宪法不能维护民权，那么它就不够资格成为一部根本大法。

我们还要看到，公众对这些宪法事例如此熟悉，是因为并非只有一个人或者一个城市在抗争，更多的人通过互联网、报纸和电视给了他们充分的支持。从这个意义上说，2007 年的诸多事件，是民众维护宪法的权威和尊严的集体行动。

维护宪法的权威和尊严，也是我们从小就被灌输的观念。但是怎样才能维护它的权威和尊严呢？是让它独自高处不胜寒呢，还是让它随时把老百姓吓个半死？2007 年的宪法事例告诉我们，最好的维护就是让它为民所用。法学界有名言曰：法律必须被信仰，否则它形同虚设。怎样才能获得真正的信仰呢？那就是让它成为民众生活的伴侣。没有救济就没有法律，没有依赖就没有信仰。

我们必须承认，法律还没有真正被信仰，宪法的权威和尊严也没有得到足够的维护，这是因为我们连违宪审查制度都还没有建立起来。抗争虽然是救活被冷藏的宪法的一个有效办法，但要让宪法健康长寿，还得依靠常规的救济制度。

（2008 年 1 月 5 日）

事件：为进一步规范音像出版秩序，提高出版质量，遏制音像制品的“低俗之风”，新闻出版总署决定自2007年12月下旬至2008年3月中旬，用三个月时间在全国范围内对音像制品“低俗之风”进行一次集中整治。2007年12月下旬至2008年1月中旬，各音像出版、制作单位将对目前已出版的或正在制作的音像制品进行一次全面自查。对属于“低俗类”音像制品的，各音像出版、制作单位要停止制作、出版和销售，并进行封存、回收。

观点：若要真正地维护民众的道德标准，将反低俗的行动深入民心地执行下去，若要将大众认为低俗的事物清除掉，将大众喜爱并需要的事物留下来，首先要明白大众对低俗的标准。

政府反低俗，首先要承认大众标准

近日，国家新闻出版总署决定自2007年12月下旬至2008年3月中旬，用三个月时间在全国范围内对音像制品“低俗之风”进行一次集中整治。照例，在专项治理活动的通知中，政府不加定义地使用趣味低级、庸俗和低俗这些词语。而具体列举出来的打击对象大体可以分为两类：一类是低俗封面，是指那些内容健康但为了促销而使用色情挑逗封面的音像制品；另一类是低俗内容，是指那些以人体艺术为名反复展示女性裸体形象、趣味低级的音像制品。

几乎同时，国家广电总局官员在央视的节目中表示，国家对淫秽色情内容界定有明确标准。按他所言去寻找，我们可以找到一部国家新闻出版总署于1988年底颁布施行的《关于认定淫秽及色情出版物的暂行规定》。在这个简短的规定中，我们看到“淫亵性”成为一个反复使用的定语，认定何为“淫亵”成为判定淫秽及色情出版物的关键。但何为“淫亵”仍然缺少清楚的界定，所以其实很难说是“明确标准”。

如此较真地去追问几个形容词的定义，是因为它们在此处成为执法标准。实际上，由于世界上许多国家都有对淫亵物品的管制规定，所以其相关法律都会包含对“淫亵”一词的定义，英、美、日等国对这个词语的定义大致相同：依照大众标准不可接受、具有冒犯性的性行为，破坏普通人正常的羞耻感与道德标准。可以看出，定义“淫亵”的核心词语是“大众标准”，而不是“国家标准”；或者说，“国家标准”应该基于“大众标准”，这样才具备正当性。

按照这个逻辑类推，国家对低俗、低级趣味的界定标准，也应该基于“大众标准”。从2005年超女带出低俗话题以来，国家就展开过反低俗的行动。但是我们看到，依“国家标准”被判定为低俗的文化娱乐产品始终存在，而每一次反低俗行动都会引起民间一片“低俗”的嘘声。人们在质疑“反低俗”之时，最常发出的疑问就是，国家判定“低俗”的标准是什么？这个疑问的含义是，国家判定“低俗”的标准与“大众标准”不尽相同。这正是“低俗”屡反不绝的根源。

所以，若要真正地维护民众的道德标准，将反低俗的行动深入民心地执行下去，若要将大众认为低俗的事物清除掉，将大众喜爱并需要的事物留下来，首先要明白大众对低俗的标准。

要了解“大众标准”，其实并不是很困难。其一，要尊重大众的行为选择。收视率非常高的电视节目，有它的群众基础。其二，要倾听民众的声音。电视里循环播放的减肥美容产品广告，就是大众认可的低俗，广电总局每次下禁令都受到欢迎，但不知为何每次都禁不掉，以致还要再禁一次。其三，具体到“淫亵”的标准，大众不能接受、感到有罪的标准，有世界其他国家的标准可以借鉴，有一些基本的原则是普世通用的。

最近一则让人感到高兴而又荒唐的新闻是，世界著名的成人色情杂志《花花公子》和以三版女郎及趣味低俗著称甚至自我标榜的英国小报《太阳报》，获准于奥运会期间在北京出售。但奥运会一结束，这些报刊将重新被禁。其实这种做法可以理解，因为国际友人需要阅读这些报纸杂志，而中国显然没有权力去拯救外国人的堕落，只能承认他们有权利决定自己的阅读趣味，有能力为自己负责。但让人感到难堪的是，这一个开放再禁止的过程，赤裸裸地呈现出中国人与外国人的境遇区别，还有中国的“国家标准”与国际通行的标准之间的区别。

如果我们承认出版《花花公子》的美国和出版《太阳报》的英国并不比中国社会更加道德堕落，那么我们就应该承认类似的出版物不会让中国社会更低俗。中国人与外国人没有什么本质的不同，我们一样对自己有要求，明白自己要选择什么，有能力为自己负责——只要国家法律允许我们为自己负责。中国大众与外国大众对低俗、对罪恶感的道德基础也没有本质的区别。中国的“国家标准”与“大众标准”之间存在相当的距离，这个距离在社会现实中呈现为格外扭曲、无比顽固的低俗。

（2008年1月6日）

事件：据《财经》消息，开征环境税将成为2008年政府重点推进的税收政策之一。该课题组设计了中国环境税收政策的基本框架，提出了三种环境税方案及相应的实施建议，即独立型环境税方案、融入型环境税方案和环境税费方案。

观点：为避免环境税异变为产业行政整合的手段，税收的公平尤为重要。在开征时对所有的企业一视同仁，中小企业与大型国企在统一的税率下进行，对大型国企征税不能以隐性补贴的方法进行财政返还，如政府对于中石化等公司的补贴等。这样做的结果是使税收激励无法通过价格传导体制发挥作用，使调控意图落空。

开征环境税　GDP恶性增长必须付出代价

开征环境税是解决环境问题的一个出路，这是用税收激励制度向企业与个人发出保护环境的正确信号。

据《财经》杂志报道，开征环境税将成为2008年政府重点推进的税收政策之一。具体研究制定工作则由财政部税政司、国税总局地方税司和国家环保总局政策法规司三部门联合进行。开征环境税与“十一五”期间节能减排目标及发展公共交通等经济增长模式一起，成为扭转中国GDP增长方式的有机组成部分。

环境危机无法忽视。中国的环境增长GDP增长是面子，环境污染与资源损耗是里子，内里千疮百孔而外表光鲜的经济增长迟早会付出惨重代价。

中国GDP近五年来以年均10%以上的速度增长，但扣除环境损失，有些省份的实际GDP可能是零增长甚至是负增长。这是我国绿色GDP核算小组成员、北京光华管理学院教授雷明的结论。

国家环保总局和国家统计局曾于2006年9月联合公布了2004年绿色GDP核算报告——所谓绿色GDP，分别用的是各省公布的GDP总量，扣除环境资源成本和对环境资源的保护服务费用——显示2004年全国因环境污染造成的经济损失为5118亿元，占当年GDP的3.05%。但此后在一些地方政府的强烈反对下，已经核算完成的2005年绿色GDP数据难见天日。某些地方政府不愿意把经济活动高昂的资源与环境代价公之于众，希望这代表的是地方政府的羞耻之心，而不是文过饰非

的官场态度。国家发展改革委员会副主任朱之鑫在十七大记者招
问时表示，在GDP核算中，将来一定要把必要的环境成本、资
内。关键在于，所谓“将来”必须有明确的时间界定，否则很可
同义语。

藏住了绿色GDP数据，却藏不住环境污染的客观现实。环境
我国绝大部分地区的水质污染、内河湖泊的断流，以及水土流失
加，表明经济发展的成本已无可隐藏。不计后果的GDP增长，必
的代价为本轮经济增长周期画上刺耳的休止符。

从国际形势来看，环保箭在弦上。除美国之外所有发达国家
议定书》，其核心是确定一个二氧化碳排放的基准值，减少温室气
展中国家的责任暂时被豁免，但迟早得加入这个团体之中，为过
向其他国家购买排放权，付出不菲的代价。这意味着，高污染高
经被封堵。

中国别无选择，低污染高发展是经济发展的必由之路。开征
染高能耗企业势在必行。

为避免环境税异变为产业行政整合的手段，税收的公平尤为
所有的企业一视同仁，中小企业与大型国企在统一的税率下进行
不能以隐性补贴的方法进行财政返还，如政府对于中石化等公司
的结果是使税收激励无法通过价格传导体制发挥作用，使调控意
政府滥用税收优惠政策是个屡治不绝的顽症，由于GDP仍是政绩
在地方政府的默许下，长江口等地的造纸厂排污管直通入海口，
泛滥。

改变目前头绪纷杂的排污收费制，改为统一的税收制度。目
措施以收费为主征税为辅，税收散见于资源税、消费税、增值税
时，资源税、消费税等税率低，对于资源产出地的环境破坏与资
效的补偿，造成企业巨富与资源产出地极贫的现象。由此形成错
采将富矿采为贫矿、资源浪费等现象成为中国经济发展无法承受
资源税专款专用，设立专项环保基金，根据资源产出地的环保评
劣式的拨付，才能改变当地产业生态。

减少收费、简化税目、增加税率，将排污税、产品税、能源
二氧化硫税等列入现有的消费税等项目之下，提高征税效率降低
蹈燃油税的覆辙，因为交通部等部门的反对，为了养活庞大的公
燃油税十几年不能出台，影响中国税收激励机制全面改革的大局。

道涉及辽宁省铁岭市西丰县县委
《法制日报》记者朱文娜进行立
者进行拘传，未果。

的舆论“审判”只是重申了常
者的舆论已经形成。从广泛的
力量。舆论，也只有舆论，才

下　舆论永不退

日报社主办的《法人》杂志
一名商人因反抗自营加油站
发短信，暗喻县官专权及当
刑三年半。进而，采访对象的
给出的理由竟然仍旧是：涉嫌
的是，记者提前知晓消息骇然
察所依恃的是以诽谤罪名开出
据法律解释，诽谤罪属于自诉
，西丰张姓县委书记推称对此
于间接承认拘传记者一事纯属
属于职务作品，采访对象有异
媒体就范，足以用恶劣至极来
举真的发生了。要知道西丰县
诽谤一案中，没有“受害者”，
没有逻辑的荒谬尽管荒谬，却能
能言的民间人士还是敢怒又敢言
快。怎样才能实现这一目的？罗
。依据一种大批斗式的推理，指

当局抹黑，非
罪者众多，现
在赴京拘
实实在在感知
者的官方举动
其所用，随时
公器私用的目
正是从这
的标本价值是
的法律条文正
略性和扩张欲
共机构。简而
此时，蒙
一边是软弱被
事例都证明，
缓慢的，快速
种自我疗伤式
而在权力
丰县派员拘传
实际上，法理
“审判”只是
舆论已经形成
力量。舆论，
在缉拿的
光之下。舆论

的官场态度。国家发展改革委员会副主任朱之鑫在十七大记者招待会上回答记者提问时表示，在GDP核算中，将来一定要把必要的环境成本、资源消耗成本计算在内。关键在于，所谓“将来”必须有明确的时间界定，否则很可能成为遥遥无期的同义语。

藏住了绿色GDP数据，却藏不住环境污染的客观现实。环境代价正在显性化，我国绝大部分地区的水质污染、内河湖泊的断流，以及水土流失与癌症村数量的增加，表明经济发展的成本已无可隐藏。不计后果的GDP增长，必然以日后更为高昂的代价为本轮经济增长周期画上刺耳的休止符。

从国际形势来看，环保箭在弦上。除美国之外所有发达国家均已签署的《京都议定书》，其核心是确定一个二氧化碳排放的基准值，减少温室气体排放量。虽然发展中国家的责任暂时被豁免，但迟早得加入这个团体之中，为过多排放的温室气体向其他国家购买排放权，付出不菲的代价。这意味着，高污染高发展之路的大门已经被封堵。

中国别无选择，低污染高发展是经济发展的必由之路。开征环境税，淘汰高污染高能耗企业势在必行。

为避免环境税异变为产业行政整合的手段，税收的公平尤为重要。在开征时对所有的企业一视同仁，中小企业与大型国企在统一的税率下进行，对大型国企征税不能以隐性补贴的方法进行财政返还，如政府对于中石化等公司的补贴等。这样做的结果是使税收激励无法通过价格传导体制发挥作用，使调控意图落空。部分地方政府滥用税收优惠政策是个屡治不绝的顽症，由于GDP仍是政绩考核的主要标准，在地方政府的默许下，长江口等地的造纸厂排污管直通入海口，各地赤潮、蓝藻泛滥。

改变目前头绪纷杂的排污收费制，改为统一的税收制度。目前我国的环保激励措施以收费为主征税为辅，税收散见于资源税、消费税、增值税等各项措施中，同时，资源税、消费税等税率低，对于资源产出地的环境破坏与资源损耗并未形成有效的补偿，造成企业巨富与资源产出地极贫的现象。由此形成错误的激励，企业滥采将富矿采为贫矿、资源浪费等现象成为中国经济发展无法承受之痛。将环境税与资源税专款专用，设立专项环保基金，根据资源产出地的环保评级分别进行奖优罚劣式的拨付，才能改变当地产业生态。

减少收费、简化税目、增加税率，将排污税、产品税、能源税、二氧化碳税和二氧化硫税等列入现有的消费税等项目之下，提高征税效率降低征税成本。不能重蹈燃油税的覆辙，因为交通部等部门的反对，为了养活庞大的公路收费大军，致使燃油税十几年不能出台，影响中国税收激励机制全面改革的大局。

（2008年1月7日）

事件：因为一篇报道涉及辽宁省铁岭市西丰县县委书记张志国，西丰县公安局以“涉嫌诽谤罪”为由对采写报道的《法制日报》记者朱文娜进行立案调查。1月4日，西丰县公安局多名干警赶到法制日报社对该记者进行拘传，未果。

观点：此时此境的舆论“审判”只是重申了常识、常理，显示了巨大的动员能力。眼下，声援媒体和记者的舆论已经形成。从广泛的意义上说，支持记者就是支持媒体，就是力挺一支珍贵的力量。舆论，也只有舆论，才是揭示真相、抗击专权的有生力量。

面对公权恫吓　舆论永不退场

今年元旦，法制日报社主办的《法人》杂志刊发《辽宁西丰：一场官商较量》一文。报道披露该县一名商人因反抗自营加油站被无偿强拆，而受到官方一连串打压，其投诉无望后编发短信，暗喻县官专权及当地官场黑暗。旋即，这名商人被以诽谤、偷税等罪名判刑三年半。进而，采访对象的遭遇波及记者。日前，西丰警方进京拘拿杂志记者，给出的理由竟然仍旧是：涉嫌诽谤县委书记。

比商人稍微幸运的是，记者提前知晓消息骇然避走，可西丰县公安局警察还在报社等候捉拿她。警察所依恃的是以诽谤罪名开出的拘传证，律师已用常识驳斥了其莫须有的性质。根据法律解释，诽谤罪属于自诉案件，不诉则不立，且由法院立案。而在媒体追访下，西丰张姓县委书记推称对此事自始至终都不知情。不管其表态有多么虚假，这等于间接承认拘传记者一事纯属荒谬。

记者的新闻报道属于职务作品，采访对象有异议可找报社寻求解决，直接采取捉捕记者的手段逼迫媒体就范，足以用恶劣至极来形容。可问题是，如此强横、如此无视法理的荒谬之举真的发生了。要知道西丰县发生此类案例已不是第一次。在此前处置商人所谓的诽谤一案中，没有“受害者”，当地法院却能堂而皇之地以诽谤罪加刑。由此可见，没有逻辑的荒谬尽管荒谬，却能产生让当权者满意的效果。

无论是敢怒却不能言的民间人士还是敢怒又敢言的记者，西丰县当局都视之如眼中钉，欲除之而后快。怎样才能实现这一目的？罗织罪名，认定为诽谤县委书记成了屡试不爽的手段。依据一种大批斗式的推理，指责经济发展中的问题就等于给当局抹黑，非议县委书记就等于伤害全县人民。近两年，在县市一级治域内因言获罪者众多，现代版本的文字狱屡见不鲜。由此，一项罪名演化成报复的利器。

在赴京拘传记者一事中，县委书记威吓记者的意图十分明显。作为同行，可以实实在在感知到记者所承受的恐惧。毕竟，相较于黑社会或孤立的恶势力，拘传记者的官方举动有极强悍的力量。它的背后隐藏着完整的国家暴力机构，公检法皆为其所用，随时听命于长官意志或专权的蛮横。这样一整套权力机器一旦启动，奔着公器私用的目标，不管是对媒体机关还是记者个人都具有极大的压迫感和杀伤力。

正是从这层含义上讲，西丰县拘传《法人》杂志社记者的行动带有典型性。它的标本价值是负面的，当予以高度警戒：在处理政府公关危机的过程中，定义模糊的法律条文正沦落为有效打击的政治手段。乃至于这种手段本身具有相当强烈的侵略性和扩张欲望，不仅希望掌控社会成员的个人命运，甚至不惜破坏大众媒体等公共机构。简而言之，它的恶果是将使社会和个人陷入不自由、受奴役的境地。

此时，蒙受诽谤罪名的商人正在服监禁，而当事记者或仍在躲藏。对立的双方一边是软弱被动，一边是咄咄逼人。救赎的几率似乎渺茫但希望仍在。前前后后的事例都证明，监狱永远不是权力最有说服力的手段。县域权力的进化和上级监督是缓慢的，快速的进步不敢奢望，可是不排除在某些紧急情况下的自我纠正，即便这种自我疗伤式的纠正与刮骨疗法相去甚远，或会以同样荒诞的面貌出现。

而在权力的德行自我修复之前，抵御专权的能量还离不开千万读者的积聚。西丰县派员拘传记者的消息经报纸公布天下，新闻刚在网上落定，随即引发高声讨伐。实际上，法理上苍白到无法立足的拘传令已被舆论“判为”非法。此时此境的舆论“审判”只是重申了常识、常理，显示了巨大的动员能力。眼下，声援媒体和记者的舆论已经形成。从广泛的意义上说，支持记者就是支持媒体，就是力挺一支珍贵的力量。舆论，也只有舆论，才是揭示真相、抗击专权的有生力量。

在缉拿的粗暴号令下，记者可以暂时选择隐匿。但持久地看，记者终将站在阳光之下。舆论不能输，也不会输。

（2008 年 1 月 8 日）

事件：“上次我上网查资料，突然弹出来一个网页，很黄很暴力，我赶紧把它给关了。”这是13岁的北京小学生张殊凡，在2007年12月27日19时《新闻联播》一则关于净化网络视听的新闻里接受采访时说的话。只因这一句“很黄很暴力”，关于张殊凡的视频、图片、恶搞漫画、帖子一夜泛滥成灾，网友更是把其视频截图放在显著位置，发帖号召人肉搜索……

观点：在被堕落的社会价值毒害、被暴力的教育制度残害、被“正面”的宣传体系利用之后，小姑娘的悲剧还没有结束，她又不幸地沦为这个压抑的社会中随时爆发的网络暴民的泄愤目标。一些网民显出下流、无耻和恶心的嘴脸，让任何良知尚存的人都感到无法容忍。

对不起小姑娘，你被所有的邪恶伤害

一个13岁的北京女孩，十几天前在中央电视台权威新闻节目《新闻联播》中现身，称上网查资料时弹出“很黄很暴力”的网页。这一则新闻被认为是为国家广电总局和信息产业部最近发布的《互联网视听节目服务管理规定》进行舆论造势。很自然，小姑娘的无辜受害形象被用来证明整肃网络视频的合理性和必要性。预感丰富多彩的免费视听大餐即将结束的一些网民被愤怒冲昏了头脑，随着一个叫做“召唤人肉搜索——×××——很黄很暴力”的网络热帖，小姑娘的个人详细情况被公布出来，网友的恶意很快汇聚成狂欢式的语言暴力：准色情漫画、打油诗、恶搞帖，甚至有人直接写出了令人发指的诅咒文字。

本来是非分明，错在作为新闻媒体的中央电视台，利用未成年人的无辜身份来完成其预设的道德谴责，先有断章取义之嫌，后有忽视未成年人权益之错。但是，网友的暴力讨伐搞错了对象，将怒气集中在出镜小姑娘身上，让是非变得复杂。一方面，小姑娘成为明显的受害者，即使她确实是配合“大人们”的要求说了谎，也不该遭受如此暴力的虐待。另一方面，网友放肆地将暴力施加在未成年人身上，成为明显邪恶一方，失去了原本可能的正义立场。这样一来，事情的焦点就转移到了“网络暴力”上，央视《新闻联播》对未成年人采访对象所实施的事实暴力，反倒被弱化了。而且，网络暴力将民间言论分裂开，也丧失了集体讨伐的能力。

网友为何要对一个小姑娘口中的五个字不依不饶，除了本来就对新颁布的网络管制怀有强烈不满，还有就是，这一电视情景让人想起了自己非常熟悉的谎言链条，这个链条是人们心中长久的隐痛。根据中国人从小受教育的常识，我们很容易展开猜想，一个“连年市三好生、市优秀学生干部”是如何“听话”，听老师的话，听家长的话，听学校的话。根据中国人对教育机构的了解、对人情世故的了解、对中央电视台的了解，我们很容易展开猜想，整个程序里相关的成年人们都受宠若惊地配合中央电视台，要求自己心爱的学生以说谎“配合”。这些猜想毫无根据，是人们的现实经验让这些猜想具有说服力。

值得讨论的状况是，如果小姑娘确实说了谎，我们应该如何理解这件事。她是一个值得同情的受害者，我们需要给她的是帮助，而不是谴责。如果我们相信小姑娘是受了“大人”们的唆使而说谎，那么她就不仅是《新闻联播》不专业的新闻报道的受害人，还从一开始、从根本上，就是“听大人话”式教育制度和“正面宣传”式社会价值的受害者。

如果网友憎恨的是那个灌输她、唆使她甚至压迫她的整个系统，那么就应该明白她是这个系统的俘虏和傀儡，而不是这个系统的主谋或者代言人。假想一个成年人在某种事实胁迫下说谎，那都是可以谅解的；以正义为名的人至多可以告诉他，你有选择，你可以选择去承担压力说真话。而现在，是一个生活在成年人苛刻评价体系之下的小学四年级的小姑娘，她没有形成自己的价值观和判断力，她没有能力抵御灌输，她没有能力抵抗压力。更何况，一个小姑娘坚持不说谎，不能保证所有小姑娘坚持不说谎，总能找到一个小姑娘顶不住压力在镜头面前说谎。

在被堕落的社会价值毒害、被暴力的教育制度残害、被“正面”的宣传体系利用之后，小姑娘的悲剧还没有结束，她又不幸地沦为这个压抑的社会中随时爆发的网络暴民的泄愤目标。一些网民显出下流、无耻和恶心的嘴脸，让任何良知尚存的人都感到无法容忍。在这一连串的受害过程中，一直到最残忍最可耻的最后一步，才有人站出来为小姑娘辩护，试图保护她。而在此之前，在一切残忍的罪行发生之前，这个年仅13岁的小姑娘和其他无数未成年人一样，暴露在、生长在一个潜伏着恶意的环境里，甚至没有人意识到那些恶意的存在。现在，在这个彻底的未成年人受害者面前，这个社会应该感到无地自容，不知道谁还能有颜面站出来对她说一句，小姑娘，对不起，这个世界很黄很暴力。

（2008年1月9日）

事件：1月7日，湖北天门市50多名城管因填埋垃圾与农民发生冲突，被恰好路过的魏文华用手机录像。魏文华被城管群殴致死。1月10日晚11时，天门市委书记表示，天门市城管局长祁正军已被免职接受调查。

观点：改革不仅是"解除城管武装"那么简单，而是要朝着权力解放弱者、城管敬重人性的方向努力。无论是李志强们还是魏文华们，都不能再成为祭品。

城管凶猛：弱者截杀弱者

湖北天门市城管因填埋垃圾与村民发生冲突，恰巧路过的魏文华见状掏出手机拍摄，不料竟招来杀身之祸。50多名城管队员蜂拥而上，围殴五分钟致魏文华死亡。事件后续延绵至今：先是魏家将灵堂设在市政府祭奠，要求严厉处理凶手。当局迅速控制24名打人者，其中4人被刑拘。前日，天门城管局局长被免职，接受进一步调查。事情并未结束，民怨舆论皆已沸腾，取缔城管机构的呼声再度泛起。

城管放纵蛮力乃至行凶，天门不是第一桩，全国大小城市都有其形形色色的不良记录。但城管本次波及的不是游走摊贩，而是无辜的目击者。一位表达义举的公民，蒙受肆无忌惮的杀戮，这正是举国上下心意难平的重点所在。

杀人或被杀的命运并不时刻掌握在城管手中。城管导致的天门血案之前，北京发生过类似事件，但倒下的是城管李志强，摊贩崔英杰刺杀了他，这也曾引起纷纭之争。与公、检、法等强力机构不同，也迥异于通信、电力等垄断部门，城管的职责宽泛到无法被定义，面目含糊不清却似乎可以管理一切。

此时此境，纯粹地表达仇恨没有多少意义。对走卒贩夫们而言，城管凶猛，某些时候甚于虎狼，可由城管引发的攻击或反攻都是悲剧，是弥漫在小人物之间的战争。简言之，城管在权力资源的分配体系中处于边缘化的位置，是权力谱系中的羸弱者；城管的对象，则大多是社会现实中的弱势群体。

两下的交锋或交恶，属于弱者对弱者的狙击或截杀。这不是替城管的暴戾之气辩解，也不是无视于"走鬼"们的艰辛，实为况味复杂的底层事实。

有法可依是一回事，城市公共管理的实情又是一回事。城管被某种命令强力压向街头巷尾，以政府的名义驱逐数也数不清、赶也赶不尽的游商小贩。冲突难免，伤及路人的事例也不独天门一例。城管要弥补本部门贫乏的资源，比如要保证众多临时人员的供养成本；要服从城市主政者的号令，为创卫等工程造势。总而言之，要对街巷深处、拐角小区保持持续、密集的覆盖。而紧随城管日夜压制行动的不是鲜花，而是抵抗。

与城管工作相对应的就是街角游商的生活。城管的存在威胁了这部分人群的谋生，逃避城管或直接对抗城管也就在所难免。对绝大多数游走商贩来说，失掉这份工作就等于一无所有，意味着将要跌进最黑暗的境地，因而这是他们最后的依靠，绝对不允许剥夺，为此不惜以命相搏。这些人是城市底层的弱者，也是那点微薄的生存资本最坚决的捍卫者。一旦发生激烈对抗，城管顿生戾气，会不加甄别地逞凶斗狠，意在控制局面的暴力几乎不受节制，魏文华们成了牺牲品，任何一个社会成员都可能被卷进来。

所谓相煎何急？讨生活的商贩要生存，为工作的城管也要生存，到最后就演变成了弱者倾轧弱者，或弱者抗击弱者的生存游戏。显然，这一近似猫鼠斗法的游戏非常残酷，时常酝酿血光之祸。出路在哪里也多有讨论。在可供选择的范围内，取缔城管的呼声很高。但没有城管的城市会不会更糟？诸如此类的担忧基本上成了决策者的既有思维，取缔派虽能获得众声附和，恐难在政策层面获胜。正如今日本报“时事圆桌”专家所提及，虽则城管的合法性饱受质疑，城管实际上是一个承担着政府改革和转型代价的角色，目前理想的路径是制定一个行政法规，授权地方结合实际情况进行地方的立法。对于城管和执法对象间的暴力冲突，目前来讲最好的格局就是，城管给老百姓一条生路，必要时睁一只眼闭一只眼。

目前的情势是只能等待，这并非全无希望的等待。一些进步已显示，大范围的城管之乱正逐渐向秩序回归，即便回归的速度并不如人愿。上海及珠三角城市在试行举措，比如设立游走摊贩的专门区域，希望给予商贩交易空间，以降低他们与城管在街头对抗的风险。当然仅有这些不可能解决一揽子问题。改革不仅是“解除城管武装”那么简单，而是要朝着权力解放弱者、城管敬重人性的方向努力。

无论是李志强们还是魏文华们，都不能再成为祭品。

（2008年1月12日）

事件： 1月11日正式出台的广东省第十一届人大代表名单，让人眼前一亮。在中国流动人口第一大省广东，省人大代表中首次出现农民工的身影。在广州、深圳、佛山和东莞4个农民工比较集中的市，选举产生了6位农村户籍、从外省市来广东务工的一线工人代表，他们将代表广东庞大的农民工群体，开始参与地方国家事务的管理。

观点： 实际上，要解决农民工问题，往往都会触及其他群体的利益，甚至会直接触及政府的利益。在目前公开的权利博弈机制还没有形成的情况下，要解决这些利益矛盾，只能等待政府秉持公正善良之心，作出有利于农民工的裁决，同时也在自己的利益上作出牺牲和让步。

农民工需要有名有实的利益代言人

去年3月，十届全国人大五次会议通过的《关于第十一届全国人大代表名额和选举问题的决定》规定，第十一届全国人大代表中，来自一线的工人和农民代表人数应高于上一届。在农民工比较集中的省、直辖市，应有农民工代表。前天，广东省第十一届人大代表名单公布，其中有6位农民工代表。省人大常委会选举委有关负责人说，广东有可能产生第一位农民工全国人大代表。

这些都是让人感到欣慰的消息。至少表明，农民工群体的权益在中国正在成为一种新的话语，这可以间接地给各级政府带来一定的压力，从而在社会舆论和社会价值上为农民工争取权益留下一些发展的空间和线索。

不过，这种话语未必能够直接改变农民工的处境。换句话说，单凭几名农民工省人大代表、农民工全国人大代表，并不足以充分有效地维护农民工群体的权益。

首先，农民工身份并不意味着这些农民工代表能够代言农民工的利益。没有任何证据表明，目前选出的农民工代表对农民工群体有任何特别的知识、特殊的了解。中国有接近两亿农民工，广东有2000万外省农民工，他们的处境和诉求虽然有共同之处，但也千差万别，其中某个个体无法以个人经验代替群体处境，以个人愿望代表群体诉求。另外，身份纯正的草根农民工，他们的文化水平不高，且长期生活在文明程度相对较低的人群中，其自我表达的能力、总结概括的能力、对国家体制和社会制度的理解能力、对人大机构运作流程的适应能力和驾驭能力，都值得忧虑。

其次，农民工代表对农民工群体的代言责任，只是道义和名义上的，后者对前者没有制约能力。如何从2000万农民工中选出6名代表，这个过程现在还不得而知。我们只知道，全国人大规定农民工比较集中的省应该有农民工代表，广东省便有了农民工代表。如此“指哪打哪”，证明人大选举领导机构对选举的指导能力极强。如果说选举的过程是一个授权的过程，那么授权给农民工代表的，似乎不是农民工群体，而是选举领导机构和全国人大的相关决定。在这样的情况下，代表们所感受到的压力，可能是如何完美地完成上级布置下来的任务，而不是如何让农民工朋友们满意。所以我们看到，一名农民工代表在当选之后表示要补课，但并不是去调研考察农民工伙伴们的心意，而是去反复学习《十七大报告》。学习《十七大报告》自然是必要的，但如此学习成长起来的农民工代表，可能更适合做一名公务员或者时政记者，而不是去代言农民工。

最后，一个有能力、有压力去代言农民工的人大代表，也未必能够“设法为农民工解决实际问题”。事实上，过去几年有不少人大代表在人大会议上提出农民工问题，替农民工争取权益，但并没有得到实质性的解决。所以，不论是农民工人大代表，还是代言农民工的人大代表，都未必能为农民工解决实际问题。只有政治代言机制和代表选举制度全面改进，我们的权力机构中才会出现有名有实的农民工利益代言人。

实际上，要解决农民工问题，往往都会触及其他群体的利益，甚至会直接触及政府的利益。在目前公开的权利博弈机制还没有形成的情况下，要解决这些利益矛盾，只能等待政府秉持公正善良之心，作出有利于农民工的裁决，同时也在自己的利益上作出牺牲和让步。前两天，国家五部委联合发文要求改善农民工居住条件。从文件上看，从态度语气上看，国家对农民工确实无比关心。但从解决办法上看，这部指导意见要求用工企业承担这一责任，却对企业没有任何补贴或者税收优惠。可想而知，最后的结果只有两个，或者企业普遍违法，或者企业将住房保障的成本转嫁到农民工身上。与选农民工做人大代表一样，政府不付出任何代价，只提供一篇响亮的声明，最后农民工也只能收获一个名义上的尊严和一份名义上的权利，这显然不是他们迫切需要的东西。

（2008年1月13日）

事件：1月12日，上海向西延长磁悬浮线路的沿线小区部分市民聚集在人民广场，以“散步”的形式表达自己对磁悬浮通过家门口的看法。两周前，上海市规划局和环保局分别在自己的网站上公示了经过优化后的机场联络线草案和环评报告。虽然避开了一些人口集中区，并在部分市区隧道下埋，但轨道最近距民居只有30米，受影响的业主们担心，自己将会生活在一个不安全的电磁辐射环境里。

观点：再有怎样的政治警惕，你若去问问散步的市民，不过是说，想见一个凭理性可以说服的市长。但如果抛却这疑问，直接以现代政治的语言发问，则因为宪政之下的权力来源，公众不必说服政府而政府必自动服膺公意。

散步是为了遇上可说服的市长

2007年5月，鹭岛阳光明媚，厦门人却为家园揪心。烟囱即将取代绿树，毒气不日升到晴空，PX要把鹭岛变成化工厂里的盆景。这本是市长应允的项目，厦门人却有自己的看法。他们能找到可以说服的市长么？厦门人不自信，但他们很努力。不如散散步，也许可以遇到愿意倾听的市长。厦门人何其有幸，终于得以与可以说服的市长一道，为城市赢得光荣。

上海人也想遇见他们的市长。两天前，向西延长磁悬浮线路的优化方案进入公示期，为了和平表达，沿线市民来到人民广场，以散步、“购物”表达对磁悬浮通过自家门口的意见。市民说，这是表达意见的一种方式；官员说，公示的只是草案，不排除再作调整，呼吁市民合法理性反映意见。虽语带警示，毕竟都平心静气，官民沟通果真如散步寒暄一般镇定。

散步，只为偶遇可说服的市长。散步的厦门人与上海人，人同此心，心同此理。这心情，足可放到阳光下来晾晒。有多久了，市长不可说服。又有多久，公众也开始不可说服。这种不可说服的治理状态，直引向共识丧失、怨恨积聚、对立升级。它使一切社会建设，纷纷陷入灰暗的冲突之门。如今，厦门市长第一个走出来，愿意也可以被说服。对话的欲望滋长，不可说服的固执消释。市民在说，原来从容的散步，也可以遇到智慧的市长。

那些不可说服的强硬，它们从哪里来？公权没有制衡，行政一枝独大，市长于是不可说服，政府不可说服，官员难以管束，又制造出更多不可说服的民众。你看到了今天社会的不信任、不服从么？合理的、不合理的，相关的、不相关的，理性的、不理性的，都在公共生活中隐隐发作，令社会险象环生，令治理徒增磕碰。真有人觉得，磁悬浮轨道 50 米或者 30 米的安全论证，就能令居民信服？城市变电站这样或那样的辐射检测，就会使居民坦然接受？不可说服的强硬，源于公权而发作于社会，它们以不同的心理凭借，却一同摒弃了公共生活的理性氛围，而重建却前路迢遥。

总理温家宝说，没有一个肯听取意见的政府会垮台！不肯听取意见，所指难道不正是长官们不可说服的强硬？如果不问今日权力之来源，总理所言无疑意在表明，公共权力的运作，必须要有最起码的可说服性——无论它是源于官员个人的开明自律，还是源于执政党纪律的内部约束，可以说服都是权力公共性的最低要求。

但今天要遇到一个可以说服的市长，也许要去广场散步才有可能。散步再从容，表达再智慧，依然是诉诸委婉的力的表达，是另一种引而不发的力与力的相遇。而政府与市民，何至于历经文明演化，还只能在最原初层面，作一种蛮力的申诉？执政高层的反躬自省，如何能进逼一步，以政治开放广泛接纳民意，致力打造民主的现代政府，从而令市长可说服，公民有尊严，治理更理性？

前有厦门，今有上海。再有怎样的政治警惕，你若去问问散步的市民，不过是说，想见一个凭理性可以说服的市长。但如果抛却这疑问，直接以现代政治的语言发问，则因为宪政之下的权力来源，公众不必说服政府而政府必自动服膺公意。散步的用心，反过来为市长所用，成为必须追求的施政技巧。不过，能在今日散步，而恰巧又遇上一个可以说服的市长，实在已是幸运之极了。

（2008 年 1 月 14 日）

事件：1月15日《中国证券报》报道，目前监管部门正在紧锣密鼓地就相关问题对券商、基金等机构进行专门调研。业内人士透露，今后发行机制有望更加市场化，可在一定程度上消除目前新股发行中存在的种种弊端。有三种方案受到业内密切关注。一是由现行的按资金申购变为按账户配售新股，以保护中小投资者利益；二是借鉴香港市场的“一人若干股”的做法；三是恢复按市值配售。

观点：不打破无风险收益神话，不让一级市场恢复市场定价，改变目前的局面，无论使用哪种方法，打新股的资金都不会减少，“资金为王”的现象也不能从本质上得到根治。

新股发行须改革　反市场化不足取

中石油高开低走套牢大批中小股民，令新股发行机制作为A股市场中小投资者制度性利益受损的象征，一再受到猛烈抨击。目前，证监会和上海证券交易所分别召开小规模座谈会，对新股发行制度的变革进行调研，据悉，新股发行制度有望向中小投资者倾斜。

目前的新股发行机制由于存在先天缺陷，落得如此局面理所当然。试想，一个无风险收益的投资品种，还在“资金为王”的模式下进行申购，无疑是对大资金公开的利益输送。一朝兑现，上万亿元人民币落袋为安不在话下。

新股发行机制必须改，中小投资者的利益必须得到保护，这是个原则问题，不容讨价还价。但在改革的过程中，应该谨防仅仅出于保护中小投资者的热情，乞灵于对中小投资者的行政庇护，而无视市场规律的做法，以免保护反被保护误，最终伤害了中小投资者的利益。以往的新股发行制度数次改革，都犯下了同样的错误，此次新股发行机制改革理应以史为鉴，防止重蹈覆辙。

目前提出的主要方案没有考虑到行政手段的庇护存在大漏洞，大资金持有人可以轻松通过化骨绵掌化解于无形。

例如，由现行的按资金申购变为按账户配售新股，一个账户若干手。从表面上看，按照账户配售比按照资金配售要合理得多，起码不会产生大资金大肆攫取无风险收益的现象。不过，按照账户配售有一个重要的约束条件，即监管者必须对账户进行有效监管，确保不出现大量傀儡账户和影子账户。除非我们寄希望于证监会、交易所能够在实名制下，对绝大多数账户进行有效监管。但这是一个不可能完成的任务。尤其激励机制激励所有的投资者收购身份证开户攫取一级市场的无风险收益时，按照账户申购保障中小投资者利益就是一个美梦。

按照市值配售同样有显而易见的缺点，这种方法虽然比"资金为王"稍好，但归根到底还是"资金为王"。全流通时代的到来，表明从2002年开始的市值配售的基础已经不再，A股市场投资的火爆也让市值配售失去了存在的理由。

新股发行方式历经变化，无论是从最初的上门推销到后来的认购证摇号，还是从资金认购到市值配售再到当前的网上、网下申购与认购，都在当时引发了市场的反弹。迄今为止，有关方面并未找到平衡各方利益的解决办法。

根本原因就在于，管理层以反市场的手段，呵护二级市场投资者，呵护上市公司的利益，以至于出现了一个庞大的无风险投资市场。这是不可想象的，也是对"市场"二字的亵渎，任何市场都不能保证只赚不赔，所谓无风险收益不过是掠夺与利益输送的代名词。

无论是市值配售还是人手千股，种种方案预设了一个同样的前提，那就是，一级市场是一个无风险收益市场，所有入场者就是得到了恩赐等着分钱的人。无风险收益神话使越来越多的资金麇集于此分一杯羹。不打破无风险收益神话，不让一级市场恢复市场定价，改变目前的局面，无论使用哪种方法，打新股的资金都不会减少，"资金为王"的现象也不能从本质上得到根治。

在新股发行过程中，改变目前将市盈率刻意保持在20倍以下的非市场手段、重塑风险成本与投资收益的逻辑是关键，其他的改革大都治标不治本。有人以1999年的新股发行机制改革导致闽东电力（000993）发行市盈率88.69倍、民生银行（600016）发行市盈率69.41倍、用友软件发行市盈率64.35倍等失败案例，来论证控制新股发行价格与市盈率的重要性。但新股发行市盈率过高正是因为二级市场没有彻底市场化，应该改革的是二级市场的现状，而不是相反，让一级市场同样不市场化。

不论有多少教训，都不是停止新股发行市场化改革的借口，目前的新股发行机制的弊端显示，不改革，代价更大。

（2008年1月17日）

事件：“政府机关要敢于革自己的命！”1月19日，广东省人大代表、省监察厅厅长林浩坤在参加佛山代表团审议时，痛斥公务消费铺张浪费的不良风气，公款吃喝、公车使用、公费出国——“三公”问题屡禁不止。

观点：政治不是口号，但它可能变成口号。解放思想不是标语，但它可能变成标语。从可能空泛置之的话语习惯，链接到怨恨难言的“三公”腐败，使政府机关自身的利益调整摆上台前，林厅长的这番思想解放，公众凭常识即可听懂，自然无需更高觉悟，也会双手赞成。

政府革自己的命，这也是思想解放

广东两会进行中，各路言论踊跃，媒体报道密集。省委书记汪洋再倡解放思想，成为此次两会热议的话题。前日，省人大代表、省监察厅厅长林浩坤在参加分组审议时，痛斥公款吃喝、公车滥用、公费出国的不良风气，表示要积极推行公务消费改革，降低行政成本，提高行政效能。林厅长说：“30年前的改革，是为了革僵化体制的命；今天的改革，是要革利益格局的命！广东提解放思想，政府机关就要拿出革命的勇气，加大力度推进公务消费改革！”

抨击公务腐败，是每年两会的必答题。公款大肆吃喝，公车违规滥用，公费出国盛行，并非今日伊始。各界的批判，几乎伴随这些丑陋现象，从萌芽开始，长成了今日的参天大树，且有愈演愈烈之势。除了麻木和冷淡，一个正常的公民，要持续不断地为此生气或愤怒，完全违背人性。但今年两会，林厅长的这番话仍然备受关注，主要不在于议题的新颖，而在于其提出议题的方式。厅长说，反对“三公”腐败，政府机关要敢于革自己的命，而敢于革机关既得利益的命，是落实解放思想的表现。

如果不反对这样的逻辑还原，不反感这样的言论放大，不忌惮好人政治之下的出头鸟效应，则允许我们冒昧表扬一句，林浩坤代表的这番思想解放，实在是我们所听到的对这轮思想解放最为清晰的理解和表述。我们据以表扬的底气，源自对常识的认真响应和对政治的诚实对接。政治不是口号，但它可能变成口号。解放思想不是标语，但它可能变成标语。从可能空泛置之的话语习惯，链接到怨恨难言的“三公”腐败，使政府机关自身的利益调整摆上台前，林厅长的这番思想解放，公众凭常识即可听懂，自然无需更高觉悟，也会双手赞成。

与这种听得懂、够明白的思想解放相对应，却是另外一种虚无泛化的话语泡沫。这种话语泡沫，在闻风而动的各级官员口中，已初现端倪。尽管无比正确，却无视逻辑，无分现实，对这场于广东发展至关重要的思想解放而言，恰恰是一种无形的消解和庸俗的矮化。广东显然需要浅白清晰的思想解放，而不是话语泡沫的思想解放。省委书记汪洋甫来南粤，即回应岭南潜伏的热望，以解放思想这一极具开放性、包容度、想象力的词语开局，如果社会各界，尤其是各级官员不能真诚地响应，没有现实的探求，缺乏自省的勇气，如何能令解放思想的脑力激荡，化成执政能力的与时俱进，结出和谐进步的社会硕果？反对将解放思想粗鄙化、口号化、虚无化，提倡联系当下、逻辑清晰、富于现实感的思想解放，林浩坤的一番话，或许说者无心，可是听者有意，这层深意于广东再论解放思想实有大益。

正如无数论者言及，今日改革之深入，思想之解放，横亘于前的，是既得利益调整的深刻命题。这其中，又以执政集团既得利益的调整为最难。公款吃喝、公车滥用、公费出国，这些行政痼疾，党纪国法皆已不容，却恶行日甚、败德日猖，几乎拖住国家社会进步的后腿，私欲饕餮，几乎要置公权于傀儡之地。政府改革，要自己革自己的命，即使不论成功实现的可能，仅是承认这种自我革命的必要性与正当性，在今天的执政官员内部，也并非多么常见和受欢迎。从这一层面讲，谈治理“三公”腐败，是政府机关自己革自己的命，也有其解放思想的进取意义。

一场由强政府主导的全面改革，意欲自动演进而生成政府自新，这种可能的原动力，只会来自执政官员的历史良知与利益自省。正因如此，解放思想的号角再度吹响，才如此震撼人心，引人遐想。当然，监察厅厅长林浩坤身司吏治监察之责，心系“三公”腐败其来有自，但其中仍有可供今日放大学习的勇气和诚实。“三公”腐败真正河清海晏尚远，但听懂了林浩坤的这番思想解放，我们既有感于腐败治理的共识还在，亦欣慰于广东思想解放不复落于俗套，这点收获已经不小了。

（2008 年 1 月 21 日）

事件：省人大代表李德锋昨日提交建议，今年在全省范围内进行一次彻底清查，对凡不符合《收费公路管理条例》规定的收费站点，坚决撤除。他认为，广东目前无论是高等级公路还是普通公路，仍存在公路收费站点不合规定设置和过多过密的问题。国务院 2004 年 11 月 1 日起施行的《收费公路管理条例》明确规定：非封闭式的收费公路的同一主线上，相邻收费站的间距不得少于 50 公里。但是，在国道 324 线罗定、云浮境内 90 多公里的路段仍保持着振民亭、冲花、茶洞、素龙四个收费站。

观点：正是因为政府无力履责，才不得不引入市场机制，通过政策交换，完成本应由政府全力承担的交通建设责任。这是公路收费政策存在的唯一理由。就此而言，每一座收费站其实都是一地政府公共责任的纪念碑，提醒这是无力履责之下的变通行为，是市场替政府承担的公共责任。

每一座收费站都是公共责任的纪念碑

公路收费猛于虎，一站路过一站拦。这不是有趣的打油诗，却是无奈的民生曲。作为世态民情的一部分，今天遍布各地的公路收费站，差不多同时也是民怨收购站。今年广东两会期间，多名人大代表、政协委员再度抨击，目前全省公路收费站过多过乱，给民众徒增不便和负担，更影响城市融合协同发展。李德锋代表还建议，今年在全省范围内进行一次彻底清查，对违规收费站点坚决撤除。收费站勒经济民生于困厄，各界厌恨莫不人同此心。

稍加比较研究的人，对这些数据已不陌生：目前全世界已建成的收费公路大约为 14 万公里，其中 10 万公里在我国；目前我国已建成高速公路的 90%，一级公路的 80%，二级及二级以下收费公路的 70%，都是收费公路；在广东一省，就有 1.25 万公里收费公路和 292 个收费站。数据枯燥无从体味，收费站泛滥成灾却有目共睹。收费站变拦路虎，已成国中一大景观。

然而，这盛世景观的真正含义又是什么呢？公路，顾名思义，是完整意义上的公共产品，理应由政府无偿提供。这是一个现代责任政府必有的责任承担和服务意识。但在发展初期，政府财力有限，不可能由财政投资全部解决，收费公路政策因此出现。可以说，正是因为政府无力履责，才不得不引入市场机制，通过政策交换，完成本应由政府全力承担的交通建设责任。这是公路收费政策存在的唯一理由。就此而言，每一座收费站其实都是一地政府公共责任的纪念碑，提醒这是无力履责之下的变通行为，是市场替政府承担的公共责任。

但即便如此，每一个治权民授的责任政府，都必定追求尽可能快地结束这种公共责任旁落的变通行为，也必定知道这是不得已才向市场让渡的收费权力，而没有可能就此向公众和社会卸责，将原本应由政府免费提供的公共产品，变成需要公民另外出钱购买的市场消费，甚至公然成为一地政府和相关部门获取垄断收入的摇钱树。除非它根本就无须向公众负责。

不幸的是，收费公路政策在特殊时期的正确性，已深陷无可问责的政府滥用之中不复被人惦念。进一步说，公众所痛恨的，不是收费公路政策的暂时必要性，而是躲在收费政策背后却无法问责、贪得无厌的各地政府部门。无法向一级政府问责，也就无法鉴别政府财政于公路建设到底能有多少投入，也就无法阻止地方政府将公路建设的责任全部推给市场，由公众自行购买消费的冲动。这便是收费公路背后，政府责任和公权力运作的冰冷现实。

收费公路的大量存在，使纳税人不得不在税赋之外，再另外掏钱购买公路的使用权，这无疑是政府公共责任的一种失职。作为特定时期的发展策略，收费公路政策是政府迫不得已的责任转移，这种转移必定是临时性和过渡性的，即使政府部门有天然的冲动，长此以往，代议机构的政治问责也必定会阻止懒汉政府部门的倾向。

但这项临时的收费公路政策，在中国正变成越来越普及的常规办法。建设公路，本来是政府财政的支出项目，却变成了各级政府部门的收入项目；甚至一些本来是政府投入的公路项目，也千方百计转成经营性项目，借此增加地方收入。政府的公共责任，在公路收费问题上，已到不堪入目之境地。

在行政强权不受监督的当下，收费站问题的最终求解，依然只能以民生政治、和谐社会的感召，对日益扭曲异化的地方收费公路政策以鞭策，促使政府部门缩回伸向民众荷包的黑手，回归自身应有的公共责任。最起码能做到，让每一个收费站都明明白白收费，清清楚楚还贷，堂堂正正存在。既然不能问责，便需公开透明。而不能问责的透明，它从哪儿来呢？这真是一个无奈的傻问题。

（2008年1月22日）

事件：利用 ATM 机出错连续取款 17.5 万元，24 岁的保安许霆因此被广州市中级人民法院判处无期徒刑。此判一出，舆论哗然。专家学者纷纷发表评论，召开研讨会，京粤多名律师上书全国人大。广东省高级人民法院 1 月 9 日对许霆恶意取款案作出终审裁定，认为原一审判决事实不清、证据不足，撤销原一审判决，发回广州市中级人民法院重新审理该案。1 月 17 日中午 11 点，被告许霆的代理律师正式签收了这份刑事裁定书。

观点：总之，中国的司法制度远没有到合理的地步，法官最大的困扰是权力的控制与金钱的诱惑。舆论不仅可以帮助司法界反思个别案件的合理性，更能够推动司法体制向正确的方向转轨。看似干预的舆论审判，其实有助于法院、法官扩展独立性。

许霆案发回重审，舆论作用有多大？

年轻的许霆收到了一件新年礼物：广东省高院裁定，广州市中院关于其"盗窃金融机构"的一审判决"事实不清，证据不足"，据此撤销一审判决，发回重审。

在过去一两个月，舆论对此案表达了近乎一边倒的意见。广东省高级法院法官在作出撤销一审裁决的决策过程中，是否受到这一强大舆论压力的影响，外界不得而知。如果宣称省高院目前的判决是舆论的胜利，未免过于轻率。很有可能，省高院的法官本来就对此案有不同于一审法院的理解。按照司法程序，高级法院作为上诉法院，本来就负有审查一审法院裁决之合理性、合法性，矫正一审法院失误、疏漏、错误的责任。

当然，上诉法院法官在进行司法决策的过程中，有极大的可能受到了舆论的影响。今天，报刊、电视、网络等媒体无孔不入，中国的法官似乎也没有自愿与世俗社会隔绝的职业精神。所以，高级法院法官几乎不大可能未看相关舆论，几乎不可能感受不到舆论所透露出来的法学界、民众对一审判决的质疑态度。

但是，即便上诉法院法官确实受到了舆论影响，似乎也并无太多可担心之处。近年来，"媒体审判"、"舆论审判"成为一大引人注目的社会现象。很多案件刚刚发生，或者还在一审判决过程中，媒体就积极介入。并且，几乎是毫无顾忌地传达各方的意见，通常是反对、质疑的意见居多数。

有些学者对此现象颇为担心，认为这有可能损害法官的独立性。生活于目前的制度体系中，法官们本来就缺乏独立性，非常容易受到外部权力的干预，而不得不枉法断案。金钱也在法院门口徘徊，薪俸不足以维持体面生活的一些法官，很难拒绝这种诱惑。如果在此之外，法官再受到强大的舆论干预，其独立性就会更为严重地流失。

不过，这种担心其实很难成立。目前围绕司法活动形成的一波又一波舆论浪潮，与其说会损害法官的独立性，毋宁说将是那些追求正义的法官的帮手，并且有助于推动法律人共同体的健全发育，从而构建司法独立的坚实基础。

司法独立、法官独立不可能自己从天上掉下来，只能是整个社会，尤其是法律人共同体自觉努力的产物。法院相对于外部权力机构不能独立、法官在法院内部不能独立审理案件，这样的格局是内嵌于种种复杂的政治、行政、法律制度之中的，围绕这一扭曲的格局活动着一个又一个庞大的既得利益集团。因而，尽管法学界早就呼吁司法独立、法官独立，一些有抱负的法官也在悄悄地作出努力，但这方面的进展并不很大。

另一方面，在中国，法律体制本身存在某种严重的失灵。法律要求法官充当法律的自动售货机，严格适用法律。但是，法律本身又根本不可能适应社会、经济状况的变化随时修订。结果，如许霆案所示，法官如果严格适用法条，很可能作出十分荒唐的判决。司法界虽然试图改变这种现象，但终究难越雷池。

舆论的介入，则是一种有效的助推力量，有助于改变上述不合理状态。通常情况下，舆论来自外部，有助于打破在审理案件的法院周围、束缚着法院的复杂的利益格局。面对强大的舆论压力，已经伸出的权力之手，可能不得不硬生生地缩回；在法院门口徘徊的金钱的价值也可能大幅贬值。在舆论压力下，缺乏司法职业伦理的法官不得不强打精神；具有正义抱负的法官，则可以相对大胆地秉持良心，作出正义而合理的判决。

舆论也可能因为判决的不合理，对法律制度本身进行反思。本案及类似不合理的案件清楚暴露了法律制度的不合理。可能正是舆论围绕着这些案件的批评、呼吁，促成最高法院建立了指导性案例制度，这有助于矫正目前法律制度的僵化。甚至最高法院收回死刑案件的复核权，恐怕也与媒体围绕诸多死刑案件发起的舆论风暴有密切关系。

当然，舆论不可能是正义的化身，评论家们的看法可能是激情多于理性，民众的常识有时也可能不合乎法治原则，甚至专家也可能言不及义。但是，在当下中国可能具有影响的各种力量中，舆论与正义恐怕是最亲和的，舆论也传达了在具体案件中恢复正义的途径。对于具有正义抱负的法官来说，舆论提供了一种激励，作出司法决策也有一些参考数据。同时，在相关争论中，法学专家、律师与法官也有机会进行某种不见面的对话，这对于法律人共同体的发育是有益的。

总之，中国的司法制度远没有到合理的地步，法官最大的困扰是权力的控制与金钱的诱惑。舆论不仅可以帮助司法界反思个别案件的合理性，更能够推动司法体制向正确的方向转轨。看似干预的舆论审判，其实有助于法院、法官扩展独立性。

（2008年1月18日）

事件：列席分组讨论的全国人大代表李永忠在审议两院报告时，直言司法系统存在的一些问题。某些地方存在检察院收取行贿人的保释金后，并没有退还，甚至演变成为一种创收行为。李永忠进一步指出，无论在哪个单位，人权和财权独立，才能保证不出问题。“否则，纪委书记在书记领导之下，就不敢监督书记了。”他话音未落，这组的一名省人大代表打断他的话：“这话可是你说的，不代表我们的意见。”

观点：解放思想，也正是要从最起码的讲真话和听真话开始。从这点上说，李永忠与退场代表的这番对辩，已经论证了讲真话与听真话，几乎就是在为更长远的解放思想修复底线，而今日竟至如此，唯全社会戮力而行。

摒弃自我审查，为选民讲真话

广东两会接近尾声，各路言说持续热烈，代表、委员们的表现也越来越为公众瞩目圈点。昨日，媒体报道了人大会场的一则新闻：前天上午，在分组审议两院报告时，列席讨论的全国人大代表李永忠直言指出司法系统存在的一些问题，谈到“纪委书记在书记领导之下，就不敢监督书记了”。他的这番发言，屡次被同组代表打断。打断发言的代表说，“这不是我们组的意见，是你个人的”，“这话只有全国人大代表可以说，省人大代表不能说，我们都听不见”，并在提前离场时对在场记者说，“不要把我写上，我没有这个意见”。

这则新闻在会场外迅速传播开来，在网络上得到上万网友的点评回复。这些汹涌而来的意见，对退场代表表达了愤怒、不屑和不可理解，对李永忠的所谓尖锐发言表示了积极支持和赞赏。一条近乎白描的会议新闻却调动了公众的浓厚兴趣，会场内外的代表言行和公众反应，构成今日直白生动的政治生态与社会图景。谁说政治与我们很远？

网络民意在这则新闻里表现了明显的道德判断。网友简单地把李永忠划归为为民请命的好代表，尽管他不过讲了自己认为的真话；退场代表则被一致认为是不称职、不合格代表，尽管他只是更直接地表达了自己的现实担忧与政治立场。这一个在民主政治代议机构里并非惊世骇俗的场景，在我们的政治场域中却鲜明触目。尽管李永忠代表也许并非杰出到需要如此猛烈的赞扬，而退场代表也并不至于真的堕落到要就地罢免。比道德喧哗与政治愤懑更重要的东西是什么？没有规则意识，没有政治底线，我们的代议政治恐怕要从修复底线开始。

我们的代议政治如何失去了规则，又或者说，我们如何建立最初步的政治规则？90年前，孙中山有感于国人议事无为，写了一本专谈议事规则的《民权初步》，教人如何开会。他在自序中说：“夫议事之学，西人童而习之，至中学程度，则已成为第二之天性矣。”“然中国人受集会之厉禁，数百年于兹，合群之天性殆失；是以集会之原则，集会之条理，集会之习惯，集会之经验，皆阙然无有。”以今日退场代表的言谈行状观之，姑且不论其代表谁的利益，问政能力如何，即以其强辞断话、退场避责的举动，90年来的议事规则启蒙算是完成了么？

诚然，从另一角度讲，退场代表所表明的未尝不是更真实的政治现实。甚至于说，相比那些内心逃避、精神离场的代表来说，这名有言必行的退场代表，更像是演出了一场讲真话的行为艺术。他以言出必行的拙朴，袒露本是秘而不宣的政治内心，在中国人最忌讳的政治场域，完成了一次直接的思想对撞与方式比照。但这些都不过是事后的积极解释，像是尴尬之后的及时圆场。事实上，退场代表的言行，以一种极端的个人形式，跌穿了代议政治的起码底线——受谁委托，为谁代言。他令人惊讶的谨言慎行，出人意料的消极避责，完全没有了一个代议人士最起码的利益标志与责任来源。

又是什么制造了跌穿代议政治底线的人大代表？是无所不在的自我审查。当退场代表屡次打断发言，李永忠不得不说出，人大代表在会议期间的发言可以免责。或许表现不一，但我们依然能从代表们的言行之中，感受到代议机构的会议室里那种不在场的无形监视。正是这种监视，令代表们无时不在为自己的言论忧心。这是典型的自我审查所导致的问政能力衰退，是长期的权力恐慌内化而成的示弱噤声。客观上说，结构性束缚确实导致了严重的自我审查，但这一切是否就都因之而消极合理呢？不得不承认，今天可见的情形是，并非所有的人大代表都已经把这个外在圈定的议政空间撑到了最大。而在绝望中寻求希望，是一切历史进步、社会自新的精神起点。过度的自我审查，消极地推卸责任，所屏蔽的恰恰是这种进取的历史意识。

因而解除这种自我审查的历史时机也同样存在。不论是执政高层提出的解放思想，还是强调要讲真话，不讲假话和套话，都表明这种普遍的自我审查所禁锢的思想交流，已经影响到正常的政治沟通与参政议事，这也同样触及到执政党的现实利益。因而，执政高层冀望通过开明政治，缓和化解全社会这种过度自我审查带来的政治喑哑，借此造成生动进取的精神局面。这番情形，恰恰是直言议政的李永忠们大有可为的时机。解放思想，也正是要从最起码的讲真话和听真话开始。从这点上说，李永忠与退场代表的这番对辩，已经论证了讲真话与听真话，几乎就是在为更长远的解放思想修复底线，而今日竟至如此，唯全社会戮力而行。

（2008年1月25日）

事件： 1月10日以来，中国南方大部分地区和西北地区东部出现了新中国成立以来罕见的持续大范围低温、雨雪和冰冻的极端天气。全国17个省（区、市）出现拉闸限电，部分输电线路因覆冰出现倒塔、断线，一些地方公路中断，沪昆线中断，湘黔线电气化铁路一度停运，南北大动脉京广线湖南段136列火车受阻，造成大量旅客滞留。

观点： 未来数日降雪不会消停，北上或南下还都是畏途，通过滞留者、政府及社会力量的合作来逐渐扭转危局尤显紧要。对应急体系不能悉数照顾到的，广州人乃至广东人应该施以更周全的社会行动，政府要给这种行动辅以必要的平台和联系。

风雪归途，不灭的是心中的热望

严重影响大半个中国的雨雪天气仍在继续。中央气象台昨日密集发布高级别的暴雪预警，湘鄂赣皖苏豫等14个省份将承受大雪至暴雪天气的困扰，连带造成的冻雨凝雪灾害会持续扩大。从气象云图上可见，华南、华中以及华东大部都处在恶劣气候的笼罩下，尤其是湘粤等南方省份抗灾形势严峻。

一连串的春运危局就此产生，其中以广东尤为严重。北上出省的京珠高速韶关段大面积冰封，几近瘫痪，滞留车辆2万辆，人员约6万，取暖、饮食都成问题。而广州火车站的滞留旅客昨天增至15万人，据言在今日有可能突破60万。业内有俗语：全国春运看广东，广东春运看广州。而这次能挺过去吗？

政府的应急体系已经启动，且效能越来越高。在京广线难以迅速恢复的情况下，铁路方面抓紧抢修设备，同时对票务作了必要变动，实行全额退票或延长车票有效期。地方政府紧急动员，开放琶洲会展中心和天河体育中心等处接纳旅客。省市领导昨日出面，督促春运秩序，安抚滞留旅客。

事已至此，暂且抛弃天灾或是人祸的追问，将关注转向成千上万名被困在回家路上的人。唯有和衷共济，方能冲破归途上的暴风雪。

风雪阻隔，前途茫茫，进退不得，滞留中途的人必定陡生焦虑。拥挤在高密度的陌生人群中，忍受着失望与希望的煎熬。在这种恶劣天气及情势的逼迫下，若言保持乐观确实有些奢侈，但尽力以克制和坚忍的心态朝向家的方向，即使不易也仍是必要。说到底，滞留者的秩序对于纾解眼下的困难至关重要。

与此同时，同样急迫的救援人员也在行动。一大批适应暴雪天气的交通设备紧急启用，“疏导”成为当下的重中之重：疏导人群，疏导车辆，疏导铁路线和高速线。包括棉被在内的首批救援物资已连夜运往韶关，帮助公路上的滞留旅客驱赶寒冷。整个广州都在谈论、襄助广州火车站的人群。

应当说，数十年不遇的恶劣气候搅动年关的人流潮，对政府治理、应急能力和城市秩序形成了极大挑战。值得庆幸的是，虽然难关重重，也有不幸的事情发生，但同样不乏同舟共济的真情实感。路上的人尽管倦累，仍没有自甘沉沦，而是显出振作的模样。一对老人不甘被困，雪地徒步数十里，此种举动既有无奈更包含自我振奋的果敢，与广州社会各界的义举遥相呼应。

未来数日降雪不会消停，北上或南下还都是畏途，通过滞留者、政府及社会力量的合作来逐渐扭转危局尤显紧要。对应急体系不能悉数照顾到的，广州人乃至广东人应该施以更周全的社会行动，政府要给这种行动辅以必要的平台和联系。尤其是对那些困在湘粤边界公路上的人，当地民政救助力量已显不足，省市级别的人道援助必须要补上、补全这些缺口。即便滞留粤境的过客有50万，合千万民众的广州乃至广东之力，于漫天雨雪中大概也具备呵护的能力。

本次雪灾最先发端于贵州，其影响进而波及广东，重创湖南，然后扩散到其他省份。事实上，由于无法将巨量流动人口及时输出，数日累积即造成目前的艰难态势，广州可以说是本次雨雪灾害的最大受害者。在交通受阻绝的状况下，广州以一城之力担负整个珠三角乃至华南的运力，境内虽无片雪却饱受大半个中国的雪灾，其压力之庞大、责任之重大可想而知。过去的天气形势诡谲而危险，可广州站经受住了考验。

未来数日是关键时期。对境内滞留旅客的生活扶助既紧迫又必要，但政府仍要保持应急动员的高水准、高效率，定下最得力的措施冲破雨雪的阻碍，踏平旅途上的堵塞，尽最大的努力保证滞留旅客回家团圆。舆论中已有说服外来工在粤过年的呼声，这不乏理性的一面，既有人情之考量，也反映出职责所虑的苦心。无论怎样，经历大雪灾前期历练的广州和广东，当有迎难而上的勇气和决心。

风雪重重锁归程。虽然离除夕已越来越近，但对滞留旅客来说，对有关部门来说，甚至对我们所有的人来说，只要心中的希望之火不灭，前方就一定会有希望之光。

（2008年1月29日）

事件：京珠北高速公路和坪乳公路因路面结冰，南北交通中断，3.5 万名旅客被困乳源、乐昌等地，湖南境内也有数万名旅客滞留。被困的旅客牵动着家人的心。1 月 28 日下午，记者在京珠北高速公路上采访时，遇到了两个徒步行走在冰天雪地里寻找被困亲人的男子。为了寻找被困半路的女友，杜登勇在冰封的京珠高速公路上连夜步行 18 小时，身上只剩下 32 元，路上只吃了一顿饭。

为了寻找岳父岳母和儿子，刘忠平披着一张毛毯，挂着一床棉被，拎着一个热水瓶，从深圳出发辗转跋涉，在千辆滞留车辆中逐一搜寻。

观点：灾难中的小人物身上，跳动着英雄的心。灾难的情境是让人难过的悲剧，可是灾难中的人，闪耀着坦然承受、无所畏惧、必然胜利的光芒，是一首让人振奋的凯歌。

灾难中的小人物身上，跳动着英雄的心

为了寻找被困半路的女友，杜登勇在冰封的京珠高速公路上连夜步行 18 小时，身上只剩下 32 元，路上只吃了一顿饭。

为了寻找岳父岳母和儿子，刘忠平披着一张毛毯，挂着一床棉被，拎着一个热水瓶，从深圳出发辗转跋涉，在千辆滞留车辆中逐一搜寻。

爱子心切，母亲背着小儿子、拖着大儿子，在冷雨中徒步行走了 40 公里的冰路。

冰雪封路，临盆告急，18 名同乡步行 5 小时将产妇送至医院。

…………

冰塞路，雪拥关，行路难。京广铁路短期内难以恢复，京珠高速至今没有打通，广东通往湖南的 8 条公路中有 7 条中断，广州滞留人数仍在增加，湖南江西浙江还有暴雪……春运遭遇雪灾，这场灾难比人们最初以为的更为严重、更为持久。在越来越令人忧虑的灾情报道中，这些真情故事让人感到一种真实的温暖，一股攥紧拳头、可以信赖的力量。

他们的故事让我们看到了承受灾难的人，感同身受地明白这场灾难的严酷。被困在车站的人，停在路上的车上的人，他们承受身体的寒冷、饥饿和疲惫，承受精神的沮丧、急切和忧虑，他们是受灾者。而他们的亲人，忧心如焚，要承受等待消息的焦灼、不在现场的不安、无力援助的急切、担忧意外的惊恐，他们也是受灾者。灾难不是用气温、冰层厚度、寒冷持续时间、不断累计的人数来描述的。灾难的意思是人在受苦。将这已经展现可以想见的个体的痛苦乘以受灾的人数，我们才能真的明白，这一场席卷南中国的春运雪灾意味着什么。

他们的故事让我们看到了灾难中的真情。灾难让沉默的感情突然呈现。一定要见到女友的心情，每一个恋爱过的人都能体会，但是，在冰雪茫茫、交通瘫痪的道路面前勇敢地出发，这份勇气不是每一个恋爱过的人都曾经拥有。亲人有急，奔赴救援，这份情感和责任平常人都有经验，但是挂着棉被和毛毯在冰雪中步行跋涉，还能想到为生病的岳父带上一壶开水，这份坚韧、细心和沉着，让人惊讶、感叹、敬佩。同乡邻里守望相助，平日里你可想到他们会在风雨里步行5小时送产妇就医？人与人之间的感情，一个人对于另外一个人的重要性，突然面临考验，突然赤裸裸地必须作答。倾城之恋，因为浮华在刹那间剥落，因为在那样的时刻人们本能地就要抓住自己最不能舍弃的情感，只想见到唯一重要的人。

他们的故事让我们看到了生命中蕴藏的爆发力。在广州城今天的风雨中等上半个小时的出租车，可能都足以让人感到浑身冰透、筋疲力竭。可是电视上一个被采访的旅客，说他已经站等了三天三夜，仍不肯退票，只要还有一丝希望，就要等下去。他这样说着的时候，不带有任何自我感动，那么自然而然，不知道自己的决心有多坚毅，不知道自己吃苦的耐力有多惊人。报纸上，年逾六旬的老人、只有5岁的小孩，抛弃停滞不前的汽车，在冰雪中步行跋涉9小时，60里。不见他们抱怨，不见他们自得，困境之下，这些似乎都是人的自然反应。

许多旁观者都说，这场雪灾好像一部真实版的美国大片。与大片最相近的，并不是灾难的严峻程度，或是人们的恐慌心态，而是被灾难激发的情感、被灾难激发的生命力。灾难中的小人物身上，跳动着英雄的心。灾难的情境是让人难过的悲剧，可是灾难中的人，闪耀着坦然承受、无所畏惧、必然胜利的光芒，是一首让人振奋的凯歌。

（2008年1月30日）

事件： 从1月28日开始，广州数十小区的业主自发组织援助火车站滞留旅客捐赠活动，仅骏景花园小区就已经接到业主捐款近5000元，有业主甚至把家里准备的年货都捐了出来。记者走访广州市民政局设置的各个捐赠点，了解到前去进行捐助的市民大幅度增多，几乎每个捐赠点的热线都响个不停。

观点： 风雪送来的不只是寒冷，还有公民互助取暖的历练和机会。灾害从不预演，互助同行的公民精神却可以从寒风中生长，从困境中起步。每一次灾害，都不应只是重复痛苦和忍受，同时也会收获社会的进步，公民的成长，精神的壮大。

以行动兑现爱心　以灾难砥砺精神

冰冻灾害持续，春运依然受阻，行动起来的广州各界，却令春运温暖初现。昨夜今晨，尽管广州火车站地区仍有上十万旅客滞留，但经过短暂的应急调整，现场秩序良好，组织有条不紊。铁路、民航、公路各方传来的信息，开始于灾害冲击中有平稳起色。尤为重要的是，连日来，广州各界从未袖手，市民职员热心至诚，无数普通人尽管散居各处，心却在与人流同行，和风雨进退。情义广州，历寒风冷雨，更见温暖厚重。

那些源源不断的捐助物资，从无数的家庭和办公室里整装而出：煮熟的鸡蛋，成箱的饼干、八宝粥、矿泉水，御寒的棉被和棉衣，甚至席地铺开的纸皮。每一样都用感同身受的心情筹措，每一件都以设身处地的情义得来。许多的人，虽然没有跻身车站，未有风餐露宿，但他们心里蕴满情意。摊开报纸，总盼望苦候可以结束；打开电视，总在默念一路平安。这座繁华都市，平日脚步匆匆，但在风雨逆境，却到处流淌平实温暖的情义。

民政部门开放的几十个捐助站点，每天都有物资送达；许多小区论坛，都有倡议捐助的热帖；许多年轻人报名成为春运服务的志愿者。企业、机关、小区、媒体、家庭、学校，都在突如其来的灾害面前，选择了毫无迟疑的行动。正是各界的守望相助，使灾情引发的不只有悲切，更有扶助同行的社会品质，不只有退却，更有众志成城的集体进取。每一个人，都把自己编进社会的网中，为苦难传导爱心，为饥寒传递温暖，为困窘传播坚持。因为有你，社会变得能量惊人。

当然，还有许多极愿伸出援手的人，尽管内心焦灼，却无法得悉救助的适当方式。一些零星的志愿者，出现在广场，他们为滞留者送去食品和衣物，但还有更多的人，不是因为怯懦和自私，只是他们心中的暖意，还仅仅只是念头，行动的惰性像被粗笨的绳索牵系，令他们迈不出脚步。这些潜在的力量，需要更广泛的动员和组织，需要更开放的接纳和激励，不要让这可贵的爱心消散于无形。

风雪送来的不只是寒冷，还有公民互助取暖的历练和机会。灾害从不预演，互助同行的公民精神却可以从寒风中生长，从困境中起步。每一次灾害，都不应只是重复痛苦和忍受，同时也会收获社会的进步，公民的成长，精神的壮大。从今天开始，再不要以惯常的思维认识灾难，再不能以懈怠的心境对待自我。情义广州，以行动兑现爱心，以灾难砥砺精神。这样的城市，愈经风雨，愈发进取。

（2008 年 1 月 31 日）

事件：十届全国人大常委会第二十八次会议审议了审计署审计长李金华受国务院委托所作的《关于2006年度中央预算执行和其他财政收支的审计工作报告》。截至2007年10月底，各被审计单位已追回或归还被挤占挪用的资金41.95亿元；根据审计建议完善各项制度规定305项；审计发现的117起涉嫌违法犯罪案件线索移送纪检监察和司法机关查处后，已有88人被依法逮捕、起诉或判刑，104人受到党纪政纪处分。

观点：责任追查的关键，并不在于移送线索，而是在于理顺执行财政预算过程中的权力关系。根据《预算法》，经过本级人大批准的预算具有法律效力，除非经过法定程序，本级人大许可，否则一概不得违反。换言之，各级人大是保障预算执行的权力主体，审计查出的问题要向人大报告，人大有责任针对这些问题追究到底。

审计继之以审判，是对民众应有的交代

1月30日，国家审计署网站公布“2006年度中央预算执行和其他财政收支审计查出问题的纠正结果”。除了公布审计单位追回的被挤占挪用资金，还包含了一个重要的消息：审计发现的117起涉嫌违法犯罪案件线索移送纪检监察和司法机关查处后，已有88人被依法逮捕、起诉或判刑，104人受到党纪政纪处分。

这是一个交代，对民众的交代。

国家审计署发布的消息，人们已经非常熟悉。数字总是那么惊人，动辄以亿计，严重超出百姓日常思维的想象力。审计风暴几年刮下来，再也不像风暴那样让人震惊——对于那些无能为力的事实，人们倾向于以漠视的方式接受。偶有的感慨也非常简单：公布出来又有什么用呢？

这一句简单的感慨直指问题关键。审计之后没有审判，问题查清之后没有责任追究，没有后续、没有跟进，这种荒唐的局面几乎把审计结果变成了一个无聊的东西。惩前才能毖后，这个道理实在太简单。自从国家审计署自2003年开始公布年度审计报告，社会舆论就不断指出追究责任的必要，并且从权力结构上反省为何追究机制难以建立。

事实上，每年确实都有不少违法违纪的公务人员受到惩处，虽然不是直接因由审计结果，但也不能说审计中查出的问题完全没有后续追究。其实，只要党纪国法高悬，只要存在被惩处的可能性，违法违纪的公务人员就会有压力。只是，在审计报告和责任追究之间，没有制度性、程序性、强迫性的联系。问题揭露出来了，要不要追究责任、什么时候追究责任、在什么范围内在多大程度上追究责任，这些具体的追查工作不够透明，民众无从了解其运行过程，只能看到突然公布的一些结果。今天公布的对某个官员的惩处和昨天公布的某一项政府工作中的问题，其中的联系百姓看不明白。正因为如此，在民众心中，审计是没有结果的，问题是不被追究的。

现在，我们看到国家审计署在公布“纠正结果”的同时公布了责任追究结果。虽然我们不知道117宗案件具体都是哪些，也不知道被依法惩处的犯罪分子都是谁，但至少我们知道，在审计中发现的有违法犯罪嫌疑的线索，会被移送纪检监察和司法机关查处。虽然从常识来看，这做法理所应当不需要赞扬，但从现实来看，这已经是进步——至少民众可以放心，事情不会那么简单地不了了之。

责任追查的关键，并不在于移送线索，而是在于理顺执行财政预算过程中的权力关系。根据《预算法》，经过本级人大批准的预算具有法律效力，除非经过法定程序，本级人大许可，否则一概不得违反。换言之，各级人大是保障预算执行的权力主体，审计查出的问题要向人大报告，人大有责任针对这些问题追究到底。责任追究的主体非常明确，责任追究的机制本来就存在，实际上欠缺的只是将这一机制激活。

这次国家审计署所公布的纠正结果，正是应十届全国人大常委会第二十八次会议的要求。那次会议不仅要求严格责任追究，而且要求从体制和机制上分析原因，提出改进办法，加强监督，建立健全责任追究制度。所以在公布的纠正结果里有这样一句，根据审计建议完善各项制度规定305项——具体这305项制度完善都是哪些内容，我们无从了解。但道理实在是很简单，如果各级人大能够在事实上行使保障预算执行的权力，如果它能够有效地要求各级政府作出交代，就像全国人大可以要求国务院追究责任那样，那么详细的责任追究机制自然就会形成。

（2008年2月1日）

事件：2月2日，温家宝总理先从长沙赶到湘潭电厂考察。在南下郴州的火车上，他接受联合采访时说："这次雪灾让我最感动的是人民，特别是在抗灾第一线献出生命的那些人以及他们在灾害面前表现出的镇定、勇敢和牺牲的精神。我们抗灾救灾工作要有坚强的领导、有力的指挥，也要有群众的支持、配合和理解。我常听到群众自发地说出对政府的感谢，但我认为真正应该感谢的，是人民。"

观点：感谢人民，因为人民在局部的恶劣灾害里遇到了苦难，但并未丧失信心。感谢人民，还因为人民为灾害承担损失，仍对秩序抱有认同。感谢人民，因为在最终克服灾害影响的努力中，仍需要他们的支持和协力。

真正应该感谢的，是人民

昨日，温家宝总理先从长沙赶到湘潭电厂考察。在南下郴州的火车上，他接受联合采访时说："这次雪灾让我最感动的是人民，特别是在抗灾第一线献出生命的那些人以及他们在灾害面前表现出的镇定、勇敢和牺牲的精神。我们抗灾救灾工作要有坚强的领导、有力的指挥，也要有群众的支持、配合和理解。我常听到群众自发地说出对政府的感谢，但我认为真正应该感谢的，是人民。"

人民本是一个抽象的政治概念，但在温家宝总理的褒扬中，在眼下这场仍在持续的雨雪灾害面前，它"复活"为真实、生动、有血肉的具体民众。人民有失望也有期盼，他们就是火车站广场上会被每一声汽笛所震动的滞留者；人民有困顿也抱有念想，他们就是被阻塞于风雪路途中的老人、小孩、孕妇、司机；人民有职责也有担当，自然也包括抗灾中的铁路工人及其家属、军警及其亲人；人民有埋怨也有柔情，也必定涵盖捐赠方便面、毛毯及婴儿用品的热忱市民。

温家宝总理二度南下的同时，京广线、京珠高速的运力仍在艰难地恢复，而广州再次承受春运客流高峰的强烈冲击，雪灾的社会压力依旧严峻。然而，在大灾害的抗御形势下言及"感谢"二字，断非矫情之举。事实上，感谢亦即致敬，其缘由可概括为各色民众遭遇困境后对秩序的重建、维护、振奋，甚至是忍耐。过去的一周，正是诸如此类的坚守，才遏制了雪灾对社会更深层面的撞击；现在以及未来时日，更需此种韧性的精神维系灾区和春运的秩序，相互守望，令人民走出这个备受煎熬的寒冬。

那理所当然的首要致谢对象，当数万千旅客。雪灾连绵数日，时常经受挫折与反复，他们在路上遭受了体力和精神的双重折磨，已经疲惫不堪。对广州、韶关等滞留地乃至交通沿线的民众来说，滞留旅客挨冷受饿，其实都是在为抗灾大局做艰苦的奉献。如果没有这种被动情形下的奉献，仅以雪灾堵塞人群的数量而言，再考虑到电力短缺、雨雪连天、资源紧张的相关局面，保持滞留城市的秩序稳定是不可想象的。

因而滞留旅客不是孤立的，他们每个人都与我们有着切已的联系。换言之，想他们所想、急他们所急就是在帮助自己、帮助这个城市。至此，那些站在抗灾第一线的人，以及惊诧于滞留者困境而给予爱心的人也有理由获得致谢。有电力工人殉职了，有警察殉职了，广州火车站有旅客晕倒，也有军警累至趴下。他们以公职的名义同样要忍受压力，要保路、通电、安民，他们也是有亲人牵挂的，这一点不会因他们与滞留旅客的“对峙”而改变。秩序之上、秩序之需，唯有携手共渡难关，谁也不能免责。

温家宝总理的感谢送给风雪中的所有人，国民与灾难同在，是为声援与勉励，也隐寓着期待。在抗灾的大目标下，施压与纾解压力的情况共生同存。囿于不完全一致的立场，齐为灾难秩序的重建耗费心力的人们一直有沟通，同样也有加强交流的急需。铁路调度需要线路秩序才能积攒运力，滞留旅客需人流秩序才能进站上车，广州城需春运秩序才不至于陷入险境。既然所有利益都能在秩序上获得一致意见，那么旨在修复、巩固秩序的信息、能源、人力等都要迅速、准确、充分地协调，杜绝有隔膜。

感谢人民，因为人民在局部的恶劣灾害里遇到了苦难，但并未丧失信心。感谢人民，还因为人民为灾害承担损失，仍对秩序抱有认同。感谢人民，因为在最终克服灾害影响的努力中，仍需要他们的支持和协力。

（2008 年 2 月 3 日）

事件：2月3日，陕西省人民政府办公厅就陕西省林业厅未按规定程序履行报批手续擅自召开新闻发布会，未对华南虎照片拍摄情况进行实地调查，在缺乏实体证据的情况下，就草率发布发现华南虎的重大信息一事发出通报批评。省政府决定，除对省林业厅有关负责同志追究纪律责任外，对省林业厅违反政府新闻发布制度、擅自发布未经全面核实重大信息的问题予以通报批评。

观点：无论如何美妙的道歉，相比于匮乏的真相，它都是巧于辞令，也是十分苍白无力的。何况，已有的道歉并无诚心，包括陕西省政府在内的行政者都没有提供虎照的真相。

除了真相，“虎照门”不需要道歉

据新华社昨日凌晨电，陕西省政府通报批评省林业厅“作风漂浮、纪律涣散”，在“缺乏活体证据”且“没有实地调查”的情况下，仅凭照片就宣布陕西镇坪存有野生华南虎。承接省政府的意见，省林业厅随即发出公开道歉信。但耐人寻味的是，道歉的理由只是因为违反了政府信息公开的行政程序，未经批准即举办了新闻发布会，而对虎照的真假只字未提。

就虎照造假事件的本质而言，切要的是真相如何被遮蔽，而不是公布消息是否得到上级许可。陕西方面的最新表态只拿行政程序说事，全然回避最关键的照片真假问题，敷衍之意明显，对推动查究该事件的真相没有丝毫帮助。其实，此封道歉信不过是下级对上司的程序式回应。之所以公之于众，不过是为了显示某种姿态而已。假虎照背后的利益纠葛依旧混沌，被蒙蔽的仍旧深藏在不可知处。这样的批评与自我批评对公众没多少价值，公众大可不必为之欢欣鼓舞。

稍微检索一下虎照风波的旧日新闻，跟踪它延续近4个月的历程即可明白，陕西方面的立场与之前相比来了个急转弯，反而印证了道歉信根本没有诚意，尽是虚伪、敷衍之说辞。去年10月12日陕西林业厅召开新闻发布会，凭借周正龙所摄的两张照片，向全世界宣布发现野生华南虎。紧接着，对华南虎照片的质疑犹如平地起雷，引发一连串的“打虎”行动。为了维护“虎照为真”这一岌岌可危的判断，国家林业局、陕西林业厅频繁出面，或以官职担保，或列出所谓的证据。

同样是陕西林业厅，曾经在“挺虎”过程中一度表态：发布野生华南虎存活的消息是本身职责，根本不需要上级批准。现如今，这些原本信誓旦旦的结论白纸黑字，历历在目，将道歉之举衬托得极具讽刺特质。当然，道歉及如何道歉都是肤浅的。虎照已被社会力量证明为假，官方陷入难堪的沉默。求真相而不得已成为虎照事件中最吊诡之处。现在，陕西为虎照发布程序的小小疏漏道歉，却没人站出来为真相不明的乱局担责，直至领受惩罚。官方的一纸举动，暧昧十足，动机令人生疑。

事实上，虎照已被充足的力量证伪。目前虎照正由国家鉴定机构进行二次鉴定。从去年12月19日开始以来，二次鉴定至今已过去快50天。极其简单的照片技术鉴定迟迟不见结果，或者结果有了但受制于某种考虑，故意没有披露。包括镇坪县政府、国家林业局在内的官方系统如何度过这一微妙的阶段，确实需要相当的“智慧”。陕西的批评与道歉在这一时刻“出炉”，是否可以推断二次鉴定结果业已得出，并证明虎照为假？如果这样，道歉的举动就是一种铺垫，为的是减轻结论公布后的滔天舆情。能否减轻尽管是另外一回事，但以一份自相矛盾的道歉信的名义，有关方面确实展开了减震行动。

由近似固执的强硬变为言不由衷的道歉，究竟是什么力量促使陕西改变态度，局外人很难知道。道歉信可以公示，但道歉信出台的内幕恐怕很难大白于天下。然而，将道歉的时机选择在春节前几天显示了精心考量。这个时候，雪灾和过节占据媒体的主要版面，网民休假者众多……总而言之，受制于天气、节气对公众舆论的分散影响，倒逼官方行动的作用力必定减弱。假如道歉是在压力下不得不进行的动作，眼下这一时机的确是上乘之选。简单的国家鉴定都没见出来，道歉却在大年岁末突然降临，相信这一切绝非巧合。

从民间的角度看，虎照造假的技术鉴定都已完备。民众的焦虑集中在造假是如何完成的，又是怎样在县级乃至更高的行政体系内顺利完成的，与此相联系的所有官员又充任什么样的角色。换言之，民间只是在等待官方能自觉揭开虎照疑云的一切真相与假象，有能力、有公信地展开“审判”。相较于民间立场，官方的所为始终游离在民众的焦点之外，要么执意于虎照为真的虚伪结论，要么顾左右而言他，不作正面回应。即便陕西方面的这一致歉，也避重就轻，轻描淡写，冠冕堂皇。表面上所行的是道歉，实际上的用意是要继续对舆论施以操控。

无论如何美妙的道歉，相比于匮乏的真相，它都是巧于辞令，也是十分苍白无力的。何况，已有的道歉并无诚心，包括陕西省政府在内的行政者都没有提供虎照的真相。一如既往，对虎照的真假都惧怕到闪躲的地步。真相，仍像一根刺卡在民众的念想中，破坏着政府希望在民众中树立起的模样，亦即所谓的政府公信。官方与民间依旧在真相的追问上背道而驰，这是道歉信给予加深的印象。

“虎照门”不需要道歉，因为它是被操纵的道歉；它无法让人接受，因为它与真相无关，或距真相遥远。

（2008年2月6日）

事件：广州市政协副主席郭锡龄17日“炮轰”铁道部应对南方雪灾不力。当日，铁道部新闻发言人王勇平回应，称其所言既违背事实又违背常识，让人难以理解；并且提出反问，抗灾时他身在何方？

观点：铁道部发言人王勇平说，抗击冰灾、成功疏运的壮举，是各界齐心努力所达成的，理应倍加珍惜。而今日难得的批评局面、复苏的质疑精神、萌芽的公民权利、渐进的公共探讨，在不在这理应倍加珍惜之列呢？

质疑是公民的权利　释疑是政府的义务

春运临近尾声，各方压力缓和，于刚刚过去的冰雪灾害与滞留事故，恰是及时检视的时刻。昨天下午，铁路部发言人王勇平接受媒体访问，谈及春运期间广州地区的旅客疏运工作，特别回应了广州市政协副主席郭锡龄对铁道部的批评。虽是据理力争，却也针锋相对，批驳之势急切凌厉，回应之心反而淡薄。熟知惯常的言辞句式语气，不免要从这番严词厉句的机构发言中，看出今日批评的际遇，作一番如何批评与自我批评的遐想。

郭锡龄所说，无非意指铁道部应该为广州地区旅客滞留负责，至少是负部分的责任。而郭的质疑，不过是以政协副主席的身份，说出了民间普遍存在的疑问。疑问的存在，是以释疑的不及时、不主动、不公开为前提的。公众疑问的真实与否根本无须追责，而释疑的姗姗来迟却正是机构失责的反证。大灾大难过后，公开讨论谁要负责，谁要挨罚，本是正常的公共生活，也是必要的社会情绪出口，就像公开宣传谁应该得表扬，什么机构应该受奖一样，是一个公共事件完整的正负两面。这个道理本来浅显，只是落实到政府机构的奖优罚劣之上，便无来由地敏感起来，使得可能从灾害中增进的全民经验，也一并敷衍塞责过去。这种状况，无疑要令民众心痛而不忍见。

铁道部发言人称，郭副主席所言既违背事实又违背常识。这样的语句，用于科学辩论是可以的，用于回应公民的质疑，却是十分的不妥。铁道部作为国家铁路管理和运营的唯一机构，一手掌握铁路系统的所有信息，这是作为普通公民的郭锡龄不可能占有的。这种信息的不对称，更为关键的是，这种公共机构与个人的能力不对称，使得质疑成为公民的天然权利，而不必受制于事实的绝对准确。事实与常识，衡量的只是权利行使水平的高低，却丝毫无损权利行使的正当。如果以违背事实和常识的认定，来否定郭锡龄批评与质疑的权利，这种逻辑是站不住脚的。

而事实上，对公开批评的不适应已成今天公共机构的痼疾，对质疑权利的不自信构成了公众情绪的严重压迫。而当发言人王勇平发出“当广大铁路干部职工和广州地区人民群众并肩战斗、奋起抗灾、共渡难关的时候，郭副主席身在何方?”这样的质问时，则近乎要以道德优势取消郭锡龄的批评资格。

铁道部发言人的批驳表态，在网上迅速为更汹涌的批评浪潮所反噬。抛开郭锡龄言论的事实依据不论，郭锡龄所遇到的极不对等的机构批驳，变形为让批评者感到紧张的威压信号，构成公众行使批评与质疑权利时要自觉弱势的鲜明印象。铁道部发言人的所谓回应，流露出对社会批评的极为敏感与不适应，更在不经意间传达了对正当质疑的无礼棒喝。一家政府机构的公开发言，给公众造成如此的社会观感，是相当失责和没有风度的。

总理温家宝曾在冰雪灾害肆虐时到达重灾区江西，他说：“灾害使我们损失了一些东西，但这是暂时的；灾害使我们得到了许多东西，这却是持久的。”总理所言，同样不过是“吃一堑，长一智”这样朴实浅显的道理，放在风雪中坚持的个人身上，得到的是信心、勇气和力量；放在社会生活的公共领域，得到的就是反思、改正和进步。这就使得在面对灾害时，一个社会敢言无忌的反思与众志成城的抗击具有了同等重要的意义。

刚刚过去的这场灾害，既使全社会真的相信皆由天灾而起，也自然还有公共事务的不足之处可堪追问。完全没有缺点暴露、机制反思的灾后重建工作，是极不正常的，也是违背事实和违背常识的。铁道部发言人王勇平说，抗击冰灾、成功疏运的壮举，是各界齐心努力所达成的，理应倍加珍惜。而今日难得的批评局面、复苏的质疑精神、萌芽的公民权利、渐进的公共探讨，在不在这理应倍加珍惜之列呢?

（2008 年 2 月 20 日）

事件：科索沃议会17日举行特别会议，通过了一项独立宣言，宣布科索沃脱离塞尔维亚共和国成为一个“独立主权国家”。科索沃是原南联盟塞尔维亚共和国的自治省，1999年6月科索沃战争结束后由联合国托管。塞尔维亚希望保持对科索沃的主权，而占科索沃人口90%的阿尔巴尼亚族人则要求“完全独立”。

观点：换句话说，在西欧国家已经开始成熟地试验更密切合作的时候，巴尔干地区的科索沃独立，无疑从本质上落后于国际政治的进程，甚至有可能把世界重新拖入民族主义的争论中。

科索沃独立的全球主义困境

2月17日，科索沃议会表决通过独立议案，宣布科索沃脱离塞尔维亚正式独立。巴尔干火药桶是爆发还是冷战，成了全世界目前最关注的问题。

科索沃问题由来已久，大国利益和地区关系错综复杂。但是可以肯定的是，目前第二次科索沃战争爆发的可能性大大降低了。毕竟今天的塞尔维亚，从实力和意志上都已经不是十年前的塞尔维亚。而经历了20世纪90年代末的科索沃战争伤害之后，巴尔干地区的政治家和民众已经厌倦了战火。更重要的是，美国、俄罗斯和欧盟的态度，也并未像当年科索沃战争时那样高度对立。

问题就在于，科索沃宣布独立，将会给这个世界产生什么样的影响？或者说，当20世纪后半叶的民族独立解放运动逐渐为全球化的利益分享所取代之时，科索沃独立，恐怕是这个世界上殊为另类的一股声音。因此也难怪许多国际问题专家认定科索沃独立不可能被模仿。

从地区角度衡量，欧洲一体化在过去的几十年中维持了稳定的发展，并且给世界政治注入了新的血液，成为世界各个地区努力模仿的一种方向。实际上科索沃独立，无疑是欧洲一体化快速发展的一种反动。姑且不论科索沃独立可能对欧洲大陆不少民族分离势力产生的鼓励作用，对于欧盟来说，逐渐把一个稳定和建立民主制度的东欧纳入一体化的进程中，从而在资源和影响力上更多分享，才是欧盟未来的目标所在。这也是为什么欧盟仍然不愿意承认科索沃独立的一个原因。

而从国际角度来看，科索沃独立之后，除了少数有既得利益的国家之外，大多数国家顿时陷入了表态的尴尬局面中。21世纪，简单的国际社会达尔文主义或者激进的民族独立运动都已经不再盛行。更多的时候人们愿意通过一种多边磋商方式来解决地区或者国际事务。这种磋商方式的框架被称之为全球主义。而科索沃不经多边磋商也无法得到多数认同的独立行为，正是全球主义所面临的一大困境。而不少国家更是旗帜鲜明地表示反对，因为对于他们来说，科索沃会产生不必要的民族分离联想。

21世纪世界政治与20世纪的一个重大区别就是，在尝到全球化和地区一体化的甜头之后，更多的国家和地区考虑的是如何在全球化中相互依存，甚至为此不惜让渡一定的权力。换句话说，在西欧国家已经开始成熟地试验更密切合作的时候，巴尔干地区的科索沃独立，无疑从本质上落后于国际政治的进程，甚至有可能把世界重新拖入民族主义的争论中。

在这种情况下，科索沃独立无疑是一次孤立的地区性事件，是巴尔干数十年政治恩怨的延续。但令人担忧的是，科索沃独立虽然短期内不会引发肉体上的战争，但是长期来说，却有可能形成一种心理上的震撼。这使得少数人或者族群得以脱离世界政治发展的主流，重新定义他们的政治进程；同时也导致21世纪的国际政治出现一种潜在的思想危机。在大多数人期待世界认同的时候，单一民族认同究竟会不会带来尊严或者践踏，人们是应该彼此宽容还是特立独行？

法国作家雅克·勃莱尔在《欧洲书简》的前言中说："建立集中营、屠杀犹太人、恐怖笼罩在人们头上，是我们学会互相仇恨、相互蔑视的前一天，欧罗巴仍然是我们这些人的祖国。"同样，对于科索沃来说，用独立的方式摆脱多年恩怨之后，这个地区是否能回到全球主义的轨道中来？

（2008年2月19日）

事件：2月14日，已是云南省委常委、昆明市委书记的仇和在讲话中要求，各县市区、各部门“一把手”，要在新闻媒体上公开亮相，作出承诺，并将姓名和联系方式一并公布，接受群众监督。两天后，昆明媒体纷纷用整版公布了从市委书记、市长到5区、1市、8县及市直各部门党政领导班子成员的联系电话，同时详细刊登了各领导的职务分工情况。这份公开的昆明官员通讯录很快销售一空，仇和新政的气象开始在春城流布。

观点：在更远的宪政理想中，仇和的价值可能微渺，但在未能彻底改变权力的一言堂之前，进步的一言堂也应该承认有其价值，在未能根本改变官本位之前，进取的官本位也应有其积极意义。

仇和新政未出 旧路亦有价值

仇和是中国官场的另类标签，其标签效应，也随他升迁一次次放大。2月14日，已是云南省委常委、昆明市委书记的仇和在讲话中要求，各县市区、各部门“一把手”，要在新闻媒体上公开亮相，作出承诺，并将姓名和联系方式一并公布，接受群众监督。两天后，昆明媒体纷纷用整版公布了从市委书记、市长到5区、1市、8县及市直各部门党政领导班子成员的联系电话，同时详细刊登了各领导的职务分工情况。这份公开的昆明官员通讯录很快销售一空，仇和新政的气象开始在春城流布。

旧式的官民视野之中，仇和之于昆明，必同清官之于百姓，厉令亲民的举动，也颇有如沐春风之幸。官威何其大，见官何其难，仇书记要让官员们站到台前，于是就有了公开的官员通讯录，就有了脱销的报纸。仇和甫一出手，刷新的便是整座城市的官民记忆，但毕竟也只是公布了官员电话而已。深谙现实艰困的媒体和民众，难道真掂不出几个电话号码于今日破局的分量和意义？什么样的价值坐标和政治语境里，这竟会成为一座城市的幸事和一个社会的话题？

仇和调任昆明时间尚短，藉此一举而声名愈盛。他理应得到掌声。并不是所有的政绩和作秀，都是可鄙的官场垃圾，那些体现选民意志的政绩和作秀，显然就可以被允许甚至受鼓励。即使只是偶尔合意的小概率事件，仇和新政的意义也相当积极。它表明，更大的权力，如何可能成就更大的机会，即使官场有千人诺诺的存在，一士谔谔的价值，仍是难能可贵。英雄主义的官员个人，如何找寻历史的机会，获得进取的合力，仇和不过以他一贯的铁腕作风，于暗淡现实中放出生气。这点榜样，勇气和眼光堪称俱佳。

仇和新政的褊狭和困境当然也显见。在更远的宪政理想中，仇和的价值可能微渺，但在未能彻底改变权力的一言堂之前，进步的一言堂也应该承认有其价值，在未能根本改变官本位之前，进取的官本位也应有其积极意义。仇和新政，未有脱出长官意志推动的旧有路数，但其不止步于平庸，努力掘出新路的胆识和作为，尤为重要的是，在某些历史方向上的与民同路，都是仇和于当前政治的标签意义。

然而，如果追问，谁制造了仇和和他的“铁腕”，制度的流水线又能否复制得出更多仇和式的新政人物？答案却是飘忽茫然。作为官员的仇和，其行为风格的背后，制度的刚性驱动极其少，个性与经历的本能驱动极其多。昆明市民的幸运，正是建立在与一个人的相遇，而不是与一个官员的相遇之上。仇和新政的光亮，是以更灰蒙的官场现实为大幕而放射。这仅得的光亮，还请他坚持。

（2008年2月19日）

事件：18 日上午，广东省委常委、广州市委书记朱小丹在与港澳委员座谈时，大赞港澳委员空话套话少，建议内地委员多向他们学习。朱小丹在听完 19 位港澳委员发言后说：“现在都在抓会风，抓会风很重要一条就是要言之有物，你们发言没什么空话套话，内地委员要多向港澳委员学习。内地有些委员有些毛病，新八股，怕话传到了领导耳中，怕领导给小鞋穿，不敢说真心话，一开口就是空话套话官话。你们没有这个问题，所以你们特别敢说话，更超脱、更客观。”

观点：两会时讲真话是实践宪法权利和义务，在官场上讲真话恐怕就要受到或明或暗的规则的考验了。因而，对于代表委员来说，贯彻讲真话的最低原则实为日常生活的组成部分。

鼓励讲真话不如破除官场潜规则

前日的广州两会上，市委书记朱小丹参加港澳组的座谈，大赞港澳委员敢讲真话，发言时言之有物；与此形成反差的是，内地委员害怕领导给小鞋穿，不敢说真心话，却习惯于讲空话套话官话。朱小丹认为这是会风不正的问题，是需要摒弃的新八股，建议内地委员多向港澳委员学习。

批评代表委员不敢讲真话，只会说些无关痛痒的客气话——类似的抨击声音不只广州两会，其实从全国两会一直到省两会，每年都有人提及。况味复杂的是，两会成了动员与会者讲真话的政治场合，代表委员每次都要经受开会常识的教育，如此这般，这些年不再是新鲜的事。问题只是，年年鼓励讲真话，只能证明妨碍讲真话的氛围仍未消除，那些让代表委员畏惧的力量依然强大。

说到底，宪法意义上代表民众议政的两会人士究竟怕什么？他们若讲真话又会面临什么样的危险？对于其间的微妙，朱小丹的座谈发言也已涉及，那就是对上司的忌惮。这里的“上司”有两种含义：第一种是指具体的某位领导，前阵子省两会曾有代表退席，抗议同组代表对司法系统的批评，就是出于这样的恐惧；还有一种是虚指，泛指只可意会不可言传的自我审查，它表现为一种官僚体制内的潜规则，大多担负官职的代表委员谙熟其道，对于讲真话的后果想必比一般人更清楚。

换言之，对于代表委员而言，讲真话的风险很可能就是要承受某种报复，即便有可能行使这种报复的人仅存在于理论中，或者根本就不在会场。但为了安全起见，代表委员就只是唯唯诺诺，出席两会要么不说话，要么只说风险为零的空话套话。与此相比，港澳委员来自不同的政治架构，讲真话对他们具有完全不同于内地的含义：它只是起码的人性之一，而绝非难以企及的政治道德。因此，敢不敢讲真话，不是个人问题，而是政治问题。如此，拿是否讲真话作标准去衡量论政水平，确实会冤枉某些代表委员。

究其根源，真正该负责的不是具体人等，而是弥漫在代表委员周边，甚至已经浸入他们内心的某种政治气氛。它像某种威力巨大的迷幻药物，似乎无声无形，却又无时无刻不在左右着政治领域中大小人物，让他们生活在无处不在的阴影下。鼓励讲真话，就是要不断破除这种特有的政治气氛。否则，讲不讲真话，讲什么程度的真话仍会是可望不可即的政治要求，很难落实为代表委员参政的基本素养，也就很难转化成民众希望中的政治现实。

忧患始终隐藏在虚假的政治话语中。对此，包括广州两会在内的所有代表委员当有紧迫的考虑，并秉持宪法赋予的政治身份多加振奋，急切地争取。坦率地说，无论两会的制度设计有多少值得改进的地方，代表委员仍是推动政治演进的重要力量，责无旁贷。假如真要学习港澳委员，那就一切就从讲真话开始，正视国情，杜绝文过饰非式的言不由衷，学习并学会真实的表达。能够将讲真话的习性内化成政治人格的组成部分，而不是有意无意地排斥它。进而，在与民众和民间的融合中抛弃软弱，最终走出那种阴影的笼罩。

虑及特有的政治实境，代表委员在两会期间讲一点真话或许容易，难就难在两会结束、重新回到官僚系统之后仍能坚持讲真话。两会时讲真话是实践宪法权利和义务，在官场上讲真话恐怕就要受到或明或暗的规则的考验了。因而，对于代表委员来说，贯彻讲真话的最低原则实为日常生活的组成部分，自然的，朱小丹号召的向港澳委员学习也就不仅局限于广州两会的座谈会，甚至也不能仅仅局限于代表委员本身。

总之，不敢讲真话、不能自由发表言论的代表委员有他惧怕的缘由，消除他们的惧怕倚靠更多的政治现实被矫正，或正常的政治原则被不断树立；相应的，听不见多少真话的两会是有缺陷的，说到底，讲真话本不是什么最高的法则。可这样的反思仍在继续。或许直到有一天我们不用再纠缠于这个话题，才有足够的资格讨论更远大的政治前景。

（2008年2月20日）

事件：2 月 19 日，国家教育部发布信息，对九年制义务教育音乐课程标准进行了修订，从今年 3 月份起，北京、广东等 10 个省市区将进行“京剧进中小学课堂”的试点。目前，包括《穷人的孩子早当家》、《都有一颗红亮的心》等经典样板戏唱段在内的 15 首京剧教学曲目已经确定，将在试点基础上逐步向全国推开。

观点：教育行政机构如果自顾行政理念上讲政治，却不顾教育理念上讲方法，动辄全国一刀切，虽得了可供总结汇报的政绩成果，却无端搁置了这生动多元的现实生活，于文化传承，恐怕也只会落得南辕北辙之效。

强推京剧入校：只见行政之手，不见教育之心

新学期伊始，校园不复平静，不过先声夺人的却是教育部。日前，教育部对九年制义务教育阶段音乐课程标准进行了修订，增加了有关京剧的教学内容，并决定从今年 3 月到明年 7 月，在北京、上海等 10 个省市区各选 20 所中小学进行试点，其中也包括广东。目前，包括《穷人的孩子早当家》、《都有一颗红亮的心》等经典样板戏唱段在内的 15 首京剧教学曲目已经确定，将在试点基础上逐步向全国推开。

依教育部艺术处负责人所说，此举是为响应中共十七大传承中华民族优秀文化的号召。之所以在众多戏曲种类中选择京剧，而不是在不同省份推行不同的戏种教育，是因为京剧是我国公认的国粹和国剧。尽管教育部官员解释，试点京剧教育是让学生对京剧有全面了解，而不是为了把学生变成票友，不能看成特长教育，也不会加重学生负担，但这一做法仍然引发普遍质疑，而焦点显然不是传统文化是否要传承，而是如此的教育传承方式是否可以接受。

从传统文化的类型来看，京剧只是我国几百种戏曲门类之一种，乃是融合地方戏曲特色而发展起来。早年虽有国剧之称，至今亦得国粹之誉，但由于缺少创新、风格单一、观众流失等原因，在文化多元竞逐的今日，其地位已不复当年。但京剧文化地位的式微，不表示其民族文化代表性的失落。一些所谓挽救和推广的硬性做法，不是立意于从文化价值上去保存和完善，而是立足于受众规模的形式扩增，不合时宜地追求盛况重现，反而让民众难解其意。何况，京剧虽为国粹，却也只是一

种艺术形式，不同于民族共同语的普通话，有大力推广的工具价值。

而传统艺术的多元形式，正是最重要的文化价值。京剧的文化韵味与民族风情，同样为众多的地方戏曲所呈现。因而，传承民族文化不一定要强推京剧。教育部如果真的重视戏曲的文化传承作用，就不应该罢黜百家，独尊京剧，而应该放弃硬性狭隘的国标规定，转而授以各地中小学以更灵活多样的选择，来促进戏曲教育的普及。一说戏曲教育，就全国一致唱京剧，除了显出追求万民一致的长官口味之外，既不可能真正达到教育效果，还可能败坏学生们的学习兴致。

从教育理念上来说，真正学习传统文化，必定离不开经典作品的熏陶。传统京剧剧目多取材于历史，其题材和表现形式多种多样，优秀剧目就有几百种之多。此次教育部确定的15首京剧教学曲目，有9首是“文革”期间所谓的样板戏唱段，内容多半是表现暴力革命、敌我斗争，既缺少传统剧目的历史兴味，又难有推动社会的现代价值，唯一确保的，只是过去一贯强调的红色教育、政治正确。这种做法，也许有教育主管机构的意识形态考量，但却无助于真正走进传统，传承文化。若不然，样板戏持续熏陶之下，怎会有传统文化式微的今天？

此次教育部强推京剧入校，所见其实只剩行政的大手，臆想摆弄出所谓文化传承的景观，却不曾见到真正的教育用心与理念彰显。传承民族优秀文化，当然无比正确，既是深得民心的高层号召，也是民间自发的文化诉求。然而，教育行政机构如果自顾行政理念上讲政治，却不顾教育理念上讲方法，动辄全国一刀切，虽得了可供总结汇报的政绩成果，却无端搁置了这生动多元的现实生活，于文化传承，恐怕也只会落得南辕北辙之效。

（2008年2月22日）

事件：总投资约 50 亿美元，号称“中国最大中外合资项目”的广州南沙炼化一体化项目，近日遭 14 位广东省人大代表联名提请缓建。此前，该项目刚刚被列入广东 2008 年国民经济和社会发展计划，是重点建设的新开工项目。而提出建议的领衔代表刘奕玲称，按照国家规定，该项目不符合新开工条件，违反了当地法规，还将加重珠三角大气污染。据悉，国家环保总局仍未对相关规划环评作出审批意见。

观点：对一个计划中的项目来说，环评报告的制定及审批过程赋予它专业上的合理性，而各方的意见表达和利益博弈，则赋予它政治上的合理性。从这个角度来说，南沙化工基地项目在开工前所缺少的程序，不仅是环评报告的制定和审批，还有该报告的公示、意见征集，以及一个覆盖相关各方的公开听证会。

南沙石化基地：要环评审批，还要公众参与

南沙石化基地项目成为焦点。

今年 1 月广东省两会期间，该项目被列入《广东省 2008 年国民经济和社会发展计划》，且是重点建设的新开工项目。省人大代表、省人大常委会环资委委员、省环保技术中心主任刘奕玲与其他 13 位人大代表联名提交建议，该项目应该缓建。不久前闭幕的广州市两会上，该项目被列入今年广州市重点项目。看起来，省人大代表的建议没有生效。

这个项目引起的争议主要在两个方面：一是程序问题，二是环境保护和经济发展孰先孰后的争论。

南沙石化基地项目在去年 6 月已开始征地，居民全部动迁。而相应的规划环评在去年 8 月才开始招标，并且由于过期而失效，12 月底再次招标，其结果暂不清楚。可以肯定，这份必需的规划环评报告还未出炉，也就谈不上审批。而《环境影响评价法》明确规定，环境影响评价文件未经审批，建设单位不得开工建设。简而言之，先上车后补票是违法的。但是，先上车后补票也证明，这个项目志在必得，而所谓的环境评估，不过是一走一过的程序。

如果环境评估真的只是虚设，也就不存在后面的争议了。环境保护和经济发展

孰先孰后，这个话题抽象去谈很难有结论，落实到具体项目中，则需要翔实的专业调查、充分的意见交锋和公平的利益博弈。目前，关于南沙化工项目的意见显然地分为两派：南沙区政府方面强调，项目的国家环评公告将很快出炉，项目不会给广州带来空气污染；但是环保派则从技术的角度提出质疑，珠三角已经非常脆弱的环境现状和南沙所处的城市群中心的地理位置，都是不利的证词。但是，双方意见显然还不存在交锋，缺少有针对性的彼此辩驳，也没有更具体的事实资料、更专业的客观调研。而有关项目动工的决议，到底如何形成，以何基础形成，我们也不得而知。

当然，该项目从环保的角度看到底是否适合建在南沙，应交由环保机构去作评估报告，交由审批机构去权衡得失。只是，该项目志在必得的气势和环保部门在中国一贯的弱势形象，让人担心这套环保审批程序难以做到专业客观。更何况，如果真如环境专家所说，这个项目将对广深港澳等多个城市带来影响，那么它所涉及的就是一个复杂的利益格局，其决策过程就应该包含利益方的充分博弈——这是环保审批程序所不能取代的。

《环境影响评价法》中早有明确规定，那些涉及公众环境权益的规划或者建设项目，规划编制单位或项目建设单位应当在报批前“举行论证会、听证会，或者采取其他形式，征求有关单位、专家和公众对环境影响报告书草案的意见”。对一个计划中的项目来说，环评报告的制定及审批过程赋予它专业上的合理性，而各方的意见表达和利益博弈，则赋予它政治上的合理性。从这个角度来说，南沙化工基地项目在开工前所缺少的程序，不仅是环评报告的制定和审批，还有该报告的公示、意见征集，以及一个覆盖相关各方的公开听证会。

去年最重要的环保事件，就是厦门 PX 项目从缓建到迁址，这是一个充分良好互动的例子。其实，只有制度的力量才够伟大，厦门故事缺少一个完美的后续，就是让它所创造的公众与政府互动模式以制度的方式固定下来，成为重大项目决策的必然程序，乃至成为政府一切重大决策的必然程序。现实是，《环境影响评价法》中关于意见征集的规定，依然被普遍忽视与搁置。

现在，广州南沙石化项目的情况是，环评还未露面，项目已经动工，人大代表和环评专家已经发言，公众尚未参与。这个话题背后的复杂性也许在剽悍的行动中沉默消隐，也许在打开的平台上盛大开放。其结果是，或许这是一个民众必须接受的事实，或许这是一个具有充分民意基础的合理决策。

（2008 年 2 月 25 日）

事件：由35个选举单位选出的2987名十一届全国人大代表，以崭新的面貌“亮相”。这份代表名单体现了十七大已经明确的方向：扩大公民有序政治参与，优化代表结构。具体表现在：省级政府组成部门领导干部代表比上届减少了三分之一；一线工人代表比上届增加了一倍以上；基层农民代表比上届增加了七成以上；首次出现了三位农民工代表。

观点：信息社会已经如此发达，收集民意这种基础的工作应该在两会之前就已经完成；社会分工已经如此精细，人大的作用应该是对民意作最深度最后一步的处理，通过这个最高权力机构使朴素直白的民意与设计精准的政策相连。所以，如果扩大公众政治参与的努力，仅限于改变代表身份结构，那就将人大的运作方式和政治功用理解得过于浅白了。

扩大公众政治参与　不能止于代表结构调整

两会在即，全国人大代表名单已经公布。这份名单体现了十七大已经明确的方向：扩大公民有序政治参与，优化代表结构。具体表现在：省级政府组成部门领导干部代表比上届减少了三分之一；一线工人代表比上届增加了一倍以上；基层农民代表比上届增加了七成以上；首次出现了三位农民工代表。

一直以来，舆论对代表的身份构成这一命题的表面性，已经有了充分的分析。

首先，本来身份是工人的人大代表，未必就能够代表工人这个群体；反之，工人群体的利益不必须由工人来代言。鉴于目前的选举制度和选举状况，代表和他所代表的群体之间，缺少硬性的制约关系。这个根本的问题，不可能因为代表身份比例的调整而得到解决。

其次，人大代表必须具有一定的议政能力，对现代国家和制度结构有一个全面深入的理解。人大代表的职业化是一个长期讨论、不见结果的问题，其结果便是，每年的全国两会，都会有人拿出一些花边议题，或者是基于个人生活经验的片面观点。从这个角度来说，增加工人、农民和农民工代表，未必全然是积极的效果。

昨日已有媒体评论指出，这一次代表身份结构的调整，其实只迈出了很微小的一步。而这次调整的意义，正如国家许多制度上的微小改动一样，在于它的信号意义，在于它标志了一个制度调整的方向：扩大公众的政治参与。

当然，如前所述，当前这一调整能否将更多的公众意志带进人大会场，还有待观察。但是，从当下某些社会现实来看，这一调整对于政策走向的影响可能有限，至于对国家的制度改革的推进作用，就更难奢望。

事实上，在官方说法中，也不过认为，增加工人、农民和农民工代表的意义在于“他们勇于直陈基层实情”，“带来清新、朴素的民意之风”。可是，还有一个事实也被认为是近年来两会的重要亮点，那就是网络直通两会。很明显，人们在网络上的发言更自由、更大胆、更具有普遍性。如果人大需要第一手的社情民意，大可从网络获知。虽然网络言论也有一定的偏颇，不能全面准确地代表公众意见，但是应该远远好过几十、几百人基于个人经验和有限信息渠道所传达的基层实情。而且，另一个不该避讳的事实是，许多长期处于弱势地位的民众，在隆重的官方场合会自发生出一种“配合”的本能，阻碍他们展现出清新朴素的那一面。

在这里呈现出一个由来已久的误会，仿佛人大的主要作用是收集民意。信息社会已经如此发达，收集民意这种基础的工作应该在两会之前就已经完成；社会分工已经如此精细，人大的作用应该是对民意作最深度最后一步的处理，通过这个最高权力机构使朴素直白的民意与设计精准的政策相连。所以，如果扩大公众政治参与的努力，仅限于改变代表身份结构，那就将人大的运作方式和政治功用理解得过于浅白了。

实际上，这种浮于表面的改革思路在很多问题上都有体现。例如，近年来政府工作的核心词语便是民生，以改善民生维持社会稳定为目的，政府可以使出这样的办法：以行政手段直接干预物价，并不考虑这样做对市场造成的直接伤害，对社会经济以至于从更长远讲对民生造成的间接伤害。与之相对应的，许多非常隐蔽的问题，以更为根本的方式伤害民生，至今还未得到解决。

当然，执政党把扩大公众参政和改善民生当作目标，这实在是一件让人欣慰的事情，这也证明，执政党感觉到了来自公众的民权要求和民生诉求。但是，每个人都会忠于自己真实的生活经验，只有实实在在地感觉到生活质量提高，民怨才能缓解，而那些饮鸩止渴的政策肯定达不到这个效果；只有实实在在地感觉到自己有了参政的渠道和空间，公众才会感到民权需求被满足，那些只有信号意义的变革肯定达不到这个效果。

（2008年3月2日）

事件：3月3日起，全国两会在北京召开。大大小小的新闻网站一早就开设了网民关注的焦点问题调查以及民意表达的专题、专栏。新华网、人民网等知名网站发起的“我有问题问总理”等在内的多种形式的网络互动栏目，吸引了众多网民的关注和参与。对于代表及委员的言论，网友也给予了毫不留情的批驳或绝不吝啬的赞扬。互联网正以其他媒体不可比拟的便利性和互动性，日渐成为被广泛接受的民意通道。

观点：令人感到尴尬的是，两会代表委员的职责正是代表民意，汇集民意的制度渠道明明白白地摆在眼前，何必又另辟蹊径在网络上重新汇集？

网上问总理，意义有几许

近年来两会的一大看点，就是网络直通两会。各大门户网站纷纷建起了留言区，并联合传统媒体，承诺会将其中有价值的留言转给代表委员，从而进入两会会场——想象一下，你在斗室里电脑屏幕前敲下的字句，被带进熠熠生辉的人民大会堂。这个意象颇具吸引力，让网民有一种参与感和在场感。

还有更鼓舞人心的事，那便是国家领导人上网读帖子和给网民回信。网络真的把世界拉平了，与国家领导人直接对话，普通百姓的那种激动绝对不是伪装的。也许正是基于这样的社会心理，几乎所有大型门户网站都建起了类似于“我有问题问总理”这样的留言区。这些留言区吸引了大量网民，发言非常踊跃。在人民网强国论坛上，《我有问题问总理》和《我给总理支一招》这两个帖文，在一个星期之内便有超过31万人次点击，近5000条留言。而在新华网上，截至3月3日，各种提问、建言已经达到了3万条，有150万人次的网民参与。可以毫不夸张地说，网上问总理已经成为一道相当壮观的景观。对这道景观，有人以为是媒体的眼球意识制造出的话语泡沫，也有人认真地解读为中国政治气象的更新。去年便已经有媒体宣称，“网上两会”推动民主政治建设；今年又出现了同样的欢欣，把网上问总理现象当成是中国政府汇集民意的新方法。

其实，人们从自身利益出发去关心政治，这并不是什么值得惊奇的发现。网民的议政热情，也不是两会期间所独有。网上问总理这件事除了再次印证了民意沸腾，并没有提供什么新鲜的信息。这些留言的结局基本上可以预想。大部分不过是网友间互相阅读，很快被信息的洪流淹没。有代表性的留言，也许刚好触动了媒体的兴奋点，被挑选出来成为记者向代表委员或有关部门提问的一部分，但基本上不会得到正面答复，即使有了承诺式的答复也没有人去跟踪约束。

没人相信总理会逐条阅读成千上万的留言并给出回复，实际上也完全没有这个必要。留言内容大体有两类——一类是可以模仿的官腔：“走文化强省之路应是河南省工作的重中之重!”另一类是最朴素的民意表达：“请问总理，咱们普通老百姓什么时候买得起房子啊?”“我想问总理，能不能研究给全国65岁以上的农民发退休金。每餐1元，每月90元……”这种许愿式的表达，汇集在一起倒是可以勾勒出社情民意。只是，这个勾勒的过程，并非简单的分类处理或是媒体编辑就能完成。

社会和国家已经发展到非常精密的地步，政治参与早就已经是一件非常专业的事情。实际上，如果真要通过人人表达的方式去了解民众意愿，就要不计成本，由专业机构通过科学方法进行调研和统计。简便可行的办法则是，由民意代表亮出自己的立场，在竞争充分的情况下，民众只要依照自己的意愿作一个简单的选择即可。这个过程中，法律必须保障民众对代言人的约束力。另外若要将不同意见带入政治辩论和利益博弈的现场，若要这个博弈结果转化为公共政策，则需要法律保障代言议政机构对行政部门的约束力。

只要稍作分析就会明白，网上问总理这件事的实质，浪漫大过现实，形式大过内容。其最大的效果便是汇集民意，但这些民意应该是各方早已经了解的。不能设想，代表和委员直到两会即将召开还不明了那些一目了然的民意；更不能设想，政府每天处理大量公共事务，竟然是在不知民意的基础上进行的。令人感到尴尬的是，两会代表委员的职责正是代表民意，汇集民意的制度渠道明明白白地摆在眼前，何必又另辟蹊径在网络上重新汇集?

（2008年3月5日）

事件： 3月4日，陕西省长袁纯清在接受新华社独家采访时，被问及华南虎照问题，他表示陕西省政府对虎照事件的态度是“明确”的，“但在两会上，我们应该把精力主要放在审议报告上”。全国两会上的陕西籍代表委员对虎照事件讳莫如深，大都不愿发表看法，更有委员认为不要再追究结果。此前，全国政协委员、国家林业局副局长印红透露，针对陕西镇坪展开的华南虎野外调查基本结束，没有发现华南虎实体及其活动痕迹的确凿证据。

观点： 过去的百日绝非清白的历史，政府绝无可能单方面抹消，然后犹如在一张白纸上描摹出“钦定”的真相。应当理解，民众的不满恰是建设的开始。政府接受真相，回到常识，即有勇气直面失判，才能行建设之功，才有望诊治政府的积弊。

“虎照门”：接受真相比发现真相更难

3月4日，陕西省长袁纯清在接受新华社独家采访时，被问及华南虎照问题，他表示陕西省政府对虎照事件的态度是“明确”的，“但在两会上，我们应该把精力主要放在审议报告上”。作为某种呼应，本次两会上的陕西籍代表委员对虎照事件讳莫如深，大都不愿发表看法，更有委员认为不要再追究结果。此前，全国政协委员、国家林业局副局长印红透露，针对陕西镇坪展开的华南虎野外调查基本结束，没有发现华南虎实体及其活动痕迹的确凿证据。

在全国两会上被质询华南虎照的真伪问题，想必是包括袁纯清在内的陕西人士所不愿看到的。尽管场面尴尬，官方的立场却没有丝毫改变。查阅详尽的新闻报道可知，陕西“明确的态度”无外乎是：考察华南虎的踪迹比辨认虎照真伪更重要。而如今，在国家林业局的结论所映衬下，此一态度已丧失了存在的前提条件，无所依附了。在全国两会这一严肃的政治场合下，陕西最新的表态足以证明：政府在虎照事件上已失去了方向感，拒绝真相，并执意要与真相背道而驰。

华南虎照片造假，虽有严密的、科学的非政府鉴定结论，但始终在行政层面上得不到相应的认可。这种僵持局面持续了百多天，民意愤懑对峙官家敷衍。事件的性质由造假的表象而落在了政府公信上，其间的义理被舆论反复表达，全部阐释得相当清楚。问题是，这种反复重申的诉求没有收到真诚的呼应。民意既无可奈何，又心有不甘。于是乎，舆论在虎照事件的定性上不断地添加砝码，希望政府觉察事件的严重性，逼迫它做出符合常识的惩戒或治罪行动。

在全国两会的言论氛围里，虎照事件已不再仅仅涉及地方政府的诚信问题，而被宣布为政府合法与否、国家品质优良与否的判断题。吊诡的是，假设地方当局从未拥有过公信力，并且毫不在乎它对行政具有的负面后果，恐怕也只能希望国家力量参与进来，自上而下施加压力，推动"虎照门"的真相一一破解。"且将虎照问总理"，即是对此番悲情境地的形象描绘。对呼吁真相的民众而言，这是最后一次热望；对政府来说，这也是清理谎言的最后机会，去接受真相，去修复政府的结构性缺陷。

真相并非不存在，只是它被粉饰着，或遭到有意阻挠。当网友质疑后，短时间内寻查到虎照原型年画虎；当国防科大的论文被"刁难"为不够充分时，继有世界顶尖鉴证专家认定虎照为假。民间这一序列展开的鉴定，论据链完整、充沛，其专业权威不容置疑。而官方固守的这边，先是国家林业局证实二次鉴定很快有结果，次是陕西林业厅承认二次鉴定根本没开始，再次是抛出一封为程序疏漏所作的道歉信。总之，社会锲而不舍，求证出造假的事实；政府倚靠制度供应谎言，搪塞对真相的需求。

发现真相无疑是困难的，由虎照事件可见，政府正倾向于追求一系列危险的信仰：把治理的义务转化为愚弄的权力，否认存在社会权威，以谎言和虚假事件取代事件。前前后后，虎照事件中的国家公务员有着程式化的举动，习惯以政治而不是事实为底线，甚至有意模糊事实与谎言的区别，目的只是为了要维护政府权威的排他性，迎合某些覆水难收的政绩夸耀。除了自己制造的幻象，他们都预备消极应对。如此，不仅不会接受其他来源所识别的真相，还会动用一切的行政手段打压之、遮蔽之、扭曲之。

与发现真相相比，接受真相更难。事态演变至今的历程证实：如果真相屈从于那种"明确的态度"，必定变形，民众绝对不会接受。过去的百日绝非清白的历史，政府绝无可能单方面抹消，然后犹如在一张白纸上描摹出"钦定"的真相。应当理解，民众的不满恰是建设的开始。政府接受真相，回到常识，即有勇气直面失判，才能行建设之功，才有望诊治政府的积弊。

官方所维护的虎照"顽固"至今，在民众心里早已破烂不堪，政府权威已不能靠它来维系。除了接受真相，政府没有别的途径挽留社情民意，而它们正在加速流失。如果这样的世界长此以往，政府同样会变得无助。

（2008年3月7日）

事件：全国政协委员、前首富张茵在两会上强烈呼吁修改《劳动合同法》，删除其中有关无固定期限合同的条款。她态度坚决，连续约见媒体，一再表达强硬立场。围绕张茵剽悍的言论，拥护者和反对者云集，形成的论战已呈白热化。劳动保障部 3 月 9 日回应：目前对该法“应是执行而不是修改”。3 月 10 日，广东省总工会专门召开新闻发布会，反驳张茵的主张，并邀请她公开论辩。

观点：在两会这一最高等级的场域下，扬声反对，舆论纷纭，游说选择了最佳的“窗口期”和上乘的平台。即使从任何一方的意愿看，各自“理想中”的《劳动合同法》都没有取得最后的、最确凿的胜利，但张茵们辅以剽悍的举动，已突破了对新法的齐声颂扬。

不是张茵误解法律，而是公众误读张茵

全国政协委员、前首富张茵在两会上强烈呼吁修改《劳动合同法》，删除其中有关无固定期限合同的条款。她态度坚决，连续约见媒体，一再表达强硬立场。围绕张茵剽悍的言论，拥护者和反对者云集，形成的论战已呈白热化。劳动保障部前日重声回应：目前对该法“应是执行而不是修改”。不止于此，工会组织也高调参与“反击”。昨日，广东省总工会专门召开新闻发布会，反驳张茵的主张，并邀请她公开论辩。至此，《劳动合同法》牵涉的各方代言人基本到位，论辩仍在继续。

历史地看，在两会平台上展开的本轮辩论是有渊源的。它延续的是华为公司裁员事件的脉络。在《劳动合同法》实施前夕的这场风波中，由于工会有倾向性地迅速介入，并基于劳方权益向华为等企业施压，资方真实的吁求没有得到充分展开。而这次，凭借张茵的主动谋划，资方对新法的最初质疑又重新聚集起来，并竭力发酵，强化了表达的范围和程度，促使反对《劳动合同法》的舆论规模跃升至最高峰。

随着越来越多的代表委员、政府部门或工团组织卷入论战，新法的捍卫者和反对者都以同样激烈的批判来评说对方。捍卫者认为对方误解了法律的好意，反对者则对此不屑一顾。广东省总工会的新闻发布会指责道：张茵等企业老板对新法的看法其实并非是“误读”，而是“责难”。其实，这一观点不无道理。评估这场新的论战，需要一种超脱的解读姿态，纠缠在《劳动合同法》本身的优劣上是不够的。这已不是新法是否优质的问题，而是要不要新法的问题。

必须承认，张茵与她的反对者不存在辩论的共有原则，他们所秉持的立场是有落差的。所谓“误读论”只是捍卫者一厢情愿的理解。相较于零散的雇工，资方所拥有的律师团足以极其精细地“肢解”《劳动合同法》，让企业家清晰了解全部的利弊。“无固定期限合同”并非“铁饭碗”，企业用工不会因实践新法而大幅提高，投资环境和就业也不会受到影响……这些捍卫者认为资方容易“误读”的主要部分，资方恐怕一清二楚。因而，对张茵们宣扬新法的利益，希望对话，试图以此转变他们的立场很可能是无效的。

张茵作为资方激进的代言人，只会根据自身的用意，假装无视新法中有价值的东西，而执著地“咬定”预设的目的，做最顽强的宣告和游说。对张茵们而言，《劳动合同法》并非仅是要追加劳保等支出那么简单，新法实际上从内部切断了张茵们调整用工格局的权力，并迫使他们向政府让渡这一权力。《劳动合同法》意在重建（官方用语是“规范”）劳资关系，张茵们希望的则是维系原貌。对新法真正的理解加重了张茵们在这方面的担忧，恐惧让他们选择除了协商之外的最后一个立场，那就是反对、反对。

尽管张茵反复陈述，希望将反对立场与自己企业的现实联系在一起，但这丝毫不影响她背后的论说逻辑。这种逻辑寓示了新型的资方认知，亦即企业的发展除了援引政策的扶持，在其强大之后，还需直接对立法和法律变更予以影响。如果法律环境变化，自身又不愿或不能变，那么就反过来克制法律，以反对的实力换取发展的空间。当公众舆论的大部分焦点集中在如何劝解张茵相信新法的好处时，而张茵想到的是整个法律可被扭转的可能。由此，不是张茵误解了法律，而是公众误读了张茵。

张茵并未迷路，她清楚地知晓反对立场指向哪里。劳动保障部的表态看似断绝新法短期内修改的可能性，但从远期看，“软化”新法的希望依旧没有消失。国情约束下的新法律，各省要制订它的实施细则，更繁琐的司法解释也会后续出台，司法判例指引的审判方向感等，诸如此类的可能充满戏剧性。而在两会这一最高等级的场域下，扬声反对，舆论纷纭，游说选择了最佳的“窗口期”和上乘的平台。即使从任何一方的意愿看，各自“理想中”的《劳动合同法》都没有取得最后的、最确凿的胜利，但张茵们辅以剽悍的举动，已突破了对新法的齐声颂扬。

一部暗含了补偿和怨恨的新法，正经受撕裂的阵痛，被朝着相反的方向拉扯：劳工于谨慎的欢呼中夹带着犹疑，号召同人聚集法律的屋檐下，而另外的人却因忧愁而筹划着一场告别。哪一方都不愿主动撤退。那些不满被论战的火光所照亮，抗衡会是允诺的新开端吗?

（2008年3月11日）

事件：14 日，广州市长张广宁在全国两会广东团的小组讨论上，首次就本次两会的关注焦点之一——南沙石化项目发表自己的意见。他明确表态：南沙石化项目对保障广州油品供应、控制污染、保护环境都很有利，也符合广州市中心城区产业“退二进三”升级改造的要求，所以“广州市政府支持南沙石化项目”。

观点：仔细一点去分辨，到底是广州市民的民生利益还是广州市政府的政绩利益，这个答案尚且未知。

南沙石化项目的真正动力是区域利益

广州南沙石化项目，从广东省两会到广州市两会，一直讨论到全国两会，各级政府官员分别表态，态度不尽相同，让人看不清楚未来走向。面对媒体提问，发改委官员转移话题，一边表示在广东建石化基地是适宜的，一边驳斥社会对石化项目的“误解”。省环保局官员则表示，不排除开听证会征求民意。市委书记朱小丹说，一切看环评！市长张广宁最新明确表态，支持南沙石化项目。

张广宁市长支持该项目的理由有三个：其一，广州需要大量石油供给，从经济安全的角度考虑需要这个项目；其二，这个采用新技术的化工项目，有利于产业的优化升级，在减少污染排放方面有明显优势；其三，这个项目也是对广州黄埔区广石化基地的升级改造，上马新项目后，广州黄埔的石化项目才能搬出市区。这三个理由看起来都很有道理，但是未必经得起仔细分析。

其一，广州需要大量石油供给，其他大城市也一样，但未见得每个大城市都需要建一个大型炼油厂。把这种需求上升到经济安全的角度，就更难于理解。难道把炼油厂建在珠三角其他地区，广州就买不到油么？同在一国之内、一省之内，地区之间的协作关系是否如此危险紧张？

其二，一个石化项目，所谓的减少污染，只能是跟同规模的石化项目做比较。南沙石化的基地建设据说是按照国际环保标准启动，但这并不能改变一个事实，就是新上马的这个项目仍然会造成污染，加重广州市和珠三角诸城的环境负担。

其三，黄埔广石化的搬迁，和南沙石化项目开建是两件事，不能任意捆绑在一起。难道不建南沙石化，黄埔广石化就不能搬迁？没有这样的道理。当初选址在黄埔建石化项目，是政府的决定，现在为控制市区污染、保障市区安全而考虑安排其搬迁，这是政府的责任，并不是政府给市民的一个恩惠。以南沙石化置换黄埔石化，这一方案本身是否合理尚且有待讨论，它如何可以成为建设南沙石化的合理性？

虽然已经争论了两个多月，但还是必须重新澄清目前社会舆论几个要点：其一，南沙石化这个项目先圈地后环评，这是违反程序的。其二，舆论并非反对在珠三角建大石化项目，而是呼吁重新考虑南沙是否最适合的选址。其三，此项目影响广泛事关重大，舆论强烈要求其决策过程包含公众参与环节。

但是，除了广东省环保局对公众参与环节有所呼应，其他重要政府官员均未做出正面回答。先圈地后环评的违规行为，官员们置若罔闻。南沙是否为该项目最佳选址，被官员们改换为该项目是南沙，也是广州的必然选择。实际上，如果考虑到该项目可以建在珠三角其他地方，所有支持南沙项目的表面证据都显得毫无意义：供应广州用油、供应珠三角用油、替换现有环保水平较低的石化项目——建在其他地方这些功能也可以实现。论证到这个地步，才呈现出南沙建石化项目的唯一动力也是真正缘由，那便是南沙的区域利益和广州市的区域利益。仔细一点去分辨，到底是广州市民的民生利益还是广州市政府的政绩利益，这个答案尚且未知。

南沙是广州全力打造的经济新增长点，从2001年开始由时任常务副市长张广宁兼任南沙开发建设指挥部总指挥。近7年来，南沙一边加快基础设施建设，一边积极招商，寻求高水平的大项目。南沙是市政府的心力所筑、心意所系，广州市2010年一大变的希望在南沙。不仅如此，开发南沙也获得了广东省的大力支持，所谓“南沙不仅是广州市的南沙，也是广东省的南沙”。单是2003年一年，广东省便在南沙的基础设施上投资160亿元，其手笔可见一斑。随着汽车、钢铁、造纸等项目的进驻，一个“高起点规划、高水平建设、高层次发展”的大工业基地已经逐渐现出雏形。这个时候，中石油和科威特的合作项目有意落地华南，南沙自然志在必得。

在这个背景下，分析南沙是否最佳选址根本是社会舆论的一厢情愿。同样，环评结果也未必能够改变定局。参加过南沙产业发展环境可行性研究的专家陈俊鸿曾经在本报撰文表示，“在目前的法律框架和环保标准下，很难找到南沙石化项目不可以建设的充分依据”。在这种情况下，反建方只能把希望寄托在环境审批过程中的公众参与环节上。然而广州市民的意向还相当模糊，未见有明确的表态或清楚的发言，更何况，“不被排除的”听证会能否果然成行，尚属未知。这里不妨回头问一句，对广州市如此重要的南沙规划，7年前何曾问过广州市民一句，何曾有过听证会？

（2008年3月16日）

事件：3 月 18 日，温家宝总理出席例行的记者招待会，就国内时局、物价 CPI、经济民生、政改等问题阐述观点，表达了辅国裕民的一贯理念。温家宝总理坦承，“经济体制改革和政治体制改革要有新突破，就必须解放思想”，后者为因，前者为果。在表白新一届政府的改革勇气时，他引用北宋改革派人物王安石的名句：“天变不足畏，祖宗不足法，人言不足恤。”

观点：深思熟虑之下，若求大治，必定要拓展新途径，不为祖宗之法所束缚，借助思想解放寻得刚柔相济之道，既克服懦弱的改革心理，也避免暴烈的改革行程。国家政令，是否忤逆改革，必先以思想解放考究之，并预估其最终的得失，决定何者可行或不可行、先行还是后行。

改革未竟全功，思想更待解放

今年的全国人代会于昨天结束，连任的温家宝总理出席例行的记者招待会。针对中外记者提问，温家宝就国内时局、物价 CPI、经济民生、政改等问题阐述观点，表达了辅国裕民的一贯理念。尤其是对国内经济形势及其崭新走向，他更是作了详细解释，透露出未来五年将要秉持的基本施政原则。作为其中一个纲领性的看法，温家宝总理坦承，“经济体制改革和政治体制改革要有新突破，就必须解放思想”，后者为因，前者为果。在表白新一届政府的改革勇气时，他引用北宋改革派人物王安石的名句：“天变不足畏，祖宗不足法，人言不足恤。”

本轮倡导思想解放的舆论起于广东，“地方大员”汪洋始发先声，由岭南生成热烈的吁求而流布四方。温家宝总理则借助记者会的时机，于政治聚光灯下发表呼应，用他自陈的“忧患意识”证明一项宣告：解放思想已是中央和地方的共识，是为改革之课题，也将运用于改革的具体手段中。对新一届中央政府来说，也以此给自身打上了改革型政府的烙印，扬声告白天下。上一个施政周期已满，对于过去成就之事，温家宝言简意赅，重心倾于时下流弊，侧重未来之忧。总理此番陈述，解放思想不为孤立，而与经改与政改挂钩，上可以契合国家现状，下可以告慰民众热望，确实鼓励人心。

改革数十年，争论几十载。经济体制改革以解放思想为倚靠，寻求原初被遮蔽的利益空间而获致极大发展。这样的改革模式以经济见长，虽不能说尽善尽美，但其正当性也不容否认。庙堂与江湖识见不同，各执一端，都有难言的隐痛也属正常。不过，经济进步显然不能独占改革之美。所幸的是，对于改革进程中产生的危机，官方与民间都有深刻觉察，并在国情的催促下达成趋于一致的理解：经济改革的瓶颈不能单纯指望它“独善其身”，也必须由政治体制改革提供另外的动力。温家宝总理面对媒体坦承因果联系，以民生之忧影射政府改革的目标，有决断者的苦心，也有不再循习固常的决心。

国策所系，不过是民众人心。温家宝强调推行财政体制改革，促成公共财政改善民生与生态，并重申社会公平与正义，这些都彰显了大公至正之心。不过，可预料的是，财政一动而牵发政府之变，政府之变必牵动利益格局，利益调整必招致改革阻力，改革阻力定将权衡思想解放之功效。改革之方，非求速成。但深水区的改革犹如逆水行舟，不进则退，甚至是退无可退。解放思想就是要承担类似的使命，勉力而为，聚拢广泛的民意，斩绝利益集团的羁绊，循序渐进，杜绝盘桓太久及搁浅等后果。在此语境下，一部改革史自有惊心动魄之处。所谓“祖宗不足法”，这意味着某些力量绝非一一尽善，乃至于失其职守，而改革未竟全功直指思想被禁锢的现实。一如总理所言，现实当变，也能够变。

新一届中央政府任重道远，所重者何事？重在承接改革的流向，重在疏导似有阻塞的改革空间，重在铺呈思想解放的广阔视野。改革涉入深水区，犹如人入暗室，“久而乃明，明则治”。深思熟虑之下，若求大治，必定要拓展新途径，不为祖宗之法所束缚，借助思想解放寻得刚柔相济之道，既克服懦弱的改革心理，也避免暴烈的改革行程。国家政令，是否忤逆改革，必先以思想解放考究之，并预估其最终的得失，决定何者可行或不可行、先行还是后行。因而，总理面对国内外的问询，重议早就在民众中稳固的思想解放，不是模糊改革时间表，而是擦亮改革应赴的前途。

其实，解放思想与政改经改既互为因果，也同属本末。解放思想注定不能凌空虚蹈，否则只剩枯萎一途，它的生命力只有根植于经改政改中才会兴旺。解放思想的生动与脆弱也说明，任何改革抛弃了它，必定不能行于当下、立于将来。30多年来，尽管屡有波动和曲折，可改革授予国家、国民的唯一礼物仍旧是解放思想。这是改革的志向所在和魂魄所依。众声喧哗，非为诡诈，实是齐声高喊着去捡起它，让它放射出大光明。

（2008年3月19日）

事件： 两会期间，一个号称投资300亿元的中华文化标志城规划设想，在政协会场引爆激烈争论，并引发100多位政协委员签名反对和公众舆论的广泛质疑。山东曲阜向南8公里，有一座山叫九龙山，中华文化标志城的主建范围就在那里。中华文化标志城拟建面积达300平方公里，造价超过300亿元。有专家认为，（曲阜）中华文化标志城可作为我国的文化副都，承担部分中华文化家园的功能。

观点： 已经澄清的这部分事实告诉我们，只要全国人大守住了财政预算，只要国家财政守住了拨款的阀门，这个项目就很难长成一个耗资几百亿元的巨兽。

看清中华文化标志城　守住纳税人的钱袋子

中华文化标志城在两会期间成为爆炸性的话题。昨天，《南方周末》的调查报道披露出一些新的情况，解答了公众的部分疑惑。比较值得注意的事实有两个：

第一，济宁方多次提到，这一工程有69名两院院士支持。记者根据签名随机采访其中二十几位，被采访到的院士并不支持以如此规模兴建这样庞大的项目。他们或者表示自己当初没搞清状况，或者否认自己曾经签名。总之，即便69个签名确是真的，“有69名院士支持这一项目”的说法也不能成立。

第二，此项目必然要建，已经进入实质性阶段，其最重要的理据便是：国家发改委已经立项。但这里有意无意地模糊掉了一个具体的事实，发改委在2007年10月22日所发的通知中明确指出，“‘中华文化标志城’的建设和运营主体应由地方政府来承担”，“暂不在国家层面组建‘中华文化标志城’建设指导委员会”。

69名院士支持之说，从一开始就受到公众质疑。如今事情经过虽然还没有全部澄清，但是已经看得到项目倡建者的苦心经营——单是精装《论语》就送出了上千本。也可以模糊地看懂这个项目从无到有再到壮大的路径：大致上，项目倡导者在政界和学界多年游说，以继承发扬中华文化的名义，为一个面貌模糊不清的项目获得了许多认同和支持。依照表态者的本意，大概他们所支持的是继承发扬中华文化这一事业。对这一事业，大致上任何人都不会有异议。而项目倡导者手持这些“表态”，再以同样模糊不清的方式去游说他人，有了前面的支持，这个项目的合理性似乎更加不需要论证。依此方法越滚越大，这个项目似乎已经得到了足够的认同，于是可以堂而皇之地到两会上去要求一个“国家级”的待遇。

关于中华文化标志城的“诞生记”，我们已经知道的确凿事实不太多，但是已经感到项目倡导者不堪信任。北京大学景观设计学研究院俞孔坚教授的名字被列在“中华文化标志城建设专家咨询委员会”和“中华文化标志城建设顾问”的名单中，但是当名单公布，俞孔坚教授才获知，立刻发表严正声明：他不仅从未同意做“顾问”，而且以专业立场反对这样一个项目！这可能是个别的例子，但是我们看得出，该项目在企划宣传和文件书写过程中，非常大胆。而这个项目得以扩展至今天的规模，大概凭借的就是有策略的模糊和有策略的大胆。

幸好，模糊不清的概念，在付诸实践的时候不得不清晰起来。最实在的便是预算。虽然项目负责单位已经出面澄清，300 亿元这个数字只是“个别专家”的个人意见，但是很快便有分析指出，如果真按照目前规划的规模来计算，300 亿元恐怕只少不多。这 300 亿元由谁来出，这是目前一切争论中最核心的问题。不论是政协委员还是网上义愤的公众，他们反对该项目的立场首先便是，不能随便花纳税人的钱！实际上，这几年不少地方以民族文化为主题搞旅游经济，公众虽然批评其概念粗浅、设计拙劣，但是并没有引起如此强烈的愤怒情绪、如此大规模的反对声音。所以说，中华文化标志城的关键问题是，这 300 亿元或更多的建设经费从哪儿来？

实际上，应该也正是这个经费问题使得山东方面在立项之后继续出来到两会“公关”。发改委的文件已经说得很清楚，这个项目的运营主体是地方政府。回头去找今年年初的新闻，其表述为“山东拟投入 300 亿元建设中华文化标志城”。但是根据《广州日报》昨天的报道，参与论证的专家们认为，“标志城的建设应该采取中央政府拨款、地方政府拨款、企业投资和社会各界捐赠的方式”。据此推断，项目方在两会期间的“公关”目标，大概就是全面地获得国家支持，尤其是经费方面。以此我们才能理解，为什么这样一个国家领导人已经批示的项目、发改委已经立项的项目，还要提到政协议程上再作讨论。以国家名义设立“中华文化标志城建设基金”纳入国家预算，这个建议反映出项目方的真正诉求。

公众在一片模糊的概念和话语里，甚至不知道应该向谁去呼吁重新论证、请谁去叫停标志城项目。不过，已经澄清的这部分事实告诉我们，只要全国人大守住了财政预算、只要国家财政守住了拨款的阀门，这个项目就很难长成一个耗资几百亿元的巨兽。

（2008 年 3 月 21 日）

事件：3 月 20 日晚间，深圳公安局公交分局反扒大队某巡防员乘坐公交车，拒绝支付 2 元票钱。女售票员一再请求他买票，他于羞恼之下亮出手铐，把售票员铐锁在车上两个小时。17 日凌晨，南方都市报深圳记者站记者正常执行采访任务，在新闻现场遭到两名警察殴打，其中一名记者被反铐双手近两个小时。短短三天之内，深圳发生两起铐锁公民事件。

观点：在给予受害者以同情和慰藉时，我们也期待这个疑问能有答案：一旦治安权没了边界，或失去控制，深圳警界当何以自处？又何以立于民众之中？回答不应当是为了对付一时的危机，而应以民意的原谅及彻底认可为准。

治安权失控，深圳警方急需整饬警纪

前日晚间，深圳公安局公交分局反扒大队某巡防员乘坐公交车，拒绝支付 2 元票钱。女售票员一再请求他买票，哪知他于羞恼之下亮出手铐，把售票员铐锁在车上两个小时。此前的 17 日凌晨，本报深圳记者站记者正常执行采访任务，在新闻现场遭到两名警察殴打，其中一名记者被反铐双手近两个小时。短短三天之内，深圳发生两起铐锁公民事件，案例背后的逆流令人警惕。本报记者遭受警察暴力相加时，社论没有发言；现今再有无辜者遭到同样冷酷的待遇，我们没法再保持沉默。

两起铐锁公民事件的是非已经清楚，丝毫不存在混淆视听的空间。本报记者遭殴及反铐之后，深圳罗湖警方上门道歉，并暂停肇事警员的公职，黄贝派出所所长也在随后被停职。引用警方的调查结论，此事“百分百的错误在警察”。粗暴铐锁售票员的当事者非为公事，根本不具备免票的资格，却悍然以武力逼迫职务人员就范，已被拘留和罚款。两起事件发生后，深圳警方的危机公关不可谓不迅速，却难以挽回恶劣影响。短期内出现的两起事件，看似只是个案，其实它们寓示着必然的逻辑。

民众的困惑在于警察怎么会沦落成这样？迷惑过后，是强烈的不安：深圳警方对治安权的使用缺乏必要的自我节制意识，如此以往，警权有蜕变成特权和暴权的危险。常识在于，警察本负有保境安民之责，为治安计，是一方稳定的砝码。如今却自毁法度，轻率地对合法公民施加暴力，动辄以警械加诸公众，不仅造成他们肉体的苦痛，更带来严重的精神创伤。最坏的后果是，令民众对警界失掉信任。生活在这样的强力治理下，相信包括深圳市民在内的其他民众都能感觉到威胁。

关于铐锁公民事件的定性问题，已有充分阐释，这里无需再多言。有必要警戒的则是某些奇谈怪论。比如对警察非法铐锁记者，就有议论认为记者的采访权低于警察的治安权，打击记者虽有不妥，却也理所当然。而对铐锁售票员的做法则提出新解释，说肇事者仅是巡防员，而与警察无关。这样的议论者惯用“切割法”：在第一起事件中，把记者从一般公民中切割出去，一举剥除记者理应享有的公民权；而在第二起事件中，则把巡防员从警察队伍中切割出来，试图在两者间制造区隔，替警界拒绝反省制造舆论，并为其提供继续蔑视民权的借口。

这种“切割法”甚嚣尘上，深圳警界若有诚意自我检视，需要克服这一诱惑。表面上它颇能迷惑视听，实质上是强词夺理，其潜在的逻辑是：任何形式的警察暴力都可以宽恕，因为那是个别事件，是个别的害群之马所为，而不是深圳警队的整体氛围使然。此种自我蒙蔽、自我麻醉式的辩护词带有奴性，其中心思想是：你们与其捍卫公民权，不如稳做一个奴隶。要知道，违法使用警械，非法限制人身自由等恶性行为已由警方自我认定完毕。两起不幸事件的受害者可以依法申诉、寻求赔偿，这些都有法律支持。事实上，铐锁公民事件不存在法律误区，存在的只是警察还要不要守法的问题。

接连发生的丑闻，已经让深圳警队的荣誉蒙尘，并面临抉择：要么以铐锁事件为戒，整肃警纪，整顿治安权的滥觞，严格全部执法程序；要么是不以为然，依旧任由法度肆意扩张，依旧任性对待公民权利，依旧蛮横践踏民众尊严，依旧我行我素。前者是最低要求，建设它不存在任何技术难题，起码与深圳一河之隔的香港警方即为范本。难就难在树立正确的警权观。从铐锁事件一窥端倪，这种权力观已被这两起接踵发生的锁铐事件所玷污，完全扭转过来也非一日之功。不过可以肯定的是，后者绝对不是深圳警队的光荣。一座城市的警察力量当以前者为前车之鉴，而以后者为奇耻大辱。

深圳铐锁事件，表现为普通公民在夜晚或凌晨突遭困厄，行使治安权的人陡然成了加害者。正当的公民权遭遇治外法权，其艰难境遇可见一斑。大可不必刻意强调受害者身份，借此为警方寻找美丽的托辞。因为，无论是记者还是售票员，都影射着普遍的个人权利。如果治安权得不到控制和约束，他们的遭遇很可能会在其他人身上重演。同时，想必当前也是深圳警队最不光彩的时段，正急需警方以此为耻，以此为痛，以此为戒，努力整饬风纪于恣意弛废之前。

在给予受害者以同情和慰藉时，我们也期待这个疑问能有答案：一旦治安权没了边界，或失去控制，深圳警界当何以自处？又何以立于民众之中？回答不应当是为了对付一时的危机，而应以民意的原谅及彻底认可为准。

（2008 年 3 月 22 日）

事件：3 月 22 日是第 16 个世界水日。2008 年是国际环境卫生年，因此今年世界水日的主题为“涉水卫生”。由于管理不善、资源匮乏、环境变化及基础设施投入不足等原因，全球约有 11 亿人无法获得安全的饮用水，26 亿人缺乏基本卫生设施。全球每年有 310 万人因饮用不洁水患病而死亡，其中近 90%是不满 5 岁的儿童。

观点：如果公众环境维权行为能够顺利发展，它的力量不仅会给污染企业和机构带来压力，也会形成对政府环保部门的监督。对比大部制调整或者“一把手”免职这样的大举措，放开环境公益诉讼只存在于一条不起眼的法律条文中，但却可能改变中国环保事业的主体，也可能打通一条公众参与公共事物的渠道。

应对水危机，我们必须走上正确的道路

昨天是第 16 个世界水日，今年的主题是“涉水卫生”。对中国人来说，这个主题很贴切。2007 年频繁爆出的水污染事件，让中国人不得不关心自己每天使用的水。各种调查结果显示，我们的饮用水果然不够安全、不够卫生。

目前我国 90%以上城镇水域受到污染，大中城市自来水的原水合格率只有约 70%，中小城市水源合格率则更低。今年 2 月公布的调查结果显示，我国农村抽样水体未达到基本卫生安全的超标率是 44.36%。在饮用非集中式供水的农村家庭中，对饮用水进行水处理（不包括烧开）的比例只有 5.11%。水危机造成的经济损失，对人们身体健康造成的直接和间接伤害，还有更多触目惊心的数字可以列举。中国水危机的严重程度，怎样强调都不过分。

中国已经展开行动，应对水危机，应对更广泛意义上的环境危机。

在刚刚结束的全国两会中，《中华人民共和国水污染防治法》修订通过。这次修订最明显的特征，就是加大了对违法行为的惩罚力度，扩大了惩罚范围。可以看出，环境保护法律法规正在变得硬气起来，严厉起来。与之呼应的，是在大部制改革中，国家环保总局升为正部级，应该从此可以甩掉“橡皮图章”的美名。更早之前，国务院下发《“十一五”主要污染物总量减排考核办法》，被解读为“地市减排不达标党政一把手就地免职”。中央政府不只是彰显决心，也采取切实行动。去年底今年初国务院协调各部委出台环境经济政策，各大强势部门纷纷出手，协助环保总局完成绿色系列。中央政府力挺环保，这是绝对没有任何争议的事实，这也是目前改善环境、应对危机的最大机会。

中国的环境问题累积恶化到今天的程度，社会普遍认为是政策的价值导向和行政制度的安排所致。说得直白些，各地杀鸡取卵式的发展模式是大前提，而环保部门在行政架构中的弱势则是一个具体的因素。环保部门在财政和人事上受制于地方政府，这成为人们普遍诟病的制度之弊。现在很明显，环保部门即将摆脱弱势地位，成为有发言权、有制约力的职能部门。但是，中国的环境问题能否随之一举解决，却仍有很大的悬念。

环保部门强大了，能够以环保的名义制约其他部门或其他利益方破坏环境的行为，对中国的环保事业来说绝对是一件好事。但是这并不是一个能够让人绝对放心的解决方案。

最直接的一个忧虑便是，谁来监督环保部门？公权力向上负责，导致终极监管缺位，这是不必重复的老生常谈，却仍然是不能忽视的根本问题。在有权无责的宽松现实中，行政职能部门利益化是一个必然的现象，这已经是中国政治中公开不避的事实。让人遗憾的是，在这一点上，环保部门与其他任何部门没有区别。随着环保部门权力的壮大，部门利益化是难以避免的趋势。然而，继续让人遗憾的是，环保部门的利益并不等同于环保事业的利益。在与其他职能部门互相“制衡”的过程中，环保部门使用权力的动机是实现部门利益还是履行部门职责，这其中存在一个无从监管的自由空间。

幸好，中国应对环境危机的政策，不仅仅是行政部门权力次序的调整，也不仅仅是加强法律法规的威慑力，在一些微小的细节处，我们看到了更有希望、更值得期待的改变。例如，在刚修订的《水污染防治法》中规定：“因水污染受到损害的当事人人数众多的，可以依法由当事人推选代表人进行共同诉讼。环保部门和有关社会团体可以依法支持因水污染受到损害的当事人向人民法院提起诉讼。”简单说，环境公益诉讼成为可能。这意味着，公众有了切实的途径去维护自身环境利益。如果公众环境维权行为能够顺利发展，它的力量不仅会给污染企业和机构带来压力，也会形成对政府环保部门的监督。对比大部制调整或者“一把手”免职这样的大举措，放开环境公益诉讼只存在于一条不起眼的法律条文中，但却可能改变中国环保事业的主体，也可能打通一条公众参与公共事物的渠道。

中国的水危机就是中国的环境危机，中国的环境危机就是中国的体制困局。水利专家说：“即使中国明天就走在正确的道路上，水污染问题的基本解决，恐怕也要用30年，甚至40年的时间。”值得关心的问题当然就是，中国是否已经走在了正确的道路上。

（2008年3月23日）

事件：当地时间3月24日11点45分。阳光和全世界的目光聚焦于希腊最高女祭司手中的火炬上，1分钟内世界屏住呼吸。火焰骤然升腾的瞬间，古老的号角声随之从赫拉神庙传出——第29届北京夏季奥运会圣火在古奥林匹亚遗址点燃。

观点：原来人类是可以通过一团来自太阳神的圣火，感受同样的关怀与温暖，感受同样的关爱与希望。圣火向世界传递的，是和平的信息，是永恒的普世价值。

奥运圣火向世界传递永恒的普世价值

中国北京“2008奥运圣火”昨日下午在希腊奥林匹亚点燃，它点燃的是“同一个世界、同一个梦想”，也向世界传递和平友爱的精神与自由民主的理想。

传说圣火来自普罗米修斯窃取的天国神火，这位伟大的神因此遭受宙斯残忍的摧残。这则神话寓意在人类早期的蒙昧时代，火的使用被统治集团视为自己的特权，而人间英雄窃得火焰，给普罗大众以光明与温暖。人们传递着火种，就是传递着新的生活与信念。

古希腊，不仅代表着人类童年时代最高的艺术理念，还以其理性精神、公平的竞技精神、和平精神和民主精神，同样光耀后世。

奥运圣火在古希腊奥运遗址圣地点燃，是对古希腊奥运精神的一种缅怀，一种敬意与景仰，也是对人类童年文明的一次深情的回望。从第一次奥运圣火在奥林匹亚点燃至今，2700多年过去了。人类经历了多少战争与劫难，经历了多少禁锢与黑暗，但人类永远不放弃的是对和平生活的希望。人类是为了和平与理想生活在这个世界上，人类是为了创造与幸福而休养生息，人类是为了友爱与协力而聚居交往，可是总有一种无形的力量使人类变得贪婪，欺诈与暴力、专权与掠夺、战争与奴役总与人类文明形影相随。

无论是古代奥林匹克还是现代奥运会，每一次点燃圣火，就是点燃一次人类对和平的希望，也是人类追求美好生活的一次誓言。

人类点燃圣火回望奥林匹亚，就是重温童年时代的和平梦想，用公平的竞技代替战争，用健美的运动来收获光荣的桂冠，用力量与美来使情感获得净化与释放。

古希腊哲人说，美就是和谐，和谐就是美。

点燃圣火的场面使我们感受到了神圣庄严与极致的美感：一组身着素裙装的女祭司，她们象征着母性与大地，象征着生活与繁衍；一名小祭童，他象征着希望与未来，他被母性呵护着，天真纯朴、无忧无虑；那些男祭司象征着力量与运动，他们通过运动要展示的是力量的美与运动带来的快乐与荣誉。在引燃圣火之前，女祭司朗声赞美太阳神阿波罗：

“天空、大地、海洋、风、群山肃穆，鸟鸣终止/伟大的太阳之神将我们聚集在这里/阿波罗，太阳之王、光之化身，让你的万丈光芒点燃这神圣的火炬/为了盛情的雅典之城/阿波罗，太阳之王、光之化身，让你的万丈光芒点燃这神圣的火炬/伟大的宙斯神将和平降临给所有的人民，将橄榄枝戴在神圣竞赛的胜者头上/欢呼！为了光荣的胜者，欢呼吧！”

多少个日夜我们沉溺在世俗的利益的追逐游戏里，我们忘记了对河流山川大地的感恩，忘记了对太阳和星辰天穹的赞美。通过点燃圣火这一刻，我们又回到人类与自己生命的童年时光，重新一次学习对自然天地的感恩，重新审视日月大地对我们无私的养育之恩。

圣火点燃仪式充满着简约之美，这里没有任何繁缛的礼节，没有任何人为的修复。公元前776年开幕的竞赛场就在仪式现场，那条2700多年前让无数古希腊观众欢呼狂喜的跑道，安详地匐在土地上面；古奥运场地四周芳草茵茵，橄榄树静静地在风中倾听着似乎是从远古传来的鼓声与风笛声；而那依然矗立着的残柱断垣，每一道痕迹上都写着曾经历史的辉煌，都显示出无上的尊严。人类在自然中、在历史中，用不着去过多地喧嚣与做作，我们要做到的是，谦卑地注视并用心聆听。

一根橄榄枝，就象征着永远的和平；一片奥运圣火，就象征着永不熄灭的希望。在这个世界上，人类不需要铺张太多，圣火传递起来，就是传递光明、温暖与和平的梦想。圣火越过高山与海洋，经过城市与村庄，无论圣火传递到哪里，都会吸引无数的目光，都会让注目的人们心情激荡，原来人类是可以通过一团来自太阳神的圣火，感受同样的关怀与温暖，感受同样的关爱与希望。

圣火向世界传递的，是和平的信息，是永恒的普世价值。

（2008年3月25日）

事件：在 3 月 24 日举行的全省文化工作会议上，广东省文化厅党组书记方健宏历数广东文化建设存在的种种“病症”及“病因”，批评广东文化建设步伐总体上仍滞后于经济发展进程。文化精品佳作不多，国内外公认的文艺大师和大家更少，文艺创作仍未走出“得奖模式”，拿了奖便刀枪入库，缺乏市场营销的意识和手段……广东文化建设有差，这与广东在全国的地位和影响很不相称。

观点：总之有一点是绕不过去的，那就是在文化去往市场的路上，自由及其抚慰的心灵是必经之地。而文化界的解放思想，无他，就是要破除侵蚀自由心灵的那些力量，令其失去的不过是枷锁，让它拥有免于恐惧的自由，免于逢场作戏，免于被奴役。

自由的心灵通向文化的春天

广东文化建设有差，文化大省的定位与影响很可能要重新调校。在前日举行的全省文化工作会议上，省文化厅党组书记方健宏细数广东文化建设的积弊，尤其提到文艺创作没能摆脱“得奖模式”，拿了奖便刀枪入库，缺乏市场营销的意识和手段。他还忧虑，广东在文化创意和内容生产上能力匮乏，文化体制机制落后于民众需求，必要的文化改革启动较慢、力度较小，远远逊色于国内先进省市。

本次由文化主管官员发表的讲话，深含忧患意识，相当于给一度喧哗的文化大省建设降温，提醒民众重新审视粤省文化的现状。仅从数据看，广东人均文化投入不到 17 元，不仅位列京沪苏浙之后，甚至低于西藏和宁夏。个中落差巨大，映照着广东文化建设的窘迫实景。想必这也是经济发达、惯于改革的粤人所不能容忍的。而坦承落后格局，以真相示人，沉郁的论调足以警醒文化官僚，更证明了某些文化政策的不当或失利。从某种意义上讲，“自曝家丑”也确立了另一个起点，是广东文化界正面呼应解放思想之潮流的举动，蕴含了在文化领域寻求思想解放的努力。

谈及文化建设，当然不能仅仅停留在永恒的审美价值上，而更要顾及它的意识形态环境，毕竟这两者之间有着复杂的纠缠关系。换言之，检讨广东文化建设的结果，就是要检视和反思政治因素对文化的作用和渗透；同理，若要设计广东文化建设及改革的方向，则不能不周全地厘清文化与政治的各自边界。长期以来，文化无法纯粹地为自身的目标努力，不得不服从于某些特定力量的考虑，有粉饰之力而无建设之功，屈从于附庸地位也属常见。不客气地说，艺术家、创作者及其寄身的文化组织越来越沦为工具，不再是自由创作的主体，不能口说我心，集中体现了广东文化建设的“病症”。

方健宏陈述广东“创作能力薄弱”、“少有大师出现”，这些无疑是广东文化建设的“短板”，属于核心竞争力的病态，其羸弱的现实都能从上述议论中找到渊源。毋庸讳言，一旦意识形态的需要形成了衡量文艺质量的最高准则，文艺自身的标准自然就趋于崩塌。只有按照规定目的生产的文艺产品才是好的产品，也才能获奖，自由创作不可能伸张自己的文艺品质。如此，创作就不再朝向现实，而是紧贴其他的准则，文艺的魂魄则被流放到荒芜之所，与自由心灵同时被禁锢的是文化的真实后果。于是，文化界的“得奖模式”大行其道。这种模式的生成机制决定了它走不远，更走不进市场，民众也敬而远之。

相反的例证是，根据自身规律进行的文化生产最有希望。道理很简单，它迫使意识形态退到合适的疆域内，文化规律及其背后的生产自由得到尊崇和延伸。文化与政治是平行发展的。文化体制改革必然要求政治体制改革，也就是政治要退后，文化才可进步。一直以来，文化正被包括广东在内的几乎所有省份当作产业来筹划。不过，文化产业化回避不了政治，仅仅提炼文化的商品属性，确实太功利、太片面，不可能让文化隐寓的市场力量全部释放出来。官方理念中的文化产业化无力独自前行，自由、无羁绊的文化内核始终左右着它。自由有束缚，创作就没了方向，产业就成了无源之水、无心之俗物。

归根结底，埋怨创造力不足或许是重塑文化界的前提，然而首先要检讨的不仅仅是文化界人士。正如方健宏所言，旧的文化行政格局要打破，这意味着文化管理制度本身要自省。事实上，这一制度也不是一律的，对文化界的各个构成部分有着不同的约束，在文艺、出版、新闻等子系统中有着不同表现，造成这些组成部分的市场化程度各有区别。总之有一点是绕不过去的，那就是在文化去往市场的路上，自由及其抚慰的心灵是必经之地。而文化界的解放思想，无他，就是要破除侵蚀自由心灵的那些力量，令其失去的不过是枷锁，让它拥有免于恐惧的自由，免于逢场作戏，免于被奴役。

即便是被困的文化也具有书写的功能，比如书写那种征服。惊觉于外省市的作为，广东二度思考文化建设的得失，开始萌生解困的自我要求。乐观地看，假设文化建设的春天必定要到来，那么，一定是自由的心灵先它而至。

（2008 年 3 月 26 日）

事件：广东 3 月 25 日发表 2007 年广东省环境质量状况公报，广州、深圳饮用水源水质未达标，珠三角地区特别是广州空气质量下降，酸雨污染仍然严重，珠三角城市江段水质重度污染。广东省环保局有关负责人坦承污染减排任务艰巨，下一步将严格环保准入，大力推动经济发展方式转变。

观点：要走出环保的体制困境，当下已无任何认识上的不解之谜，而徒剩公权力深陷体制恶症难以自拔的受缚之身。环境维权的与日俱增，部门升级的行政信号，查处大案的官员宣示，钢铁执法的美好愿景，仍不过是十万火急的环保形势之下，环保力量与体制恶斗、与利益撕扯的挣扎与呐喊。

体制困境造成环境与人心的双重污染

广东近日发布《2007 年环境质量状况公报》，诸多方面情形堪忧。此次发布公报，虽然主管官员不遮不掩，直奔问题，并坦承与全国其他省市相比，要有勇气承认差距，然而，广东环保形势之严峻，尤其是珠三角环境状况之恶劣，已使公众无心于表扬与自我表扬，而不得不再次揪心于广东江河日下的环境状况。

此次公报显示，广州、深圳饮用水源水质未达标，广州近半供水量来自污染水源；珠三角地区特别是广州空气质量下降，酸雨污染已达十雨八酸的程度；珠三角城市江段水质亦遭重度污染。在环保机制与污染治理上也很不乐观，全省许多地方至今没有把二氧化硫和化学需氧量的削减作为环保硬指标，公共财政对环保的投入、污水处理厂建设、污水处理费征收也落后于其他省份。由于历史欠账太多，复合污染治理难度加大，广东要实现污染减排，已成积重难返之势。

今日人说环保，没有不重视的。早年国内发展乐谈“后发优势”，以为可免走西方发达国家先污染再治理的旧路，换一条科学发展的康庄大道，但以先发地区的广东来看，新路未必，旧路重回。现在该谈的，不是论证“后发优势”如何明显，而是如何在先污染再治理，甚至是只污染不治理的邪路上及时止步，跳出原地转圈、越陷越深的环保困境，为已经不堪重负的生存环境搏回生天。

乐观地看，近年来，公众环保意识持续高涨，官员环保口号尤其响亮，近期还有主管部委合时而上的升级态势，关心环保的力量似乎明显增强。然而，一个不得不承认的现实，却是许多地方的环境污染仍然伴以发展的巨大惯性而持续加重。以珠三角为例，政府的环保努力虽不容抹煞，然而，若说今日取得了什么成绩，或是污染局面已经基本控制，甚至已经扭转持续恶化的污染态势，显然只是自夸之词。这即已说明，与业已造成的污染现实相比，政府在环保问题上的努力仍然大有保留。不痛改前非，戮力而为，污染颓势难能挽回。

环保的社会境遇亦尤其悲切。环保的体制困境，不仅使环境污染持续加重，赖以生存的自然条件已经跌至底线，而各项有口无心的环保政策，各地口是心非的执政官员，各种重大项目的运作现实，都使苦于生态恶化健康受损却不得纾解的人心，再受行政敷衍的二次污染。许多人虽痛感已到忍无可忍之地，但环境污染属于社会发展的“公地悲剧”，唯有作为公共权力机构的政府，最有能力、最有资源制止污染、治理环境。公众参与也好，维权抗议也罢，民众所能做的一切，无非还是要推动政府去履行其本就应担负的环境责任。就此而言，面对污染，民众所能依靠的，最终仍只有政府。体制困境造成环境与人心的双重污染，其后果只能是民众与环境的共同沉沦。

准确地说，要走出环保的体制困境，当下已无任何认识上的不解之谜，而徒剩公权力深陷体制恶症难以自拔的受缚之身。环境维权的与日俱增，部门升级的行政信号，查处大案的官员宣示，钢铁执法的美好愿景，仍不过是十万火急的环保形势之下，环保力量与体制恶斗、与利益撕扯的挣扎与呐喊。而要从这困境里杀出重围，要成功纠正政府体系在环保问题上的系统偏差，这些努力仍失粗浅，远不足以振奋失落的人心，也绝难找回曾经干净的水、空气和泥土。

因此，包括一年一度的环境质量状况公报在内，政府如今应该做的，一方面是以对生命负责的起码态度，力阻环境污染进一步恶化，为生存保留基本之需，为民众也是为官员自己留下希望。另一方面，政府也要正视现实，回到环境的常识标准，为长期以来有名无实的治理现实，争回一点基本的信誉。比如：不要令市民饱受灰霾之苦，还要与政府争吵全年空气良好天数；在满目污浊的江河水中，还要为水源水质达标的具体数据你争我夺。

回到人所共知的常识标准，回到基本的自然体验，治理污染，政府要从尊重人心、展现诚意开始。

（2008 年 3 月 27 日）

事件：广州市劳动和社会保障局局长崔仁泉26日表示，广州将着力建立健全劳动报酬的公平合理分配制度，全面实施“工资倍增计划”，从2008年起力争全市职工平均工资每年递增12%以上，到2012年左右，实现全市在岗职工平均工资水平比2000年翻两番的目标。

观点：必须认清这样一个事实：“工资倍增计划”不能理解为“按既定目标提高工资”的指令性计划，而应理解为在平衡市场主体议价权，恢复价格信号功能的基础上，逐步恢复劳动者工资欠账的尝试。

“工资倍增计划”需以市场主体平等为原则

面对物价持续上涨、外需减退的内忧外患，有关部门终于以“工资倍增计划”进行反击，广州市劳动和社会保障局局长崔仁泉26日表示，广州将着力建立健全劳动报酬的公平合理分配制度，全面实施“工资倍增计划”，从2008年起力争全市职工平均工资每年递增12%以上，到2012年左右，实现全市在岗职工平均工资水平比2000年翻两番的目标。

“工资倍增计划”虽未实行，其提出却令人鼓舞。因为这意味着政府已经意识到我国经济的核心问题。正如去年12月6日本报社论《以国民收入倍增计划为经济降温》所指出的：“到目前为止，我国的经济发展模式最大的缺憾在于，没有国民收入倍增计划使国民财富同步增长，反而使国民成为改革成本的长期承担者，并因此留下内需不振、经济失衡、社会矛盾激化等种种后遗症。”

我们对“工资倍增计划”的呼唤乃是基于这样的一个事实：我国居民收入增长长期落后于经济增长，导致国民无法分享经济增长的好处。清华大学研究数据表明，我国初次分配中间劳动收入的比重，1990年为62%，最新的数据，2005年是降到了42%，而一般的发达国家的这一数字为75%左右。由于内需不振，过于依赖外需，我国经济缺乏持续发展的内在动力。而畸高的贸易顺差又导致当前通货膨胀治理的尴尬：大量人民币为了维持固定汇率而发行，因此利率政策无法从根源上回收流动性，而骤然提高汇率，又会让大量依赖外需的制造业濒临破产境地。撇除货币量增加的因素，由于收入分配差距扩大，消费物价上涨有成本推动的合理因素，而投资品价格上涨则存在大量泡沫。因此，通货膨胀的输入性性质，令利率政策和汇率政策陷入两难，而通货膨胀的结构性扭曲，又令一刀切的物价管制无法有效抑制物价。而解决这一切的唯一钥匙，就是提高居民收入，缓解收入差距，刺激内需。

然而，提出了“工资倍增计划”，是否就能切实提高居民收入水平呢？历年来，政府的工作报告无不把提高人民收入当作“重中之重”来抓，但我国的居民收入一直落后于经济增长，且收入差距不断扩大。事实证明，在政府主观愿望之外，存在抑制劳动工资收入的因素。

在市场经济下，倘若市场主体的议价权不平等，那么供求关系就无法在价格信号中得以呈现。而市场主体议价权不平等的原因，在于市场主体之间的不平等上，正是议价权利缺失，导致收入分配不公，劳动者收入增长缓慢。因此，必须认清这样一个事实：“工资倍增计划”不能理解为“按既定目标提高工资”的指令性计划，而应理解为在平衡市场主体议价权，恢复价格信号功能的基础上，逐步恢复劳动者工资欠账的尝试。

我们注意到广州市劳动和社会保障局提出的两个办法即全面实施工资集体协商“共决机制”三年推进计划，实现同工同酬、公平分配，以及建立企业贯彻工资指导线的备案制度。这对劳资之间的权利平衡是有积极意义的。但我国的市场主体不平等问题，涉及城乡二元对立、国有资源垄断等诸多方面。其中，城市职工的工资以外来人口的工资为参照，而外来人口的工资又因农村收入过低、城市福利匮乏而被压低。非垄断行业与垄断企业之间的议价权不平等，必然导致从业人员之间的薪资分配不公。这些都不是仅仅将视线集中在“工资倍增”的数字幻觉就可以解决的。

在日本的“国民收入倍增计划”中，日本当局明确指出“国民收入倍增计划”必须致力于纠正农业与非农业之间、大企业与中小企业之间、地区相互之间以及收入阶层之间的生活上的收入上的差距，以期国民经济和国民生活得到均衡发展。

“国民收入倍增计划”造就了20世纪60年代日本经济高速增长的“黄金时代”，形成了日本社会将近1亿的“中产阶层”。这说明广州的“工资倍增计划”有光明的前景。有意改善居民收入水平、提振内需的政府必须痛下苦功，敢于向既得利益阶层的特权开刀，以“市场主体平等”的基本原则，拨正扭曲的价格形成机制，为经济发展找到长期的内在动力，则“工资倍增计划”取得实效可期。

（2008年3月28日）

事件：3月31日下午，广州市中级人民法院就许霆恶意取款案宣布重审判决。许霆被判处5年有期徒刑，罚金人民币2万元，并退赔从银行ATM机上取出的173826元。法院在宣判书中表示，许霆构成盗窃罪，符合盗窃金融机构罪的主、客观要件。因社会危害性不大，情节较轻，遂作出上述判决。而在四个月前，同一家法院依据同样的事实，对许霆一审判处无期徒刑。

观点：有人借此看见人性中薄弱的德性，有人欢呼公众舆论的威望，还有人试图用它来警醒法律的疲惫。总而言之，这不是一个令人乏味的案件，它给法官提供了真正的选择机会。分析各种社会利益，并排列出它们的重要次序，重审判决权衡考量，已说明一切。

许霆案重审判决：胜利属于法律

昨日下午，广州市中级人民法院就许霆恶意取款案宣布重审判决。许霆被判处5年有期徒刑，罚金人民币2万元，并退赔从银行ATM机上取出的173826元。法院在宣判书中表示，许霆构成盗窃罪，符合盗窃金融机构罪的主、客观要件。因社会危害性不大，情节较轻，遂作出上述判决。而在四个月前，同一家法院依据同样的事实，对许霆一审判处无期徒刑。正像各方所议论的那样，此案引起过轩然大波。法庭给出如今的结果，尚需最高人民法院核准才能生效，许霆当庭表示不上诉。

从无期徒刑缩减为5年刑期，最新的法庭判决更符合舆论的吁求，也与恰当的法律惩戒功能相吻合。对此，民众当然是乐见其成的。毋庸讳言，青年许霆能从极其不利的后果中脱身，于绝地里赢得目前的结果，得益于新闻媒体持续的关注。历经此案，相信社会对舆论的正面力量会更加认同。不过，将许霆案的柳暗花明完全归功于媒体报道，忽略司法者在这一过程中的思考与选择却是鲁莽的，也是完全不合适的。归根结底，许霆案的重审判决是法律的胜利，体现了司法过程的法律成长。

的确，许霆案发生直至一审判决之后，历经广州两会、广东两会和全国两会等舆论窗口期。各级代表委员都对许霆案抱有强烈的问询意愿，各级政治会议也都对这一事件进行了广泛讨论。在此期间，某次全国高级别的法律研讨会在广州举行，还将其列为专门议题。在此情况下，许霆案受到舆论充分浸染，再经过诸如此类的连番发酵，许霆案凝聚了法官、法学家、党政官员以及大众的普遍愿望：至少不该是无期徒刑，起码应当在程序上对正义的期待有所回应。

舆论作出这么多表达，且与司法公正遥相呼应，双方都停留在合适的位置上。正如广东省高院前院长透露的，不存在妨碍司法公正的问题，其实法院内部对许霆案也有不同见解，甚至争论。但这种争论绝非是因应舆情的质疑，而是基于案件本身对法律的冲击，以及法律条文在现时代遭遇的困扰。从维护法章的稳定性来说，一审无期徒刑的判决没有“违法”，尽管它对法条的遵守不无拘泥，但延续的是法律的确定性。而常识是，避免朝三暮四正是法律的使命。可同时，在法院系统内，建立在法官自由裁量权的基础上，许霆案又指向了法的变化，也就是法的进步。

所谓法律无外乎人情，重审判决突破了固定的法律解释。比如，ATM是否属于金融机构？“盗窃数额巨大”又该怎样规定？许霆案纠缠了某些似是而非的法律理解，法官们也公开坦承了这些矛盾和冲突。从现在的新判决看，虽然要求法律必要的稳定，但法官并不苛求它静止不变。借助自由裁量，重审法庭重新运转，纠正了亦步亦趋的逻辑判断。纵然舆论喧哗，法官仍拥有这种自由的方向感。在这一方面，舆论并不是指南针，提供法官以灵感的不是媒体压力，而是案件本身的歧义。

要重申的是，这里并无贬抑舆情的意思。直言的舆论与理性的法官一样值得尊重。媒体在许霆案上积极报道，供应了密集而又独立的讨论氛围。许霆迎来重审结果，并不意味着法律被打败了，而是用这个结果去证明：法律犹如人类，要活下去，就必须寻求妥协。法官承担着探索妥协路径的任务，永不相忘。这才是法的真正精神。在堆积如山的案牍中秉承这一要义，创造性地促动法律成长，远比将许霆案固化成某一门类的判例更为珍贵。若说许霆案一波三折的意义，恐怕就在于此。

漫长的许霆案或将落下帷幕。一斑而窥全豹。有人借此看见人性中薄弱的德性，有人欢呼公众舆论的威望，还有人试图用它来警醒法律的疲惫。总而言之，这不是一个令人乏味的案件，它给法官提供了真正的选择机会。分析各种社会利益，并排列出它们的重要次序，重审判决权衡考量，已说明一切。它也宣告一种新的是非标准由此产生。而在它的流程背后，是一群思绪纷飞而非抱残守缺的法官，他们鼓足勇气，最终没有令法律在歧路前失掉它的荣誉。胜利属于法律。

（2008年4月1日）

事件：首个农民工全国人大代表胡小燕，3 月 20 日通过媒体公布自己的手机号码后，陆续有农民工反映其手机无法接通。佛山市三水区政府有关人士向记者透露，来自全国各地的电话几乎将胡小燕的手机打爆，给她的工作和生活带来诸多不便，她的手机基本处于关机状态，一个小时仍有上千个未接电话。她的博客久未更新，留言也需审核。

观点：胡小燕所能承载的，也许只有她自己的良知和利益。那些更广大深远的利益代表和权利表达，只能寄望却不能苛求。到哪里寻找我们的代表，这无疑是超越胡小燕个人命运的宪政命题。

胡小燕，一个等待填满的角色空格

3 月 20 日，第十一届全国人大会议结束不久，胡小燕通过媒体公布了自己的联系方式。她是今年全国两会上备受瞩目的首位农民工代表。虽然这样的身份表达并不妥帖，但作为一个长期失落的利益群体被日益重视的政治标记，胡小燕的出现，其意义仍然受到放大解读。但近日，陆续有农民工反映，胡小燕手机无法接通，记者试图联系也始终无果。她的博客久未更新，留言也需审核，手机只有服务企业的彩铃广告，以至于农民工询问，如何才能联系到“我们的代表”。

胡小燕会是又一个政治花瓶么？这样的疑问或许真实，却难以出口。因为这样的疑问，只会指向胡小燕个人，带给她更大的道德压力，却丝毫无助于局面的改善。据胡小燕企业所在地的政府人士透露，自公布号码以来，来自全国各地的电话几乎将她的手机打爆，一小时有上千个未接电话，现在她的手机基本处于关机状态。这种井喷似的代言参政的压力，任何一个人都无法承受，事实上也就只能拒接放弃。

寻找胡小燕，是要寻找疏离的政治现实感。胡小燕不能承受之重，恰是我们代议制度的实质之轻。让更多人听到看到胡小燕的困境，未尝不是一件好事。让大家知道，一个身份如此草根、利益如此底层的人，如果她有幸为公众代言，可能出现的状况是什么。这并非要出胡小燕个人的洋相，相反，却是正视她正在承担的压力。要点缀的符号，还是真实的代言？现实向大家发问。胡小燕所代表的，不仅是当前政治参与的一个群体标志，也是当下代议政治实践的现实写照。

胡小燕尝试以个人的进取心，做一点有益的事情。这种道德冲动，完全不应被轻视。但她即刻要面对的却是两重阻碍。其一，人大代表的非专职化，如何保证她的时间、精力和财力，能为她的勇气保存可能。按现行做法，人大代表只有集中视察时的所需费用由人大负责，代表个人调研所需费用要由本人解决。经费况且不论，而仅仅从接听电话的时间分配来看，胡小燕事实上已经不得不放弃这种尝试。其二，由谁选出向谁负责。胡小燕的代表身份，很难分解出真实具体的选民力量，更大程度上是和服务企业与所在地政府的有意栽培有关。胡小燕从北京归来，公司为其举行隆重的欢迎仪式，为其设立了专职办公室、开设了个人博客，手机铃声也成了企业广告时间。客观上的企业形象代表与超企业利益的人大代表职责，对她构成一种现实的拉扯。

当然，公布手机号码的胡小燕，并非就等于许下来者不拒的誓言，也不可能是一个随时会被论证无法兑现的承诺。农民工代表胡小燕公布电话，其意义首先在于以一种沟通的姿态，向有限的政治空间发出了掘进的信号。一个人所能做的，这是第一步。因此，经常关机的胡小燕，博客不能更新的胡小燕，留言要审查的胡小燕，都只是今天现实的一部分。媒体并非急于证实，一个想有所作为的胡小燕，其实根本就做不到。因为胡小燕今天的压力，某种程度上正是全体守望前程的民众所共同感知的压力。

胡小燕只是广东几千万农民工群体中的一员，只是全中国亿万公民中间的一个。胡小燕成为全国人大代表，这不只是她个人的人生经历，更是一个普通公民最生动的政治实践。胡小燕所能承载的，也许只有她自己的良知和利益。那些更广大深远的利益代表和权利表达，只能寄望却不能苛求。到哪里寻找我们的代表？这无疑是超越胡小燕个人命运的宪政命题。在胡小燕无法接听的千百个电话里，在寻找胡小燕的媒体努力当中，胡小燕只是一个等待填满的角色空格。

（2008 年 4 月 3 日）

事件：北京奥运会圣火在境外传递过程中屡遭干扰。自希腊采集火种开始，针对圣火的冲击行为就时有发生。4月，在伦敦火炬传递中，“藏独”策划沿途阻挠，甚至企图以灭火器浇灭圣火。巴黎传递活动中，冲击行动尤其频密。

观点：奥运圣火的荣耀也非为中国所仅有，冲击它，阻拦它，浇灭它，使之受辱，以此作为政治表达，最终辱没的是整个奥运的神圣，乃至整个人类文明的虚弱。

奥运圣火不会因粗暴冲击而黯淡

北京奥运会圣火点燃至今，在境外传递过程中屡遭干扰。自希腊采集火种开始，针对圣火的冲击行为就时有发生。在伦敦火炬传递中，“藏独”策划沿途阻挠，甚至企图以灭火器浇灭圣火。巴黎传递活动中，冲击行动尤其频密，其间更有暴徒拉打女火炬手。在各方协力护卫下，所有破坏行为都被及时制止。圣火已安抵美国旧金山，开始在美洲的旅程。

在奥运会历史上，圣火也曾有类似遭遇，此次并非首例。而实质上，针对传递人类团结真意的奥运圣火，施加种种肆无忌惮的野蛮攻击，不仅是对东道主国民感情的赤裸伤害，更是对全球共珍的奥林匹克精神的污损。当圣火成为围追堵截的目标，迫以应对不择手段的粗暴冲击，它就被推进了巨大的涡流中。在巴黎，为应对不测事件，圣火火炬一度主动熄灭。相较于奥运圣火的诉求与价值，这样的结果不代表任何胜利。任何一方，都无颜用圣火的屈辱编织荣誉。

奥运与政治即便不可断然分开，但刻意泛政治化或利用奥运加诸政治压力，既无益于奥运本身，也无助于正常的政治对话。自有奥运始，圣火传递本为宣告和平而来，非武力，非政治，非暴力。而中国承继奥运圣火，倡言“同一个世界，同一个梦想”，非为炫耀泱泱国力，非为政治较量而来，只因其间涌动世界文明的共识、蕴含人类进步的意向，而孜孜以求，也全心全力。

对中国而言，大有能力成功举办奥运会，也希望用圣火吁求一个大同的世界。此虽为理想，也显见苦心。毋庸讳言，和所有国家一样，中国还不是完美的国度，还存在这样那样的问题。可政府尽倾热情，高执圣火，向世界呈现厉行革故、追求开放的新成果与新形象。对内，圣火承担着凝聚民众认同的使命，要激荡起国民的自豪与自信；对外，圣火要传递古文明现今的真实讯息，并呼告：它正在和世界同步发展，它正与世界共享文明成果，它不是一个妖魔化的中国，而是一个对世界负有责任、对人类前途抱有建设之心的国家，它不完善但正在追求完善。

奥运圣火连续在风波中行进，中国每一天都要穿行赞扬和反对的阵仗。圣火要抗击阻拦，中国也同期经受历练，磨砺一个大国的宽容与气度。在奥运圣火的光芒下，尽管异见者喧哗，也不会闭关锁国说“不”，中国所需的不外乎是继续开放的探索，所要勇毅践行的无非是持续以改革对接世界。如此，圣火决然不会因羞辱而黯淡。相反，它的光明与荣耀一如既往。它属于世界，也会以同样的纯净照耀反对它的人。不为说服，只为照亮。参照奥运沧桑且卓然的百年进步史，中国当有如此胸怀和柔韧。

从申办奥运直至取得举办权算起，北京奥运的流程就不独流布于国内。奥运盛会正式开幕的百多日前启动圣火传递，更将这一宣介引入至为敏感期。所谓事出无度，而应对有方。圣火及其价值在五大洲传送，或许无力消除分歧，但昭示着弥合裂痕的愿景。显然，北京奥运绝不仅仅是北京一座城市的奥运——即使并非每个人都热衷于它，但它确实属于中国的全体国民，更属于珍爱奥林匹克精神、乐观人类和谐相处的全体世界公民。

因而，奥运圣火的荣耀也非为中国所仅有，冲击它，阻拦它，浇灭它，使之受辱，以此作为政治表达，最终辱没的是整个奥运的神圣，乃至整个人类文明的虚弱。愿圣火随祥云火炬流传四方，因为这其中隐寓渊源共生的诉求，是我们共同的未来。

（2008 年 4 月 10 日）

事件：《中华人民共和国政府信息公开条例》将于5月1日起正式施行。这是深化行政体制改革，进一步加大预防腐败力度，建设法治政府、阳光政府、透明政府、廉洁政府的重要举措。

观点：重要的是，有一些积极的公民，尤其是新闻记者、研究人员，不断地对政府主张法律赋予自己的权利。这样一点一滴的努力，将会把写在纸面上的权利变成现实的权利。

信息公开依赖公民推动

《中华人民共和国政府信息公开条例》将于5月1日起开始实施。该法是去年4月5日颁布的，从颁布到施行，留给各级政府的准备时间超过了一年，这在立法史上是不多见的。在这期间，各级政府多少做了一些准备工作。但是，这部法规能否发挥专家、舆论所期待的效果，恐怕主要还是得看公民们是否做好了行使这部法规授予自己的权利的准备。

保守秘密是掌握权力的各个政府机关的天性。不要说政府天然地倾向于对民众保守秘密，即便是政府各个部门之间、各级政府之间，也天然地倾向于相互保守秘密。人们普遍注意到一个现象：下级政府会向上级政府封锁信息，而上级政府了解的很多信息也不让下级政府掌握。因为，秘密就是权力。秘密越多，权力就越神秘，权力的寻租空间就越大，能够带给掌握权力者的现实利益和心理满足感也就越大。

因此，在信息公开制度较为完善的国家，这一制度及作为这一制度之权利基础的"知情权"，是公民们积极地从国家机关那里争取来的。最典型的案例是1971年发生在美国的"五角大楼文件案"，一位具有反战倾向的人士丹尼尔·艾尔斯伯格试图通过报纸公开联邦国防部编写的全面反映对越战争的文件。行政当局向法院申请禁止报社公开这些文件，但越来越多的报纸开始发表这些文件。行政当局与报社诉至美国联邦最高法院，最终报社胜诉，五角大楼文件得以公开。这一里程碑式案件极大地扩大了媒体了解政府信息的深度与广度，从而扩展了公众的知情权。

应当承认，中国在建立信息公开制度方面，是享有某些后发优势的。也就是说，中国可以参照法治健全国家的相关制度，直接制定出比较完善的信息公开法规。事实上，目前的《信息公开条例》也正是行政机关——国务院主动制定的，行政机关主动向全社会表明了公开信息的意愿，并且设计了不少制度，促使各级政府公开信息。

但是，后发优势往往也伴随着某种程度的后发劣势，一种可能的劣势就是政府各个机关和公民都没有做好足够的准备。

按照《信息公开条例》的规定，政府信息公开的方式有两种：一种是主动公开，即各级政府通过政府网站、新闻发布会、公共图书馆、阅览室等形式主动公布政府信息。另一种方式是公民及其他社会组织，比如新闻机构，依法申请公开，即公民、法人或其他组织要求行政机关公开某些特定的政府信息。

看得出来，《信息公开条例》侧重于政府的主动信息公开。在这方面，各级政府近一两年来也做了一些准备，比如建立新闻发言人制度。但是，很显然，相关政府机关的努力不能令人满意。比如，卫生部新闻办公室于4月11日公布了各省市区卫生厅局新闻发言人名单及新闻发布工作机构电话。本报记者在上班时间逐一拨打，结果只联系上一位新闻发言人，而15家单位的电话无人接听。这也许只是一个个案，但至少新闻发言人本身究竟是发布新闻还是限制信息，也很难说。

从政府的天性来说，政府各机关在信息公开方面的迟缓不难理解。信息公开制度既然是公众行使知情权的一种方式，是一种对公众有直接好处而对政府没有好处的制度，那么，推动信息公开制度完善的主体，当然首先是公众。意识到自己的权利，积极保障自己利益的负责任的公民，是信息公开制度完善的驱动力量。

当然，普通民众未必会有针对政府行使知情权的必要，真正地需要政府在主动公开之外公开某些信息的，通常是处于某种特殊情形的公民，尤其是从事某些特殊职业的民众和机构，最典型的是新闻记者、媒体与学术研究人员。这些人士和机构要求政府公开信息，其实也在间接地实现公众的知情权。因此，这些人士和机构是推动信息公开制度走向完善的重要力量。

而他们能否有效地行使知情权，推动政府向公众公开信息，得看法律是否为他们提供了必要的救济。他们要求政府公开的信息，通常是比较“敏感”，可能在秘密与非秘密的模糊地带，由哪个机构、通过什么样的程序来界定可公开与不可公开的界限，对于有效的信息公开制度十分重要。现行法规在这方面考虑得不是很周到，比如，什么不可公开，要“报有关主管部门或者同级保密工作部门确定”。这样的规定显然对政府有利、对公众不利。

不过，不管怎样，《信息公开条例》已经打开了政府公开信息的大门，法规也为公众提供了一些救济渠道，比如，举报、行政复议和行政诉讼。重要的是，有一些积极的公民，尤其是新闻记者、研究人员，不断地对政府主张法律赋予自己的权利。这样一点一滴的努力，将会把写在纸面上的权利变成现实的权利。

（2008年4月13日）

事件：记者4月12日从教育部获知，在教育部近日召开的“规范评估工作提高评估质量”研讨会上，教育部副部长吴启迪表示，目前高校教学评估过程中存在着形式主义和弄虚作假现象。吴启迪表示，主要表现在评估方案对不同高校的分类发展指导性不够，评估过程中存在着形式主义和弄虚作假现象。她要求评估工作要坚持做下去。教育部要求，今后将进一步规范评估工作。

观点：假设高校评估要造就积极的力量，它当自我追问：如何在优化教育体系的过程中贡献于大学价值？如何以谦卑的心态和作为促成大学精神的不死？如何在所谓教育产业化的诱惑下点亮教育之火的价值？

高校评估要通过转型实现自我救赎

对高校教学评估的抱怨愈发公开化，一些批评声音不再局限于教育界，而登上了大众媒介，引发了持续的争辩和反思。教育部近日召开研讨会，研究提高高校评估的质量问题。教育部副部长吴启迪承认，目前高校教学评估过程中存在着形式主义和弄虚作假现象。不过，她也重申了教育部的立场，一方面不避讳评估程序的不足，比如评估方案对不同高校的分类发展指导性不够；一方面表态不会废止评估工作，但允诺在评估进程中改善其功能和绩效。

现行的高校教学评估正式确立于2003年，并很快形成制度化。谈论高校评估制度的得失，离不开中国高等教育这一大背景。显然，在高校连年扩招等情势下，高等教育的水准的确受到了质疑。随着对高教现实的不满，对评估工作的负面评价也在增加。这些评价尽管在一定程度上削弱了高校评估的权威，却无法从根本上否定这一制度的必要性。教育与人世密不可分。高校评估提供了一种约束，遏制高校在各种压力下背离教育目标的行为，为供需失衡的教育资源确定秩序。

换言之，高校评估的正当性恰恰来源于高等教育的现实处境，毋庸讳言，这种处境并不乐观。这些年来，高等教育的规模急剧放大，师资等基础资源的增长远远落后于这一增速。高校产业化被不恰当地重点实施，以至于显现出高校高额负债的诸多危机。在此格局下，高等教育的供应方良莠不齐，教育资源的良性成长成为必需；对高等教育的需求者来说，他们也需要高校以外的评估体系，给出鉴别的参考标准，帮助他们选择。可以说，如果没有高校评估，在现实的高教环境下，情势只会更坏而不是更好。

高校评估的合法性产生于高等教育那并不完美的实际，但当评估工作也构成这种“实际”的一部分，并且饱受教育界乃至社会诟病的时候，一定是哪里出了问题。去年因为被指责存在造假行为，教育部一度遭遇“取消教学评估”的议论。近日广西一高校六名校领导集体迎接教学评估组秘书一事也造成强烈喧哗。中国人民大学校长纪宝成更撰文猛批其“三宗罪”：评估太多太滥，缺乏总体设计；教育评估体系、方法单一，拉不开差距；评估造假，敷衍了事。

无论是激烈的批评，还是温和的反思，越来越不争的事实是：高校教学评估的手段正在违背评估的目的，其不无正当的寄望遭受评估手段粗暴的矮化或庸俗化，评估的游戏规则已沦为利益者的潜规则。在此情况下，高校评估体系急需转型，以摆脱形式主义的围追堵截，努力从私利的陷阱中游离出来，于知假造假的浮夸风气中清醒过来。总而言之，高校教育评估要通过转型实现自我救赎。要造就高等教育真正的标准，要惊觉自身的痛感和耻感，挽救高等教育沉淀积久的迷惘。

假设高校评估要造就积极的力量，它当自我追问：如何在优化教育体系的过程中贡献于大学价值？如何以谦卑的心态和作为促成大学精神的不死？如何在所谓教育产业化的诱惑下点亮教育之火的价值？转型的内涵当有种种，择其切要：重新审视乃至修改、充实评估方案是当务之急。这是最关键的环节，谋定才能思变，理应广泛吸纳高校本身的建议和智慧，谨防泛行政化的主导者对目标设计的伤害。杜绝评估中整齐划一、旨在纯粹追求一律的呆板程式。此外，高校评估尤其要消除人为的神秘化色彩，开放评估程序，利于媒体、独立机构等社会监督力量的评判。

必须有这样的见识和决心，那就是：高校评估绝不是伪君子们的贪婪之旅，它最应在精神生活和学术标准上造福于大学，推动创造出教育复兴的气象。对教育部而言，评估所现今遭遇的普遍批评并非可怕的事情，实为建设之良言。立足现实，哪怕对大学的未来仅持诚挚的期待，那么，来自各方，对评估工作诸如此类的指责，都是发展和变化所需要的刺激，都将有利于把那么多的转型推上轨道。如此，请转向思想，转向反思，转向那自我救赎的一切可能。

（2008 年 4 月 14 日）

事件：自2007年9月开始，经过两年预备修改的《广州市城市管理综合执法条例》草案公开征求公众意见，历经网友、专家、城管各方征询，条例草案已经通过第一次审议，计划于2008年5月进行第二次审议。近日，条例草案再次接受专家挑剌、媒体询问，并向社会全程公开此次研讨会。

观点：如果能于权力规范的视角之外，对底层平民的生存现状给予一种权利的重新确认和规范，而不是一味对其取缔和回避，则这种权利规范与权力规范思路的双向结合，有可能为城管与摊贩冲突走向最终解决打开局面。

权力必受制约才守规矩　权利必先确认方可规范

《广州市城市管理综合执法条例》将是地方开门立法、广开言路的代表之作。自去年9月开始，经过两年预备修改的条例草案公开征求公众意见，历经网友、专家、城管各方征询，条例草案已经通过第一次审议，计划于今年5月进行第二次审议。近日，条例草案再次接受专家挑剌、媒体询问，并向社会全程公开此次研讨会。由于此项立法关涉城管议题，牵动民生关注，开门立法之善自不待言。

广州欲借新的城管条例，消除积弊，改善现状。新条例草案不少细部调整，对当下社会呼声都有务实回应。地方立法机构自觉努力，求解备受争议的城管执法难题，其思路的真正转变尤其值得关注，即从管制便利的单一取向转向城管执法的立法规范。这使对民权伤害能力巨大的行政权力，增大了受制的可能性，从而使得可能导致恶性冲突的城管执法，首先纳入到监管制约的范畴之中，迈出了公权与民权冲突走向和解的第一步。

正如此次研讨会专家所言，公共权力不在大小，关键在于权力是否受到监督和制约。以此看待当下城管究竟应该通过限权还是增权来走出困境，便不再茫然。以往城管执法往往仗恃行政权力独大之势，对弱势民权构成压迫，这成为诸多恶性流血事件肇始的源头。城管人士固然也有常情血泪，然而，种种事实表明，不受约束的权力本身，不仅待人为恶，也常常为恶所噬。因而，立法规范城管执法权力，便不仅仅是缚住城管的手脚如此浮浅，而是将为恶的蛮权纳入法治，从而避免城管与平民的双重损害。

与规范城管权力相对的，是对平民权利的确认和重新规范。一个有现实感的人不难发现，底层民众的弱势或许值得同情，却同样需要警惕和规范，否则便会秩序全无。所谓可怜之人必有可恨之处。这可恨之处，同样会对现实秩序构成巨大侵蚀。因此，平民的可恨之处与权力的可恨之处，无一例外都必须纳入法律予以预防纠正，社会才能良性运行。不过，管制的前提是权利的确认，在城管与无证摊贩的冲突面前，平民低于工商注册标准之下的商业权利是否应当得到确认，这是一个问题。正如专家所言，应该对小商小贩多一点宽容，不应该也不可能赶尽杀绝。这实际上指出的是，政府是否应该尊重平民的这种权利，并在此基础上寻求可能的治理之道？

当我们看到，所有达不到工商注册标准的低端就业都无从获得证照，而所有的城市街道也都拒绝向这种低端就业开放，哪怕是局部有限的开放。这就使得这些客观存在的非正式低端就业，一经在城市出现便跌入了“无证”、“占道”的非法状态。而非法状态只能打击取缔，不可能有效治理。这便回到了常见的治乱循环——市长要面子，平民要肚子。面子怎么可能拼得过肚子？

诚哉斯言。如果不能确认平民的这种低端非正式的就业权利，也就无法将这种混乱的生存竞争纳入可治理的状态，失却基础的种种方案更无从操作。因此，几乎没有一个严肃的专家直白表明，要如何彻底地取消底层民众的这种权利，相反却是以各种方式确认底层平民的这种生存权利。因为这不只是弱势群体的道德正确，更是有效治理的基本前提。

《广州市城市管理综合执法条例》的公开论证，开启了城管执法权力规范的正确之路，这在当前政府运作的现实格局之下，显得尤其迫切且来之不易。如果能于权力规范的视角之外，对底层平民的生存现状给予一种权利的重新确认和规范，而不是一味对其取缔和回避，则这种权利规范与权力规范思路的双向结合，有可能为城管与摊贩冲突走向最终解决打开局面。面对旷日持久的无解争执，这些都值得尝试。

（2008年4月19日）

事件： 4月20日晚，中国证监会紧急公布了《上市公司解除限售存量股份转让指导意见》（以下简称《意见》）。《意见》对近期给市场造成极大冲击的“大小非”减持行为进行了规范，规定预计未来一个月内公开出售解除限售存量股份的数量超过该公司股份总数1%的，不再通过二级市场直接抛售，而应当通过证券交易所大宗交易系统转让所持股份，以减轻市场压力，缓解对集中竞价交易系统价格形成机制的冲击，恢复市场的信心和人气。

观点： 根据国外经验，我们建议把指数的“关注权”让人民银行行使，以便于从全局的角度来制定货币政策，证监会也从指数的不能承受之重中超脱出来，老老实实做好监管工作，赢得投资者对其监管能力的信任，这才是真正的治本之策。

股市监管应该摒弃指数的“政策底”

4月20日晚9点30分，中国证监会紧急公布了《上市公司解除限售存量股份转让指导意见》（以下简称《意见》）。《意见》对近期给市场造成极大冲击的“大小非”减持行为进行了规范，规定预计未来一个月内公开出售解除限售存量股份的数量超过该公司股份总数1%的，不再通过二级市场直接抛售，而应当通过证券交易所大宗交易系统转让所持股份，以减轻市场压力，缓解对集中竞价交易系统价格形成机制的冲击，恢复市场的信心和人气。

对于证监会的这种明显的“救市”举措，市场人气和信心并没有随着利好的出台而有所提升，反而在利好的映衬下其积弱之态更是暴露无遗：沪指以大涨200多点高开低走，两市再次创调整以来新低，最终收于3116.98点，仅上涨22.31点。

市场对“救市”政策“不给面子”的表现，既在意料之外，但细细考虑，却在情理之中。在股指从6000多点一路向下狂泻3000多点，暴跌50%，足以垂于世界股灾之史的过程中，中国证监会作为监管部门，以不干预市场之名，对于股指的暴跌既不给予正确的解读和引导，对于各界呼吁“救市”的呼声更是置若罔闻，一路沉默。这种听之任之，甚至被投资者认为是刻意为之的态度，已经让投资者和监管者之间的信任机制濒临冰点，但在投资者损失惨重，股指即将跌破3000点的前夜，证监会却突然出台规范措施，这种不符合常规的举措，究竟是出于监管层“面子”

的考虑，还是真正呵护投资者的权益，市场的表现无疑是对监管层这项政策打了一个大大的问号。

在我们这么一个市场机制非常残缺，急需威权的监管层存在的资本市场，政府因为害怕与“政策市”有染而在最关键的时刻消失了。正是由于这种在“救市”和急于撇清与“政策市”干系的声誉困扰中煎熬，证监会无疑已经错过了救市的最佳时机，现在无论出台任何所谓的特大利好显然都太迟了。原本，无论就中国实体经济的真正现状，还是资本市场的本身状况而言，即使有美国次贷危机的干扰，但从6000多点开始的下跌充其量是一场感冒和市场的正常调整，但在政策不确定和管理层的应对失措造成的恐慌中终于酿成暴跌的大患，造成了灾难性的后果。对于如此狼藉的惨况，单靠一两剂所谓的利好，熨平“蝴蝶效应”导致的恐慌，显然是不现实的。

就目前市场而言，下跌的空间显然已经极为有限，市场已经具备了“自救”的功能，中国投资者通过惨重的代价换来了政府在资本市场的重新定位。由于在这次长达半年暴跌中的严重“缺位”，政府监管部门信用本来已经自然消亡于中国资本市场的舞台，也迎来了在运行机制和价值评估上进行市场化嬗变的机会，对于政府在资本市场的重新定位和树立监管权威也赢得了一次难得的机遇。在这种情况下，中国证监会与其半夜仓促出台一些在技术上漏洞百出的短期政策呵护指数，不如彻底安下心来，就中国资本市场如何走出暴涨暴跌的宿命的轮回进行研究，并在制度上加以完善和落实。同时，根据国外经验，我们建议把指数的“关注权”让人民银行行使，以便于从全局的角度来制定货币政策，证监会也从指数的不能承受之重中超脱出来，老老实实做好监管工作，赢得投资者对其监管能力的信任，这才是真正的治本之策。

资本市场已经取代银行等金融机构成为一个国家最重要的金融资产和存在，它已经成为一个国家经济盛衰的象征，各国都在不遗余力增强资本市场的竞争力。对于发展中国资本市场的各种举措，也要站在提高国家金融竞争力的高度，不要再因为某个事件、某个特定的纪念日等去随意调整指数，人为制造所谓的“政策底”。而应从稳定的长效的增强资本市场国际竞争力的立场，尽快去改变不合理的印花税制度，建立完善的再融资制度，并对刚刚出台的漏洞百出的规范“大小非”的《意见》进行及时完善。同时，对于已经规划好的创业板、股指期货等重大制度创新，亦应稳步推进，不要拍脑袋说停就停，减少政策的随意性。特别需要指出的是，不要把所谓的保护资本市场健康发展的“好牌”等着奥运会即将举办的时候才打出来。奥运会相对于中国资本市场的发展，孰轻孰重，不言自明。因此，我们提醒，不要让奥运会成为中国资本市场发展的干扰项和利空，相对于建立一个强大而健康的资本市场，是奥运应该为资本市场让路，而不是相反。

（2008年4月22日）

事件：《劳动争议调解仲裁法》将从5月1日实施，取代1993年8月施行的《企业劳动争议处理条例》。新法规定，劳动争议仲裁不收费、用人单位具有举证责任而不举证将承担不利后果、仲裁时效从60天延长为一年、劳动争议的处理期限最长只可以延长到60天、部分案件"一裁终局"等。大量中小企业主称，新《劳动合同法》的施行已经给企业增加了人力成本，而《劳动仲裁法》的施行可能会"诱惑"员工动不动就把企业"推"到仲裁委。

观点：《劳动合同法》引爆了广泛且大规模的社会激辩，为全面评估《劳动仲裁法》提供了重要的参照纬度：仅仅算计劳资的各自得失是不够的，更要看到它对平衡劳资利益的作用。中国特色的劳资关系，无论是对峙还是缓和，都根植于社会之中，因而在《劳动仲裁法》之外也当树立更高的期待。

学习《劳动仲裁法》 学会做企业公民

从下月开始，国家将施行《劳动争议调解仲裁法》（简称《劳动仲裁法》）。这是继《劳动合同法》之后的又一部重量级法律，势必对劳资格局带来深刻影响。不过，从法律涉入现实的角度观察，也有论者表现出忧虑。比如，劳动仲裁实行免费制以后，仲裁案会否呈现"井喷"效应，进而冲击不甚完备的执法系统？还有，劳动者会否因此滥用诉权，累讼缠诉，变相地增加企业的应诉成本？显然，这些忧虑并非毫无道理，问题是它们既有合理推论的一面，又难免有显失偏颇之处。

现实地看，在我国的法治建设进程中，劳方的利益正在受到越来越多的保护。这绝对不是矫枉过正。劳工在法律意义上所得到的，只是一种恢复和纠偏，是应得的。劳资双方在此过程中，也体现出政府协调下愈发自觉的博弈。遗憾的是，真正的博弈并未到来，因为劳资关系的失衡还没有结束。《劳动合同法》引爆了广泛且大规模的社会激辩，为全面评估《劳动仲裁法》提供了重要的参照纬度：仅仅算计劳资的各自得失是不够的，更要看到它对平衡劳资利益的作用。

让资方感觉不适的是，《劳动仲裁法》采用了某些硬性法条，如资方的举证义务和免费仲裁等，足以让劳工更容易使用法律手段，令资方在法律范围内无从轻易躲避。而在追索劳动报酬、工伤医疗费、赔偿金、工时、休假、社保等常见的劳资纠纷部分，则将仲裁裁决设计为终局裁决，具有法律效力。这些核心环节，并非是偏袒劳工，也不能狭隘地理解为对资方的惩罚。《劳动仲裁法》就是要沿袭《劳动合同法》的立法精神，为劳资两方的利益谈判供应更牢固的法律框架。

即便是在现今，这一法律框架也只是从无到有而已。在工会势弱、劳工力单的情境下，它应该更强，而不是更弱。《劳动仲裁法》对劳资双方的机会是均等的，那就是让权利和义务都能享有恰当的边界。学习《劳动仲裁法》是双向的，要让劳工的价值能有恰如其分的体现，也要求资方因应法律去调整，学会做一个企业公民。尤其对后者来说，《劳动仲裁法》传达出明确的信号：企业不是只为赚钱的工具，它也是一个国家公民，要在企业治理中释放出道德价值，尽到对员工和社会的责任。

这当然很难，积弊使然，众多企业的盈利模式已天然地包括低工资和低福利，一旦《劳动仲裁法》为劳工提供可申诉的平台，必定会“威胁”到企业模式的正当性。特别是对珠三角而言，这种模式一度带来区域经济的繁盛。模式变，格局必定随之改变。《劳动仲裁法》或会加剧珠三角经济转型的阵痛，数量庞大的中小企业将面临更大考验。对此抱以担忧实属正常，可以理解，但不该将罪责加之于法律本身。产业升级的其中一个瓶颈就是劳动力价值被低估，《劳动仲裁法》增强了改变的可能性。

《劳动合同法》约束企业进行用工规范，而《劳动仲裁法》将考察规范过程的真诚与否。一部法律引发社会各领域的调整，政府对《劳动仲裁法》在人间的现状及趋向必要有担当。这包含两个方面：从执法、护法的意义上，要尽快配备及完善机构和人员，《劳动仲裁法》的主体机构——仲裁委员会所需一切经费由财政负担，其人手匮乏及专业化建设迫在眉睫。从法律后果上讲，政府要特别对中小企业承受的冲击加以研究，将其放在产业升级的大棋局下考量，既使法律不打折扣，又能促进企业度过转型期。

由此可见，政府的责任更重了。它必须保证《劳动仲裁法》安然度过早期的动荡，保证它在劳资之间营建稳定的调节阀。它要平息不安，它要化解干戈，它要确保理性，它要引导方向。政府的这些任务会有接近完成的一天，到那时，劳资的纠葛将最大限度地依据法条来解决。然而，即便是这样，也不意味着政府可以功成身退，同样也不代表劳工的弱势得到彻底扭转。中国特色的劳资关系，无论是对峙还是缓和，都根植于社会之中，因而在《劳动仲裁法》之外也当树立更高的期待。

再有数天，社会就能察见《劳动仲裁法》的实际表现。事实上，在劳资领域，一套初具规模的最起码的共同价值将逐渐被认可。劳资谈判的方式转型了，这将促使企业更加谨慎，也将使企业公民的理想愈加珍贵。劳工与资方的和解不是天真的幻想，否则，便没有一个像样的社会能存在下去。劳工希望恢复劳动的尊严，他们想要过的只是普通的、正常的生活。作为其中的一个重要保证，资方可取的行动不是抵抗，而是思考：能在企业公民的目标上取得多少进步？

（2008年4月26日）

事件： 4月28日，《南方都市报》披露了东莞长期存在“童工市场”。来自四川凉山的大量童工，受工头拐骗，落入东莞地下黑工市场。这些普遍只有13～15岁的童工，在地下黑市当街排队接受挑选，劳动收入遭受层层盘剥。这些来自贫困家庭，甚至是直接被拐骗出来的孩子，被一批批运送到东莞，再一车车发往珠三角各地的工厂。他们常被打骂，一些女孩惨遭强奸，工头以死亡相威胁，罪恶封堵了他们逃回家乡的路。

观点： 劳工长期弱势竟发展至童工的道义底线也荡然无存，这不只是一个枯燥的产业经济问题，而是更深刻的行政权力危机。如果没有政府严格监管，没有国家的法治“兜底”，扭曲的产业升级压力只会无情转嫁到贫弱者身上，甚至连儿童也无从幸免。

童工黑市：法治缺失下的产业沉沦

昨日，本报披露了东莞长期存在“童工市场”。来自四川凉山的大量童工，受工头拐骗，落入东莞地下黑工市场。这些普遍只有13～15岁的童工，在地下黑市当街排队接受挑选，劳动收入遭受层层盘剥。这些来自贫困家庭，甚至是直接被拐骗出来的孩子，被一批批运送到东莞，再一车车发往珠三角各地的工厂。他们常被打骂，一些女孩惨遭强奸，工头以死亡相威胁，罪恶封堵了他们逃回家乡的路。

如此暴乱悲惨的底层故事，以新闻的写实记录，令已经生硬坚韧的社会神经也感受到疼痛。孩童何辜之有，国家政府当以最大心力将其化育成人，不想现实堕落至此，国家失责之至，确实无颜以对。然而，道德谴责、文明质问不足慰藉。如果悲剧总在上演，命运总遭吞噬，那些显而易见的沦丧从未改善，谴责与质问又有何用？失望以至绝望的累积，只能令社会行动持续扭曲膨胀。

东莞童工黑市的暴露，不只是一起令人发指的社会事件，也以其深刻复杂的转型背景，将当下经济、政治、社会结构的失序，做出最残酷的展示。近年来，包括东莞在内的珠三角地区，产业升级的大幕已经拉开，一些低端产业逐渐呈现衰退之势，劳动密集型产业长期依赖劳工低工资维持的增长，开始遭遇寒冬。一些人据此认为，产业升级的外部压力毕现，企业要想生存，必将主动向上突围，寻求产业升级或转移。

然而，东莞童工黑市的暴露表明，在法治虚弱、监管无力的政府现状之下，企业向上升级的理论前景，正兑现为向下沉沦的现实版本。一些人以为原本低人权、低工资的劳工状况，在产业升级的外部压力之下，在所谓“民工荒”的现实逼迫之下，必然有触底反弹的可能。而现实表明，法治底线的缺失，令企业只有进一步恶化劳工状况向生存探底的冲动，全无转向技术升级、产业改造持续发展的用心，这一切正被童工黑市的出现所论证。

劳工长期弱势竟发展至童工的道义底线也荡然无存，这不只是一个枯燥的产业经济问题，而是更深刻的行政权力危机。如果没有政府严格监管，没有国家的法治“兜底”，扭曲的产业升级压力只会无情转嫁到贫弱者身上，甚至连儿童也无从幸免。政府面对市场何为？公民在市场中，其身份不是劳动者即是消费者，政府监管就是保护作为劳动者与消费者的公民权利。环保执法监测企业的生产污染，劳动执法监管生产场所的健康和安全标准，工商与质监确保产品质量和售后服务。行政监管的有名无实，恰恰是陷公民于不义不利之地的祸手。

东莞童工黑市的残酷现实，再次论证了一个无法的市场，其沉沦的速度和烈度都将超乎想象。正如人所质疑，新闻记者几天暗访就能掌握的事实，劳动执法部门何以长期无动于衷、不闻不问？没有政府主动执法，积极救济，丧失自主能力的童工，如何可能逃出生天？政府部门渎职失职之害，何尝不是国民痛苦的无尽来源。

政府监管执法懈怠至此，原因早已自明。要令市场有法，要令监管有效，要令劳动者有尊严，要令消费者有保障，都无不端赖政府权力慑于公意而端正运行。当遥远山区的童工，在珠三角体验颠沛的命运，在底层遭遇黑暗和惊恐，已经不是人间冷暖可以概述，也不再是人性善恶可以描画，它首先击破的是社会虚弱的规则、轻浮的政治、无责的公权。为什么我们强大如此，竟保护不了自己的孩子？这是一个严肃的公共问题，而一经提起，竟然总是这般无力。

（2008年4月29日）

事件：为有利于贯彻施行《中华人民共和国政府信息公开条例》，积极稳妥地推进政府信息公开工作，保障公民、法人和其他组织依法获取政府信息，4月29日，国务院办公厅下发了《施行信息公开条例若干问题的意见》。《意见》包括七方面问题共22条，为5月1日正式施行的《政府信息公开条例》鸣锣开道。

观点：政府信息公开的真正效应，只能靠权力制衡、透明公开的政治运作来保证。没有这种良性的政治环境，政府信息公开的实现，只能重复华南虎照的假而不倒、灾病疫情的以谎辟谣、新闻发言的过滤缩水这些怪现状。而深藏不露的密室政治、暗箱行政、闭门会议，仍将是真实运用的潜规则。

期待《政府信息公开条例》是一个闪光的信号

《政府信息公开条例》在颁布一年多之后，于今天正式开始实施。这部由国务院制定的行政法规，顺应政务信息公开的大势，表明了行政高层信息公开的意愿，受到公众的广泛关注。在此前一年有余的准备期，各级政府因应即将施行的《政府信息公开条例》，相关措施多有出台。为积极推进信息公开工作，近日，国务院办公厅还下发了《施行信息公开条例若干问题的意见》，《意见》包括七方面问题共22条，新法实施氛围可谓渐趋浓厚。

《政府信息公开条例》之所以广受瞩目，与渊源深远的行政专制与保密传统有关。革命政权历经洗礼，斗争哲学持续热销，敌情意识长盛不衰，政府信息要从保密走向公开，几乎也意味着政府从革命走向现代。且不论权力天生而来的保密嗜好，仅仅是使行政权力转过身来面向公众，已是走向现代的政府初步。《政府信息公开条例》施行，正是朝向现代政府转型的积极形式，是政府意志主导之下的主动进取。条例之外的信息，正是被这些灼热的期待所解读。

《政府信息公开条例》的出台，契合了不断走向民主化与现代化的政治转型，展现了行政机关自我变革的政治勇气，但也要看到，《政府信息公开条例》未能脱离既有的体制平台，在政府集权、公众弱势的基本格局之下，信息公开的进展如何、程度如何，完全受制于政府意志的主观调控。因而，基本上可以认为，这仍是政府主导下的有限信息公开，行政权力之手难以自解信息公开之结，若想寄望目前的《政府信息公开条例》，来改变行政权力独大且不受制约的局面，既不堪其重也极不现实。

国内行政体系的信息公开，零散条文早有存在。《行政处罚法》、《立法法》等就规定了政府在某些方面的信息公开义务，乡镇政务公开、部门政务公开等形式也多有宣传，但效果流为敷衍，公众不以其当真。其实质就在于，政府自我意志主导下的信息公开，对政府权力的约束难以到位，当公众关切遭遇权力遮蔽，权力始终是最后的赢家。这使公众知情权虽然在形式上受到了尊重，而实际的境遇却依然艰苦。这就是政府信息公开仍然要靠公民维权来不息推动的原因。

《政府信息公开条例》实施，也还有更为细部的工作要做。比如《条例》规定，行政机关应当及时、准确地公开政府信息，但同时又规定，信息公开前，行政机关应对拟公开的政府信息进行保密审查。这种情况下，行政机关天然会倾向于确定信息为保密而不予公开，何况据以判定信息界限的《保密法》、《档案法》都制定于上世纪，明显存在“标准过严、范围过宽”的问题。如果不对这些法律进行修改，《政府信息公开条例》的真正效果显然受限。

因此，政府信息公开的真正效应，只能靠权力制衡、透明公开的政治运作来保证。没有这种良性的政治环境，政府信息公开的实现，只能重复华南虎照的假而不倒、灾病疫情的以谎辟谣、新闻发言的过滤缩水这些怪现状。而深藏不露的密室政治、暗箱行政、闭门会议，仍将是真实运用的潜规则。当然，这些积弊深重的状况，显然也不是一部信息公开的行政法规可以全盘改变的。

与当前普遍的公共机构不透明、不公开现状相比，国务院行政法规所定义的信息公开，事实上只适用于行政体系。无论是代议机构的人大、政治协商组织的政协，还是司法系统的法院、检察院，尚不在此法规的适用范围之内。更广大的公共生活、更深远的公共领域，还远未走向透明和公开，《政府信息公开条例》的有效和有限，映照的是现实深处更多晦暗不明的角落。我们期待这是一个闪光的信号。

（2008年5月1日）

事件：据国家地震台网测定，5月12日14时28分，距离成都西北面93公里的四川汶川县发生7.8级地震，重庆、云南、宁夏、甘肃等十数省市区均有震感。国家启动最高级别应急预案，包括军队、武警在内的救援力量已紧急开赴灾区实施救援。总理温家宝抵达灾区时指出，灾害当前，最重要的是镇定、信心、勇气和强有力的指挥，号召广大军民团结一致，众志成城，战胜这场特别重大的地震灾害。

观点：当此时日，各级政府的高效组织、应急启动将是国家赖以逃出劫难之所在。政府将不是轻言自诩的坚强核心，而是必须成为的坚持核心，舍此再无其他可替代。

奋力行动　携手过难关

据国家地震台网测定，昨日14时28分，距离成都西北面93公里的四川汶川县发生7.8级地震，重庆、云南、宁夏、甘肃等十数省市区均有震感。截至昨晚23时，四川地震灾区已发现死亡人数8533人，还有一些地区死亡情况未统计到。国家目前已启动最高级别应急预案，包括军队、武警在内的救援力量已紧急开赴灾区实施救援。总理温家宝抵达灾区时指出，灾害当前，最重要的是镇定、信心、勇气和强有力的指挥，号召广大军民团结一致，众志成城，战胜这场特别重大的地震灾害。

国家遭此劫难，生民之痛犹怜。以新闻图像所见，震区屋倒墙塌，生命瞬间隐没于废墟，学校、民居皆无幸免。消息如恶魔紧随，北川县据闻有多达3000～5000人死亡。血泪之痛、生死之劫，广州虽身处南国，未有严重灾变波及，但只需略舒想象，这悲惨一幕如在眼前。让我们将争吵、欢呼和庆祝停歇，为死难的同胞垂首默哀。来不及悲叹，人道救援现在开始。同胞而为手足，我们要以天灾的大悲痛换取救援的大团结。

救灾先从畅达的灾情信息开始。震灾骤现，大江南北即同心一气，无数信息汇聚交流，各路关注纷至抵达。借助网络、手机、电话，灾情信息第一时间得到广泛传播。从昨天下午开始，网站直播持续进行，令灾变情形渐渐清晰。无论是震区，还是外围，信息的顽强穿透，使得最初的惶惶人心，开始沉着镇定。天变不足畏，一个可以依凭的现代信息平台，尽管不能抵挡天灾偷袭，却可以使人事迅速组织，力量尽数汇集，将灾害的损失降到最低限度。我们所拥有的，确实是愈发强大的能力和勇气。

已经呈现的灾情，是如此惨烈。迅速散布的灾情信息，首先矫正了整个社会低估的灾害严重性。奥运当前，圣火正在各地传递，国家为欢快情绪所充盈，而当巨大的灾变来袭，民众一时茫然，各级官员也同样可能茫然无措。灾情信息畅达，使得轻快却散漫的社会气氛，得以尽快调整。这是一次国家应急的最大考验，从最欢乐处至最悲痛时，天不作美，人事却不能松懈。危局中果敢坚定的行动，将是这个国家可堪铭记的美德。

在最艰困的时刻，我们唯念一个强大的国家，能令生民不死，令灾难止步。我们寄望一个组织良好、运转有序的政府体系，能使这突如其来的大灾变，不至于死伤相继，血泪相延。政府为万众所需而建，大灾大难见出人间真情，大灾大难更见出政府作为。当此时日，各级政府的高效组织、应急启动将是国家赖以逃出劫难之所在。政府将不是轻言自诩的坚强核心，而是必须成为的坚持核心，舍此再无其他可替代。

正如总理温家宝临危所言，各级官员要站在抗震救灾第一线，身先士卒，带领广大群众做好抗震救灾工作。而社会各界民众同样不能袖手，也从来不曾袖手。灾害初发时，我们可能低估事件的严重性，频繁的天灾也可能磨蚀了同情，麻木了警惕。而灾难一旦发生，蒙灾受难者孤立无援，热心奔走者无从施助，这种懈怠和麻木，恰恰是令灾害救援失去最佳时机的头等大敌。

不只大国崛起，更是天灾大难，将我们系于一脉。当此危难，每一个中国人都心意相连。为逝者默念安息，为伤者祈祷平安。我们心怀天灾的大悲痛，要以大团结、大行动携手过难关！

（2008 年 5 月 13 日）

事件：四川省军区司令员夏国富、副司令员李亚洲和阿坝军分区的6名领导带领300多人，于13日12时最先抵达四川汶川县城。这第一支进入震中汶川县抢险救灾的中国军队经过6个小时的紧张抢险，已抢救汶川县城生命危险的伤员1000多名。

观点：对大多数人来说，能做的事情不多，能做的事情都很间接，但是必须有所行动，为灾民，为自己，就当行动也是表达心意的语言。

死者安息，生者加油

灾情已经不必再渲染，不能再渲染。图片已经无法看，数字已经没法听，所有的灾情信息让人只想逃避。死伤人数一直上涨，暂时不能指望它停下来。救援部队已经进入震中汶川，他们必将发现大量的死亡。这是没有办法承受的事，生命顷刻陨落，死者如何安息？生者怎能平静？可是没有合适的言语，没有恰当的表情，任何形式都不够哀伤，任何哀伤都不够沉重。我们只有沉默。

然而沉默以后还要开口，要呼喊，要奔走，因为我们还活着，因为废墟之下还有生者。

我们要对着苦苦求生的灾民呼喊，请你挺住！受伤的人，请挺住，保持清醒，不要昏睡，救援者即将拉起你的手，只要你现在还活着，你就有希望活下去！昏睡的人，请挺住，用意志抓住生命，不要放弃，等到救援的脚步临近，请你动一动你的手指、你的胳膊、你的腿，请你用你最大的力气宣告你还活着，请你为自己争取活下去的机会！

我们要对着灾区的幸存者呼喊，请你自救！你脚下的废墟里，躺着你的亲人、你的邻居，他的亲人、他的邻居——这个时候大家都是灾民，都是亲人，都是邻居。如果你能够，请你挪开他身上的重负；如果你拥有，请你把食物与水和他分享。救援已经在路上，但是你能做的，不只是等待。

我们要对着所有有幸参加救援的行动者呼喊，请你们快点，再快点！解放军战士，请你快一点，快一点就多一分希望，快一点就可能多救出一个人；一线的医生护士，请你快一点，快一点就能为病人争取一线生机，快一点就能改变一个人一个家庭的命运；在前线指挥的领导干部，请你快一点，快一点对灾情的变化作出反应，快一点作出果断正确的决定，快一点发布灾区的信息，快一点让我们知道灾区需要什么，我们能做什么！

我们当然相信，冒着生命危险的救援人员正在拼尽全力；我们当然相信，灾民的自救早已展开，正如我们当然相信，所有的求生者都会本能地、顽固地坚持。但是我们仍要呼喊，朝着汶川的方向。举国倾力的援救跋涉在大雨滂沱的黑夜，个人卑微的急切逼堵在哀痛燃烧的胸口。我们唯有呼喊，我们唯有相信，用跳动的心呼喊，跳动的心就能听见——要不然，何以我们如此清晰地感觉到远方痛苦的呻吟、焦虑的求助？

站在远处无能为力的人最为揪心。可以捐钱，可以献血，可以传递正确的信息，可以在后方组织救援物资，可以用自己的办法开辟救援渠道……对大多数人来说，能做的事情不多，能做的事情都很间接，但是必须有所行动，为灾民，为自己，就当行动也是表达心意的语言。灾难让生命显得脆弱，灾难也让人和人之间变得简单：我们要在一起，我们要活下去！

死者已死，求生者在求生，救援者在救援，我们在后方。我们在后方，我们只有简单微小的行动，我们只有哀伤急切的心情。我们只有沉默，用沉默为死者祈祷；我们只有呼喊，用呼喊为生者加油。请赐死者以安息，请赐生者以力量。

（2008 年 5 月 14 日）

事件： 5月14日，进入震中汶川的抢救队伍，还没有获得重型机械支援，只能徒手救援。中国科学院减灾中心主任、世界防灾减灾最高奖“联合国灾害防御奖”得主王昂生教授对南方都市报记者称：“现在有效的救援时间越来越少，时间紧迫。”灾后72小时过后，只能等待奇迹了。如地震等地质灾害发生后，在72小时期间，灾民的存活率随时间的消逝呈递减趋势。在第一天（即24小时内），被救出的人员，存活率在90%左右；第二天，存活率在50%～60%；第三天，存活率在20%～30%。

观点： 在每一片瓦砾下都可能有生有死，那些等待查探的区域要求我们戮力而为，坚守下去。救灾未及至中途，从今日开始，汶川地震救灾进入新的阶段。

行动！行动！中国进入汶川时间

汶川震恸，举国神伤。历史停滞在此，中国进入汶川时间。然而，当读者诸君看到本报时，地震灾后救援的“黄金72小时”已所剩无多，非生即死的窗口期数小时后行将关闭。在震中孤城汶川，尤其是在真正的震央映秀、卧龙、漩口等镇，陆路交通断绝，救援小队徒步突进后正为扩大救援规模创造条件。形势尽管逼人，但重创之下的汶川正寻求重装施救。此间，时间既漫长无比又急速飞逝。

救援界对灾后72小时相当珍视，认为这是救火的黄金期。在此时段内，断壁残垣下的灾民存活率很高，哪怕只是微小的救援行动都会使生机大增。一旦错过这个窗口期，除非奇迹，否则救出的就是尸体。世界历次大地震的经验或教训证实了这点。汶川户籍人口超10万之众，震后一度与外界完全失去联系。当外围震区盘点伤亡时，它成了升沉未决的死生之地，牵动关注者最脆弱的神经。

克服强降雨和震后复杂的地质异动，首支救援小分队抵达汶川县城时，它已陷孤22个小时，三分之一建筑完全倒塌，整体伤亡不详。这也意味着废墟下究竟掩埋了多少人，他们能否在窗口期内获救还是未知数。更惨烈的是，震央数镇被尽数荡平，山地的村寨全部覆没。自救极其羸弱，外援则暂时阻滞于汶川之外。救援力量历经波折，最终多头突进，或机降，或步行进发，着重于广泛且紧迫的格局，大力拓展规模及能量。

工程人员从四个方向用力，志在打通去往汶川的道路。但缘于地震次生灾害频发、作业面狭窄、机群无法同时施工诸因素，迫使抢修公路的行动放缓。环伺汶川的各种救援力量并没有放慢突围的进程，借助直升机运送物资，在窗口期闭合前扩大成果。灾民要在险境下求生，要在阴雨里尽力呼吸氧气。在被第二个黑夜席卷后，我们祝福不幸的他们能看到今天的黎明。

震区气候和地理环境仍是恶劣，为了受难的人群早点从困厄中挣脱。解放军仍在向灾区奋进，医疗人员仍在突破障碍。此时此刻，死亡光临并逡巡于破碎的家园。深渊边缘的汶川正被逐渐拉离幽暗蒙蔽之所，步入有光之处。可窗口期仍对生者造成逼迫，形成威胁。希望时间能停顿，让救兵涌入死地，以抛给濒死者一线机会。

汶川、绵阳、茂县、都江堰、北川等重灾区，大多据险阻深。若以宝贵的窗口期衡量，请放下质疑和苛责，这些自然会有后来的总结。面对的一个事实是，剩下的几个小时必定会流失。而灾情还会在窗口期结束后一如既往地继续。唯愿前方和后方、国家与社会顽强于救人，直到最后一刻都拒绝放弃。今日午后，黄金期过后，除了祈祷奇迹丛生，全局或重点区域的援救还需冷静、执著。

艰难算来，截至昨日 14 时，遇难同胞已增至 14866 人，其中四川罹难者已增至 14463 人！如此，汶川地震的黄金 72 小时，于快速的动员下，又何尝不是一场严峻的哀伤？而需要正视的是，最终的统计名册还会变长加厚。在每一片瓦砾下都可能有生有死，那些等待查探的区域要求我们戮力而为，坚守下去。救灾未及至中途，从今日开始，汶川地震救灾进入新的阶段。

汶川遭遇强震，是我国 30 年未遇之天灾，更制造了 30 年未遇之国民大牺牲，是为国殇。他们的苦难足以让我们痛彻骨髓、协力合作、鼎力抗灾。未来汶川等地或会由阴雨转为晴天。如果考虑到潜在的疫情变化，这算不上好消息。气温上升必定使震区的救灾变得更为复杂，敏感的震区已不能承受气候的变化。现有的进展说明，全体国人的联合行动是优选的良策，此时此境，也唯有行动才能消除生者的无力感。

（2008 年 5 月 15 日）

事件：在川北 7.8 级大地震中，中国的各类民间组织再一次显示出日渐成熟的成长雏形。冲在第一线的是 10 万子弟兵以及医务人员感天动地的身影，而穿梭忙碌在他们中间的，还有国际国内各种自发性的民间救援力量。目前仅绵阳市一地就有志愿者 9000 余人加入各种救援行动。

观点：政府宜通过制度和法律创新，鼓励民间志愿者队伍大力发展，尤其是努力提高他们的组织和专业化程度。

民间组织赈灾：千手如何拧成一股绳

在本次川北 7.8 级大地震中，中国的各类民间组织再一次显示出日渐成熟的成长雏形。冲在第一线的是 10 万子弟兵以及医务人员感天动地的身影，而穿梭忙碌在他们中间的，还有国际国内各种自发性的民间救援力量。目前仅绵阳市一地就有志愿者 9000 余人加入各种救援行动。

在突如其来的大范围危机面前，包括政府在内的任何一个组织，其力量总是有限的。短时间内集中强大能量是中国政府救灾的强项，但政府并非万能，再大的能量也终归有限。力量越集中、越快，万一下一个新的要素出现，被这种强大力量"遗忘"的速度也越快。政府的资源汇总和分配渠道都非常单一，在紧急情况下，高度集中再分配的模式会降低效率。政府既不可能长期集中力量于一个地域一个事项上，也不可能在具体的救灾上做到丝丝入扣无微不至。因此，民间的企业与志愿者组织所发挥的时间上的韧性与具体做法上的细致入微，不仅是政府力量的重要补充，也应该成长为一个持之以恒的自主、能动力量。

民间志愿者在重大公共事件中重墨出场，还只是今年春运冰冻雪灾时的事。显然，我们的志愿者组织尚在发育之中，远未到成熟的时候。有数据表明，目前我国参与过各类志愿者活动的总人数已经达到 8000 万人，但遗憾的是，这些志愿者的组织程度和组织效率都还普遍低下，导致许多志愿活动的实际效果也不尽令人满意。政府宜通过制度和法律创新，鼓励民间志愿者队伍大力发展，尤其是努力提高他们的组织和专业化程度。

"我们只能用手扒，大家恨不得个个变成千手观音。"这是乐山 QQ 志愿者协会峨眉分会会长刘秀英对记者说的话，它最形象地道出了现场救援人员的急迫心情。同时这个比喻，也形象地道出了民间志愿者队伍在突发事件面前“群龙无首”各自为政的状态，“千手观音”无法在最需要紧急力量动员的时候“拧成一股绳”。每个人、每个志愿者队伍都是救难观音，但无法形成密切配合的合力。

它所考验的，同样是政府对志愿者组织的统一调配意识与能力。如果说，突如其来的灾难面前，最先的救援力量总是来自当地没有专业训练的民间自救，那么，紧随其后的各类民间志愿者组织，最大的优势就是专业优势，他们发挥各自的专业特长，达到以少胜多的奇效。本次震灾中，绵阳市野战俱乐部的成员利用电台，可以直接在北川与绵阳之间联络，为灾区提供最急需的帮助。

通过高效、开放性的管理，一支支志愿者队伍会像雨后春笋一样茁壮成长。政府随时保持与他们联系，关键时刻通过直接联络或各种公开渠道招募的方式，根据不同时机调遣不同的志愿者队伍，我们的志愿者队伍就不仅能够“召之即来、来之能战”，而且能够避免“群龙无首”之下的盲动与无序，使“千手观音”在最需要紧急力量动员的时候“拧成一股绳”。

（2008年5月17日）

事件：为表达全国各族人民对汶川大地震遇难同胞的深切哀悼，国务院决定，2008年5月19日至21日为全国哀悼日。在此期间，全国和各驻外机构下半旗志哀，停止公共娱乐活动，外交部和我国驻外使领馆设立吊唁簿。5月19日14时28分起，全国人民默哀3分钟，届时汽车、火车、舰船鸣笛，防空警报鸣响。

观点：此次灾难中呈现出更可贵的，是公共管理方式的重大积极变化、更透明及时的信息、对外界和民间更开放包容的态度。而国家哀悼日的设立，则是顺应民意潮流的标志性举措。

祭奠你们，我的父母、兄弟姐妹和儿女

就是这三分钟，我们真的什么都不想做，只想哭泣。

这泪水首先是为你，废墟下的人们，我们能感觉到你的身躯一点一滴在冰冷，我们能感觉到你的疼痛、呼号和恐惧。

这泪水也是为你，劫后余生的人们，你们在那余震不断、洪水与疫病威胁着的帐篷里可好？你们失去亲人的哀痛可稍有平复？你们被打断的人生憧憬可再度燃起？

这泪水压制已久，因为救人如救火，我们还来不及流下。我们还放不下手中的铁锹，我们还停不下飞奔的脚步，我们还摆不脱心中的焦急，我们还在心中祈祷，我们还想更加出力。

然而终于有了这三分钟，我们就不撑了吧，我们就不盼了吧，我们就哭了吧！

正在挖掘的救援者们，你们哭了吧；一线的医生护士们，你们哭了吧；飞奔而去的志愿者们，你们哭了吧；尽心尽瘁的领导者们，你们也哭了吧；所有在呐喊、在急切、在募捐、在援手的人们，你们都哭了吧。在5000年来第一个为普通人设立的国家哀悼日里，让我们的泪水奔涌而出，以国家的名义哭泣，更重要的，以“人”的名义哭泣。

空前的灾难击中了我们，在某些地方甚至击垮了我们，让我们看见自己的脆弱。然而空前的灾难更激发了我们，荡涤了我们，灾难之下，无数人自发奔赴灾区，无数人捐款捐物捐血，所有的目光都注视着每一个幸存生命。我们的情感从未如此炽烈，我们的人性也从未如此纯粹。

此次灾难中呈现出更可贵的，是公共管理方式的重大积极变化、更透明及时的信息、对外界和民间更开放包容的态度。而国家哀悼日的设立，则是顺应民意潮流的标志性举措。

祭奠你们，我的父母、兄弟姐妹和儿女。你们身受的极致惨烈和巨大痛苦，都是我们必将牢牢记下的心灵之债。我们唯一能偿还的方式，就是将灾难当前的人性和制度刷新，固化为我们全社会的常态，成为我们迈向未来的新起点。

让我们一起来偿还吧，政府官员们，请将公共事务管理得更好更以人为本；企业主们，请更多投入公益回报社会；普通市民们，也请更多关爱你身边每一个不幸的弱者。让我们更善良起来，更单纯起来，更热爱起来。

我们不能不建设一块更美丽更安全更关怀每一个个体的土地，因为在这土地下，埋藏了那么多、那么多曾经纯洁、曾经无辜、曾经热望的眼睛。

（2008 年 5 月 19 日）

事件：死伤数字仍在不断攀升。截至昨日 12 时，汶川地震已造成 34073 人遇难，245108 人受伤。5 月 19 日 14 时 28 分，与汶川地震发生的同一时刻，国旗低徊，汽笛长鸣，人们肃立默哀，为期三天的全国哀悼日开始，全国人民为地震遇难同胞深切志哀。

观点：面对死难，我们唯一的希望，就在于更顽强的生命联合。当国家不再拒斥表达普通公民的情感，当文明置于最宽广坚实的人性之上，我们也必能历尽劫难而入煌煌现代之林。

哀悼日：让国家靠近人情　令权力走向人性

死伤数字仍在不断攀升。截至昨日 12 时，汶川地震已造成 34073 人遇难，245108 人受伤。自“5·12”灾难发生的那刻起，汶川时间便是以血泪生死来凝记。日继之以夜，生继之以死。死伤人数的每一次刷新，都是持续的哀伤中最猛烈的一击。昨日 14 时 28 分，与汶川地震发生的同一时刻，国旗低徊，汽笛长鸣，人们肃立默哀，为期三天的全国哀悼日开始，全国人民为地震遇难同胞深切志哀。

汶川地震之极度惨烈，是为国殇。数万同胞的生命，瞬间没于废墟和泥石之中，男人、女人、孩子、老人皆难以幸免。那些生死相夺的瞬间，父母永失其所爱，孩子永失其所亲。汶川成为国人血脉同搏、泪水涌动之所在，哀痛成为举国上下无日无之的心情。哀家国之殇，悼生民之痛，国家最高行政机关确立国家哀悼日，倡议停歇欢娱，为死难同胞默哀。汶川大地震的举国悲痛，终以国家意志和最高仪式得以纾怀表达。

死者安息，生者有为。当哀痛笼罩国家，悲伤难以遏止，生者不能也不愿只是沉浸其中，难以自拔。天地不仁，以万物为刍狗。这一切的死伤，造成无数人世的哀痛，却同时也是自然伟力以诡谲肆意的突袭，扼断人类的苦心经营。自然值得敬畏，生命弥足珍惜。当灾难过去，抚定思绪，我们仍能寄望的仍在人间事物，所能慰藉的仍是社会长进。正如军人和警察无日无夜地搜寻，医生和护士无日无夜地抢救，官员和民众同心一气地团结，公民同胞无私无畏地救助，这人世的一切文明建设，都令我们从死难的悲痛中迸发，欲求臻美的生者世界。

国家哀悼日，正是寄寓生命无常的沉痛，感念人生存在的价值，仪式肃穆无语，却满蕴向死而生的生命意义。它纪念的是死，向往的是生，是更伟大更进取的生。个人如此，国家犹然。

逝去的哀痛由来如斯，纪念哀痛的社会形式却随文明日进。正是在这层意义上，是生者的勇气将人类无数的死难，砌入了文明演进的长河之中。于古老的中国传统，以国家名义哀悼生民之逝，仍是政治文明的新事物。尽管我们祈愿这样的事物永世不要再出，它所标定的国家进取、文明进步，却已铭记在中华民族的文明之路上。

这是汶川大地震中那些极度的哀伤所换取的进步。当国家试着表达人情，当权力试着走近人性，国家哀悼日的黯然背景之上，闪烁了最为可贵的人性之光。谁能说，这无尽哀伤的所求，不曾包含这些政治文明的进步？当家国受难、亿民同悲，政治不再是与心灵无关的事物，权力不只是仅供仰望的深宫，它能在犹疑中捕捉到社会人情的至真至切，深味到国族情感的壮阔深沉。这是我们的国家第一次为罹难的普通公民，降下旗帜，肃然志哀。藉由国家哀悼日，那些冷淡的政治语汇开始满含你我的生命情感，至高无上的国家形式链接到了你我普通人的心灵生活。

我们在汶川大地震的悲痛中醒来，睁眼见出政治的更进，瞥见人世的改良。这足以映射生者的勇气和诚意，看出国家的进取和希望。那些流溢在大地上的普通人的情感，他们为死难痛哭，感念活着真好，他们对厄运无助，对人世感恩。他们默默哀悼，掩面哭泣，他们想做点什么，甚至窘迫内疚。他们想负起责任，他们也内心逃避。国家哀悼日，将无数这些寻常人的心灵一瞬，以静默的仪式一一囊括，哀悼与忏悔、自省与救赎都在此悄悄含蕴。国家形式、社会意志、公民精神同衷共诉，其内生的历史张力将一往无前。

今天，汶川地震后的第九天，国家哀悼日让我们感受到源自国族共同体的内心抚慰和沉痛表达。国家哀悼公民的死去，我们向着光亮的远处站起。面对死难，我们唯一的希望，就在于更顽强的生命联合。当国家不再拒斥表达普通公民的情感，当文明置于最宽广坚实的人性之上，我们也必能历尽劫难而入煌煌现代之林。

（2008年5月20日）

事件：5 月 22 日，在国新办举行的新闻发布会上，有记者问及，现在网上有一个跨国公司“国际铁公鸡排行榜”，批评外企在这次救灾捐助中不积极或者一毛不拔，是否属实？如何评价？商务部部长陈德铭说，中国人民的抗震救灾取得初步成就，这里有国际社会的大力援助和国际友人的支持，也包括在中国的外资企业、港澳台企业等等，因此要向他们表示感谢。

观点：捐与不捐，是个人或组织的一种权利。这种权利的行使，固然会带来不同的社会评价，但绝不至于受法律干涉制裁，或蒙受群起冲击惩罚。

做有大爱有风度的中国人

汶川地震的极度惨烈，已经无须再多说。它给生者世界带来的冲击，不仅有同胞情感上的哀伤，人间真情的感动，还有对社会协作的检验，对经济、政治、文化乃至国际关系的影响，都是一个持续显现的过程。当我们以国族情感凝聚人心、抗击灾难时，能否从一种单一的悲情氛围中走出来，转而更理性更冷静地认知所身处的阶段，关系到又一个历史契机的到来。

昨日，在国新办举行的新闻发布会上，有记者问及，现在网上有一个跨国公司“国际铁公鸡排行榜”，批评外企在这次救灾捐助中不积极或者一毛不拔，是否属实？如何评价？商务部部长陈德铭说，中国人民的抗震救灾取得初步成就，这里有国际社会的大力援助和国际友人的支持，也包括在中国的外资企业、港澳台企业等等，因此要向他们表示感谢。陈德铭还说，所谓“铁公鸡不捐钱”或者“一毛不拔”的说法，没有事实根据的。我们能理解一些人对这次大灾害的心情，他们希望更多的国际组织、内外资企业参与到捐赠活动中，提供更多的资金帮助灾区人民，但捐助是以自愿为前提，我们必须尊重每一个自然人和法人的权利。

我们认为，商务部部长陈德铭的这番回应，是相当理性而有风度的。汶川地震所造成的人世痛苦，此时此刻的中国人已经永世难忘。没有一个中国人不感到在困厄中被理解、被帮助的可贵和重要。然而，我们情感上的痛苦要寻求理解，物质上的困难要寻求帮助，不能靠威逼他人或要挟同情来实现。以寻求更多爱心的名义放弃理性和以其他的名义放弃理性，同样都是对国家利益和社会文明的巨大伤害。陈德铭的回应，有清醒的自重和自知，也有可贵的善意和诚实。正是这样的风度，让我们得到更多尊重。

回想汶川地震以来的种种，中国人的团结和互助得到了空前体现。我们为自己所展现的民族精神和现代形象感到欣慰，在更艰巨的灾后重建过程中，希望能交出更完满的答卷。但与此同时，被悲痛冲击的我们，表现并非全然尽如人意。在民间，以“铁公鸡”贬斥外企的捐助不积极或一毛不拔，在个别地区甚至出现冲击麦当劳、肯德基等外企的情况。这使得外界对中国人冲动的道德责难留下负面印象，同时也突破了法律底线，直接侵害了外企的合法权益。无论在道德上还是法律上，都是中国形象的一种失分。

这其中的道理相当浅白。中国人的家国情感向来紧密难分，以此比拟，则汶川地震好比自家遭难，有幸得邻里友朋出手相帮，固然应当心存感谢，即便有人只是千里送鹅毛，老祖宗也会说，这是礼轻情义重，照样要以礼相待。礼仪之邦的这点传承，就是说即使身处困厄之中，也要保持一颗对待他人的平常心。如果只是放大一己一家的悲痛，转而不顾风度，批评邻里友朋出手不够大方，难免会失态而遭人轻视。

退而言之，不以家国传统礼节权衡，而仅仅是以现代社会的权利观念看待，一些人对待外援捐助的这种态度也难以服众。慈善捐助，是以自愿为原则，任何强迫和威逼都是不道德的。捐与不捐，是个人或组织的一种权利。这种权利的行使，固然会带来不同的社会评价，但绝不至于受法律干涉制裁，或蒙受群起冲击惩罚。权利原则是现代社会的核心观念，如果不尊重权利，宁可冒犯社会的基础秩序，也要以爱心名义逞一时之能，这样的爱心，社会又如何能承受得起？

中国气派和中国风度，不是某种虚无的事物，而是我们在世界舞台上体现出来的文明细节。汶川地震以来的种种场面，让我们见识了一种不死的民族精神，展现了空前团结的国民意志和勇气。但我们仍旧要自省，不管是大国崛起奥运来临的大欢喜，还是国家受难生民遭殃的大悲痛，我们始终要做有大爱有风度的中国人。这一点，没有什么时候比此刻更能成为我们内心的共鸣。

（2008 年 5 月 23 日）

事件：“5·12”汶川大地震中，四川省震区的部分中小学出现整体倒塌，单座学校即造成数以百计的学生死亡。绵竹市五福镇富新二小的教学楼只是其中一所，多达127名小学生被瞬间倒塌的教学楼夺去生命。面对现场建筑的损毁对照，遇难学生家长认为，孩子死亡应归因于质量低劣的校舍。由结构抗震、建筑等专业的八位工程师组成的专家组，5月26日进驻绵竹富新二小塌楼现场。部分遇难孩子家长代表，当场指出教学楼结构、施工方面的问题，专家逐一取样调查。专家表示，调查方案将依照科学的方式进行。

观点：对于校舍质量的社会疑问，自地震惨象广为公布之后就存在，几乎成为灾后社会的一种普遍忧思和心理焦虑，同样是必须正视的集体心理危机。地方政府适时启动震区校舍质量调查程序，不亚于以政府身份开展积极的社会心理干预。

调查震区校舍质量也是积极心理干预

“5·12”汶川大地震中，四川省震区的部分中小学出现整体倒塌，单座学校即造成数以百计的学生死亡。绵竹市五福镇富新二小的教学楼只是其中一所，多达127名小学生被瞬间倒塌的教学楼夺去生命。面对现场建筑的损毁对照，遇难学生家长认为，孩子死亡应归因于质量低劣的校舍。前日，绵竹所属的德阳市政府启动了对校舍建筑质量的调查程序，承诺将在一个月内查明教学楼是否存在质量问题，一旦查出有人涉嫌违法将送上法庭。目前由地方政府、建筑专家和家长代表组成的调查组已经进驻，将对地震中倒塌的教学楼质量开展鉴定评估。

与此同时，同属震区的绵阳市常务副市长左代富也对媒体称，北川中学“教学楼都倒了，旁边几栋20多年的楼房却没有倒，这个问题我也觉得奇怪，我也在研究，但这需要专家最后鉴定”。这位副市长所指的北川中学主教学楼在此次地震中塌陷，死亡和失踪人数超过1000人。正如富新二小死难学生的家长一样，许多民众认为，汶川大地震固然是一场天灾，但一些孩子死于瞬间坍塌的危楼则是人祸。地方政府启动校舍建筑质量调查程序，就是直面这些哀痛的家长，同情社会的关切，要给他们也给各界一个清楚的说法。

这是地方政府面对疑问、抢救公信的积极行动，我们极为赞赏和认同。天灾难免，人祸当除。这不仅是尊重中国人的朴素信仰，给死难者一个足以瞑目的公正交待，也是安抚生者，化解悲痛，减少灾后负面情绪累积，避免社会矛盾激化的最好方式。此次地震死伤甚巨，举国哀痛，社会各界捐赠援助，其中就有一项前所未有的尝试，即展开大规模的灾后心理危机干预，以专业努力让受灾民众尽快从心理危机中走出来。而政府的积极开放态度和处理方式，其对社会的稳定安抚，完全可与心理干预等效观之。

因为如果把灾后的心理干预，仅仅视为心理医生的一项专业工作，把灾难的后遗症仅仅视为个体化的心理修复和矫正，则将严重低估灾难对社会的冲击。对于校舍质量的社会疑问，自地震惨象广为公布之后就存在，几乎成为灾后社会的一种普遍忧思和心理焦虑，同样是必须正视的集体心理危机。地方政府适时启动震区校舍质量调查程序，不亚于以政府身份开展积极的社会心理干预。在这重意义上，没有什么比政府更有效的全民心理医生。

政府要当好这个心理医生，又远非易事。既有政府部门千丝万缕的利益关联，又有政府官员逃避问责的本能冲动，还有各种行政陋习的惯性遮掩。公立学校的建筑质量问题完全可以追索到精确的责任个体，但即使不谈法律问责一说，仅以社会心理干预而论，也有方式、方法需要学习和改善。就在地震灾后的5月19日，绵阳市教育局负责人面对媒体关于校舍质量的疑问，当即表示说这些学校教学楼存在豆腐渣工程的说法，完全是没有依据的。而在5月25日，绵阳市常务副市长则表示要请专家对教学楼质量进行鉴定，这说明政府确在学习和改善。姑且不论以教育局官员身份论断建筑质量问题的专业混乱，只说灾后现场仍是废墟，相关调查根本没有展开，教育主管官员的这番凭空臆断，如何可能缓和社会焦虑，而不是造成新的社会困扰？

就此而言，启动震区校舍质量调查程序，并非只是一个灾后问责的法律问题，还是一个灾后社会心理干预的方法问题。社会稳定当然必不可少，但稳定不是要压抑民众的焦虑和疑问，逃避他们正常的情绪表达。相反，集体情绪也会累积而成心理危机，需要合情合理的表达宣泄和适时介入干预，以免使本已脆弱的灾后心理再遭扭曲，酿成不必要的心理危机。

事实上，未经公开彻底的调查，存疑是目前合乎理性的态度。不仅政府对民间质问要存疑，民众对于问责结果也要存疑。凡是认为校舍倒塌即有官商贪腐，必是豆腐渣工程，这种说法自然偏颇。这种思维的走极端和不理性，就如同某些官员一听到民众要求调查建筑质量问题，就认定民众一定会趁机掀翻自己的座椅一样。灾后的心理干预，由此见出不仅仅是个体救治的过程，还是一个集体救治的社会过程。除了媒体宣传爱心和感动，民众也确实需要各级政府改善行政，以合宜的方式当好全体国民的心理医生。

（2008年5月27日）

事件：冠以“绵竹团委书记范小华挪用救灾帐篷打人导致车被掀翻”的帖文，一时在网上传得沸沸扬扬。尽管很快就有网友查证出川 BD3732 的现代车主其实是家住江油市中坝镇花园中路 208 号 4 单元的范小华，但网友似乎更愿意相信此事就是身为绵竹团市委书记的范晓华所为。6 月 1 日，共青团绵阳市委澄清谣言，绵阳五一广场搭建救灾专用帐篷并恶意伤人的主角，并不是绵竹团市委书记范晓华。

观点：当网络上越来越多这样的表现与暴力，理性的声音就会选择退场，积极的网络舆论价值就会被掩盖，整个社会的表达习惯就会遭到歪曲，中国正在通过网络平台蓬勃生长的言论进取就会遭遇挫折。为防止这样的局面，请我们一起珍惜言论权利，杜绝网络暴力。

珍惜言论权利　杜绝网络暴力

昨天，共青团绵阳市委澄清谣言，绵阳五一广场搭建救灾专用帐篷并恶意伤人的主角，并不是绵竹团市委书记范晓华。其实，早有网友查证，肇事者车牌川 BD3732 的所有者是家住江油市中坝镇花园中路 208 号 4 单元的范小华，并不是绵竹团市委书记范晓华。但是这一查证并未能够让愤怒的舆论转变攻击的方向，范晓华依然是众矢之的。这一次官方申明提醒网友，接下来如果再有针对范晓华及共青团组织的攻击，将会成为明白无误的造谣与诽谤。

受害者范晓华的遭遇相当可怜，“连手机都不敢接了”，可以看出一些网民的愤怒已经转化成攻击的行动，并且具有暴力色彩。一个值得思考的问题是，如果这个范晓华就是那个肇事的范小华，那么对她施加的网络暴力是否就是正当的？如果网络暴力有善恶对错之分，谁来担当这个仲裁者？

“铜须门”、“陈静救母”、“虐猫”等事件以来，网民暴力已经成为一个不可忽视的现象。网络暴力经常是以道德谴责为起点，一些网民用正义感为自己加冕了暴力使用权，肆无忌惮地用语言甚至行动对评判对象实施暴力。原则上讲，这种暴力是不合法的，但是在现实中，网络暴力难以约束。一方面，网络暴力和一般的网络舆论压力之间，界限不是很清楚，不容易下判断；另一方面，在网民情绪集体爆发之前，无法预知哪些言论会引起暴力；再有，网民在集体中施暴，具备了网络和集体的双重掩护、双重匿名性，令约束措施难以施行。

本来，网络舆论在中国的言论现实中具有非常重要的意义，网民的自由发言汇集成一个沸腾的民声空间。如果网民以维护公民权益的态度严肃认真地使用网络发言机会，那么网络民意就可以成为一个极其贴近现实民意的标本，从而为政府部门提供一个更清晰的参照，也为传统媒体的发言提供了更具现实感的线索和更具合理性的论据。如果以上设想可以成真，那么民众对政府的监督将会更有效，政府服务民众的目标将会更清楚，民众和政府之间的互动便会呈现出一个新局面。这一切最终受益的是网民自身，因为他们的诉求可以得到更清晰的表达和更直接的回馈。

2007 年的网络言论已经表现出理性、严肃、关注现实并与公民权益相连接，史上“最牛钉子户”、华南虎照和厦门 PX 事件成为年度标志。网民力量和传统媒体的合作改变了目标事件的进程，让人感到网民值得信任、网络充满希望。但是在 2008 年，由于时事激荡，网络言论如同民众状态一样，情绪在集体的共振中不断加强，在很多时候已经不是理性所能控制。对范晓华的错误攻击是这样，之前“马云捐一块钱”所造成的风波，性质也非常类似：人们之所以以讹传讹，是因为谣言可以加强他们的情绪。

网络舆论的双重性格和不稳定表现，既对许多无辜的个体造成伤害，继而也将对自身造成巨大的伤害。缺乏基本的求证调查，罔顾事实的水落石出，打压理性的沟通发言，习惯于起哄、盲动、断章取义、上纲上线、人身攻击乃至通过所谓的“人肉搜索”直接伤害公民个体……这种种，必须引起我们的重视与反思了。因为，当网络上越来越多这样的表现与暴力，理性的声音就会选择退场，积极的网络舆论价值就会被掩盖，整个社会的表达习惯就会遭到歪曲，中国正在通过网络平台蓬勃生长的言论进取就会遭遇挫折。为防止这样的局面，请我们一起珍惜言论权利，杜绝网络暴力。

（2008 年 6 月 2 日）

事件：6 月 7 日高考开始，除了以 1050 万人参考的数字，刷新中国高等教育招生考试的历史纪录，成为又一次规模盛大的社会事件之外，对高考作文题的全民解析，也构成高考之外一轮例牌的社会冲击波。

观点：我们说文以载道，高考作文所载的，是青春学子涉世未深之道，而若说题以载道，载的却是教育选拔机构对于青年教育的评估之道，以及全社会对于教育理念的关切之道。

高考作文题以载道　社会解读有胜于无

高考一年一度，关注年复一年。全国 1050 万考生，从昨天开始走进考场，将在其后三天，交出他们自己的答卷。尽管今年高考遭逢一场旷世震灾，灾区还不得不推迟高考，但从已经开考的大部分省区来看，高考话题再度成为普遍关注的热点。除了以 1050 万人参考的数字，刷新中国高等教育招生考试的历史纪录，成为又一次规模盛大的社会事件之外，对高考作文题的全民解析，也构成高考之外一轮例牌的社会冲击波。

这是全社会对于高考的年度文化评议。当高考开出第一份语文试卷，作文题就如同揭盅前的那粒骰子，成为众人瞩目的所在。媒体请来命题专家一一道来，逐字解析；网站请来名家大家，同题竞技，仿若场外的作文大赛；各种奇文妙句，也借由高考作文题的由头，成为一次社会创作能力的集体展示。在高考的社会意涵悄然淡化，个人实现的“独木桥”意义不断稀释的今天，对高考作文题的普遍关注，更像社会变迁遗留下的某种群体文化习惯，藉由它完成一次年度的温故知新。

高考作文题也是社会对于教育思想的年度检验。高考，作为中国应试教育体系的总阀门，自此以下的教育安排几乎都唯其马首是瞻。以高考作文一题，虽不能概括中学教育的全部真相，却无疑是教育界尤其是考试机构成果检验的一种理念展示，其对中学教育体系的理念索引功能，无不使全社会操心于此，又乐此不疲。因此，对高考作文题的关注，既有对于高考这一人生关口的感喟，又是对于整体教育模式的一种检视，从中见出变动中的社会，则更是以小见大、意味深长。

2007年是恢复高考30年，有人曾将30年来的作文题一一罗列，试图找出其中的变化。1977年的作文题“我在这战斗的一年里”，像这样的题目此后没有再出现过。除了转向以文体的多样性进行纯粹的写作考查之外，高考作文题更多选择以道德阐述、品格塑造、情感抒怀之类主题切入，一些重在考查想象力的题目，也时有入选。待至今年，高题作文题更加多元化，也透露更加多样的文化信息。

以5月以来牵动人心的地震灾难为背景，今年全国卷1、陕西卷、北京卷小作文均以此为题。四川省命题作文“坚强”，更是认为与汶川地震有着直接的情感联系。江西卷作文则选取去年洞庭湖鼠患为背景，意在提炼一种人与自然的关系。可见高考为文，全凭凌空蹈虚的文字游戏已难胜出，对社会事务的关怀已入乎其中。当然所涉也非止于此，以18省市区作文题来看，开放多元的命题取向，即已显出百花齐放之势。

国内素质教育呼声已久，以竞争选拔性主导的高考门槛，造就了应试教育的“不朽”框架。社会对高考作文的关注，是否收到了其中改善的信号，恐怕难以论断。我们说文以载道，高考作文所载的，是青春学子涉世未深之道，而若说题以载道，载的却是教育选拔机构对于青年教育的评估之道，以及全社会对于教育理念的关切之道。于此而言，一年一度的高考作文，虽然只是一根一划而过的教育指挥棒，却也是全社会为之挂怀的理念指示针。解读未必准确，关切定胜于无。

（2008年6月8日）

事件：6月12日，大陆海协会与台湾海基会就两岸周末包机、大陆居民赴台旅游展开协商。这不仅是海协会与海基会自1999年因李登辉抛出“两国论”而中断往来之后的第一次正式会面，而且是1994年以来首度行使两岸商谈的职能。

观点：在两岸通过博鳌会、吴伯雄大陆行进行充分沟通，达成在“九二共识”基础上搁置争议、“先经济后政治”、务实解决问题的共识之后，两项议题取得积极成果已显得水到渠成。

海协海基两会复谈　开启两岸关系新局

今天，大陆海协会与台湾海基会将就两岸周末包机、大陆居民赴台旅游展开协商。这不仅是海协会与海基会自1999年因李登辉抛出“两国论”而中断往来之后的第一次正式会面，而且是1994年以来首度行使两岸商谈的职能，因而复谈本身在两岸关系发展史上即具有重要意义。

过去十几年来，两岸关系可谓跌宕起伏、大起大落，既有“汪辜会谈”带动下的经贸交流热潮，也有“周期性台独挑衅”所引发的台海危机。海协会与海基会商谈的断与续、顺畅与否往往直观反映出两岸政治气候的阴晴圆缺。此次双方在“九二共识”基础上重开商谈，标志着两岸僵局被打破，两岸政治关系走向正常化。

海协会与海基会今天集中商谈的两项议题，既有现实基础，更是两岸民众的迫切需要。从2003年首次“台商春节包机”到2008年的“四节（春节、清明、端午、中秋）包机”，不仅由单向、间接逐步过渡到双向、对飞、不中停，而且航点、班次不断增加，搭载对象由台商及其眷属扩大到所有持合法证件往来于两岸的台湾民众。大陆方面专门制定管理办法，派人赴台实地考察，积极推动大陆居民赴台旅游。两岸相关民间机构为推动周末包机、大陆居民赴台旅游早日实现也做了大量工作。在两岸关系出现重大积极变化的背景下，两岸同胞更加期盼两岸关系重回互利双赢正轨，海协会与海基会能够通过商谈解决两岸交流中面临的紧迫问题，为民谋利，也为两岸进一步的良性互动创造条件。双方在首次复谈中聚集上述议题，顺应时势，合乎民心。

与过去双方商谈前的凝重气氛有所不同的是，此次会面则显得热络而笃定。民众期待太久，这当然会是一种压力。但是，在两岸通过博鳌会、吴伯雄大陆行进行充分沟通，达成在“九二共识”基础上搁置争议、“先经济后政治”、务实解决问题的共识之后，两项议题取得积极成果已显得水到渠成。

这当然并不表示两岸之间的分歧消失了。两岸十年冰封，要想达到真正的相互理解还有大量的工作需要做，互信基础尤其需要细心呵护。为了解决事关两岸民众福祉的紧迫问题，为了紧紧抓住并用好来之不易的两岸关系发展契机而暂时搁置争议，正是中国人智慧的体现。有了这样的共同体认，未来两岸之间即使存有争议，也会通过平等协商找到解决办法，而非如过去几年民进党当局那样：突显争议，刻意进行政治操作，不惜伤害两岸关系。

海协会与海基会复谈，北京相聚只是开始，未来必将续写精彩。双方如能就周末包机、大陆居民赴台旅游达成协议，一般预料下月就可付诸实施。过去双方曾有秘书长半年一次、副秘书长三个月一次的制度化协商机制。如今，两岸时空背景已有很大变化，太多的议题需要抓紧协商，重上轨道后的双方只能“急起直追”（马英九语）。此次大陆海协会会长陈云林与台湾海基会董事长江丙坤亲自领军，商谈官员层级之高创下纪录，既显示双方对首次复谈的高度重视与在两项议题上的势在必得，也预示着双方接下来的议题将更加绵密，协商过程更有效率。江丙坤行前重申将邀请陈云林访问台北。这让人们感受到两岸关系即将翻开新篇章的气息。

（2008年6月12日）

事件：6月12～14日，海峡交流基金会与海峡两岸关系协会北京会谈。这是时隔9年多后两会领导人再度对话。海峡交流基金会董事长江丙坤在会谈中表示，在最近两岸善意互动的氛围下，两会已建立互信，定能在两岸协商、交流和服务等方面，再度发挥桥梁和管道的功能，为两岸关系的长远和平与稳定发挥重要作用。

观点：不同于经济、政治议题的是，两岸其实对共同的族裔和文化，一直有着高度认同。最近两岸往来中频繁提及、共同强调的"中华民族"概念，其内涵首先就在族裔和文化层面。

两岸长远未来在于促进文化共同性

于6月14日结束的海峡交流基金会与海峡两岸关系协会北京会谈，在复会之际引来了海内外舆论的密切关注。中断九年后两会再度握手，连接海峡两岸的那一弯蓝蓝的海水，如今不再充满焦虑和烦躁，而是鱼欢鸟闲，笛漫云间。

两会重开谈判及达成有关协议，标志两岸制度化协商机制正在形成。在为这一重要突破而欣喜的同时，正如许多观察者所提到的那样，本次两会商谈的议题，主要还在经济层面，并未涉及深层次的政治、安全议题。这是由目前两岸关系的状态和交往水平所决定的，不可对此急于求成。然而，在两岸建立制度化协商机制的过程中，从现在起，不能不开始考虑的一个问题，就是为两岸的持久和平和共同发展计，如何积累共识、共创双赢，已经需要有长远战略考量，并以此指导当下的两岸协商制度建设和议题设定。

以往制约两岸关系向良性方向发展的一大障碍，就是两岸因长期政治隔绝而产生了不容忽视的心理隔膜。打破两岸间的心理坚冰，需要从经济做起，而到文化作结。文化共同性是增进经济往来成果、促成政治互信的必不可少元素。不同于经济、政治议题的是，两岸其实对共同的族裔和文化，一直有着高度认同。最近两岸往来中频繁提及、共同强调的"中华民族"概念，其内涵首先就在族裔和文化层面。而在几千年历史流传中，至今影响着两岸中国人生活的，则是以下几种文化传统：

一是上迄三皇五帝、下到清朝覆亡时的古代中国历史文化传统，它以儒家文化为重心，同时又融合了佛家与道家的内容，合在一起构成了所谓“中国传统文化”。在知名学者杜维明、许倬云等先生看来，由这一传统所形成的“文化中国”，是所有在中国内外的华裔的最大历史与文化认同。二是在1911年辛亥革命至1949年中华人民共和国成立期间，包括中国国民党、中国共产党以及其他政治、文化力量在内，在致力于摆脱内外压迫、建立新国家的过程中，所产生的现代民族国家传统。此一传统直接指向构造一个什么样的政治、经济和文化世界，也为今天的两岸民众所共同继承。三是在1949年中国国民党退至台湾一隅后，两岸各自发展，在政治文化上产生了明显分野，就这部分内容来说，大陆与台湾在当代生活上已有部分背离。

两岸之间除去近半世纪以来的片断，在历史的大部分时间里，其历史与文化经历都是相同的。为拉近两岸民众情感，就必须着力于在两岸间强化已有的共同历史与文化记忆，重新建构共同的“民族中国”与“文化中国”。从目前来看，两岸在古典时代共享了相同历史与文化，实际上在大陆与台湾有很大共识，而对于现代历史如何去写，却存在明显分歧。在两岸间形成对中国现代史相对一致的历史表述，在相同的历史文化脉落里开展制度性协商，这一工作已变得极为重要。

从具体操作来说，两岸促进文化认同、推进和巩固制度化协商的良好局面，至少有以下两项工作，在未来需要进一步做实做细：其一就是对两岸共同的传统礼仪符号系统，要进行重新整理，并在两岸之间做到高度统一。台湾民众的宗教信仰与日常礼仪，如对关公、妈祖的崇拜和祭孔的传统，都与大陆有着相同传承。中国在建设新的“文明国家”的过程中，为自身文明复兴，同时也为祖国统一考虑，需要重新思考和处理中国自身文明传统在现代的价值，对一些传统价值观及其礼仪符号系统，应为其复活创造生长空间。近年来全球各地包括中国大陆与台湾在内联合同时祭孔，对孔子及儒家文化这一符号系统的宣扬，无疑就有助于在全体华人，包括两岸之间培育对于中国历史传统的共同情感。

其二是要尽快找到两岸现代史的共同连续点，使两岸在现代史上有更多共同语言。对于中国大陆及在台湾的大部分政党与民众来说，孙中山所领导的资产阶级革命，以及国共两次合作组织北伐和抵抗日本侵略，是他们的共同遗产。对这些共同的现代经历与情感，两岸有关力量与机构，也应加紧梳理、减少其中的分歧，使之能在两岸之间形成更多共鸣。在2005年抗战胜利60周年纪念中，大陆方面肯定中国国民党在抗战中的贡献，这无疑是一个很大的突破。中国国民党现主席吴伯雄则曾在2005年10月呼吁两岸共写抗战史。这无疑是一个很好的建议。大陆应与台湾在现代史的认识与叙述上，达成广泛共识，共同掌握对包括台湾在内的中国现代史的解释权。

（2008年6月15日）

事件：6月21日，海峡两岸旅游交流协会发布大陆居民赴台湾地区旅游相关的具体办法，这标志着大陆方面已经完成赴台旅游的法律配套工作。从7月起，大陆居民可以方便地经申请而赴台旅游了。

观点：在如今这个“人民最大”的民意时代，两岸人民的自由交往，会激发出双方社会相互的最大善意，那样，台海的永世和平会成为坚不可摧的共识。

台海不再单行线　人民需要自由行

6月21日，海峡两岸旅游交流协会发布大陆居民赴台湾地区旅游相关的具体办法，这标志着大陆方面已经完成赴台旅游的法律配套工作。从7月起，大陆居民可以方便地经申请而赴台旅游了。

理解目前台海人民交流现状的都知道这意味着什么。自1987年台湾当局开放台湾居民来大陆探亲旅游以来，台湾人早已可以方便地在大陆旅游、学习、居住和工作。和20世纪80年代两岸刚交流的时候不同，那时大陆居民对台湾同胞新鲜而惊奇，不是捧为上宾，就是严阵以待。但如今，20多年过去了，我们已经逐渐适应把身边的台湾人当成和上海人、广州人一样的同胞了。

相反的是，虽然两岸同属一个中国，但大陆居民赴台湾地区旅游难上加难，甚至比去以入境控制最为严格著称的美国还要难上许多。追究政治原因，自然是民进党当局意识形态作祟，认为大陆人个个都是善于统战的洪水猛兽，因此让两岸人民交流限于单行线，只允许台湾人自由进大陆，却限制大陆人进台湾。不但如此，也限制大陆新闻媒体驻台报道。

但颇为讽刺的是，多年来台湾人自由进出大陆的经验，培养了数百万计的同情大陆的台商、台生和台湾记者。而20年对大陆人入台的限制，却让大陆民众无法充分了解台湾，纵使台湾社会有极其优秀的一面，但大陆的许多愤怒青年因为不了解所以只能记得住其中个别极端的“台独”势力。

其实，去过台湾的大陆人，都会喜欢上这个宝岛。因为那些天天在新闻头条的政治纷争其实只是台湾社会的一小部分，真实的台湾，有浓厚的文化、温和的人民、礼貌的风气、成熟的社会；其繁体字环境更让人有种浓浓的乡愁。如果台湾能自信地把这一面展现给每年前来的数百万大陆同胞，就会收获更多的理解与好感。因为对这些大陆人来说，台湾今后不再是一个简单化的政治符号，而是如同桂林、苏州、大连这样的具体图景和人生体验。

当然，不可避免地，进一步交往的一些具体情况，也许会为“台独”政客提供某些政治操作的借口，这是我们在推进并维护赴台旅游事态中需要予以特别注意的方面。希望两岸旅游业者和宾主双方，能小心呵护这个来之不易的进程，以诚相待，谨慎处理遇到的各种问题，不要让可能的负面事件成为两岸交流的阻力。

当然，目前赴台旅游还不是自由行，需要专门的线路、专门的陪同。我们希望，随着两岸交流的进一步深化，台湾社会有更大的自信接受大陆同胞自由走在台北和高雄的大街上，如同在香港在澳门。在那个时候，无论是大陆同胞对台湾的理解，还是台湾同胞对大陆人的感知，都会真切而丰富得多：那个时候，两岸社会内部关于各项的辩论，也许会产生更加宽容的共识。

香港问题的解决是中国政府和英国政府谈判的结果，普通民众并没有参与。但台海问题，这些年很大程度上有民间的自觉与力量，很多政治谈判也是以民间谈判为前导。有了这样的经验，我们相信，随着双向自由行的实现，两岸人民会自主参与到台海和解共生、趋向统一的进程中去。在如今这个“人民最大”的民意时代，两岸人民的自由交往，会激发出双方社会相互的最大善意，那样，台海的永世和平会成为坚不可摧的共识。

（2008年6月23日）

事件：6 月 29 日陕西省政府新闻办通报华南虎照片事件的调查处理情况之后，作为虎照事件发生地的镇坪县委、县政府迅速反应，处理华南虎照片事件相关责任人。根据陕西省 6 月 29 日公布的调查处理情况，镇坪县共有 5 名工作人员受到相关处理。除了县林业局局长覃大鹏、县经贸局局长谢坤元、县林业局野生动植物保护管理站干部李骞外，负有领导责任的镇坪县副县长杨高受到行政警告处分，镇坪县县长吴平因负有一定的领导责任，被诫勉谈话。

观点：以《政府信息公开条例》的颁行为契机，以华南虎照事件为实例，所谓拼信息、要真相的社会运动，绝不能仅仅解读为公众对政府的一种监督、一种威压，它同时还是政府内部自我净化、有效监督的一种方式。

司法激活信息公开　政府公众都将受益

陕西华南虎照事件，喧嚷历时 8 月，社会耗费甚巨，终于水落石出。舆论虽然不愿止步于虎照为假的简单谜底，希望有更深入详尽的内情披露，但囿于既存现实，得到这一结果已属不易，适可而止成了今日新的现实主义。然而，事件绝非周正龙杯全民竞猜大赛，倘若仅得一个粗糙答案，社会未免得不偿失。为日益娱乐和戏谑的公共事件，找回其应有的严肃，检点出有益的议题，社会赖此日增月进。

华南虎照事件，实质上是一场拼信息、要真相的社会运动。围绕一个公共事件的真相，政府如何作为，公民如何协作，社会如何自我净化，都在这场旷日持久的比拼中得到演练。角力虽有一时强弱，各方也有一时胜负，但社会进步不是脸面之争，整体而言，它验证了中国社会获取真相的能力在与时俱进。这是一种弥足珍贵的总体素质，无论政府还是公民，都无外于且贡献于这种成长过程。

信息公开是首先可以得到检验的标准。华南虎照的前前后后，其实就是一个政务信息采集、加工、公布、强化、纠正的完整过程。不过，就这一过程来看，其公开程度有限，开放验证不够，甚至因为主导者的扭曲加工，以及不正当利用，导致了公共事件的严重遮蔽，最终酿就一起信息公开的著名反例。而信息最终得以纠错，并没有体现出制度纠偏的及时有效。以当地官员的话说，政府错过数次纠正机会，一步一步发展为公共危机，致使公信力尽失。于地方政府，事件更像是以包溃脓出的下下策获得了解决。

就此而论，政府信息公开，并非只是通常所认为的，只是对普通民众监督政府有益，而对政府部门全无一利。以华南虎照事件来看，及时有效的政府信息公开，也是政府内部避免某些部门或官员谋私攫利、绑架公信的制度设置。舆论在长达8个月的时间里汹涌表达，倘若当时能有《政府信息公开条例》所明确的参与渠道，又或有严格执行的政府信息公开方式，则地方某些官员沆瀣一气、绑架公信的可能性将要小得多，也绝不至于造成几个官员就令地方政府公信尽失的可怕局面。

因此，以《政府信息公开条例》的颁行为契机，以华南虎照事件为实例，所谓拼信息、要真相的社会运动，绝不能仅仅解读为公众对政府的一种监督、一种威压，它同时还是政府内部自我净化、有效监督的一种方式。通过有效的信息公开，将使政府内部的健康力量得到生长，使徇私舞弊的不健康力量得到遏制和消除。因而，尽力执行《政府信息公开条例》，健全《条例》所承诺的各种参与方式，也是政府自身良性发展的必然趋势。

就目前来看，已经实施的《政府信息公开条例》仍未能完全冲破陈旧的行政习性。《法制日报》近日报道，全国首例市民状告政府信息不公开的行政诉讼案，作为原告的湖南汝城5位退休职工在焦急等待了52天之后，依旧没有得到是否立案的通知。信息不公开的行政诉讼案在立案环节遭遇了瓶颈。而如果司法救济滞后缺失的状况不能得到及时改善，一方面将严重挫伤高涨的公民参与热情；另一方面，也使立法专家所谓的信息公开倒逼机制形同虚设。政府信息公开之路，可能重入华南虎照事件的虚耗和覆辙之中。

信息社会的客观现实，促使社会利益各方无不胶着于信息的争取和掌握。即使在政府体系内部，信息的公开畅达，同样关乎官员队伍的管治和社会治理的成效。《政府信息公开条例》试图打破政府——公众这样单边封闭的信息传播，通过引入可能的公众参与，打造一个更具开放性的信息体系。唯有及时有效的司法救济，才能激活信息公开的全新机制。所谓倒逼机制，不只是公众倒逼政府，也是政府倒逼官员，政府和公众都将因此受益。

（2008年7月3日）

事件：7月3日，《东莞市委市政府领导班子贯彻落实科学发展观情况分析报告》（定稿）公布，记者留意到，对比之前的征求意见稿，曾经写入这项措施中的“转移低素质劳动力”、“改革出租屋征收税费，把税费多少与租住人员多少捆绑起来”、“以提高出租屋租住和经营成本的经济手段，推动新莞人回乡创业”这三项最具争议的说法已经被删除。

观点：东莞慎言分流外来劳动人口，是集思广益、顺民之变的结果。珠三角产业升级当令之时，政府与市场仍需各自归位。改善劳工待遇、健全法治环境、引导产业升级，经济转型同样需要政府尊重市场规律，需求更和谐的社会转型正义。

产业升级政策也应尊重市场规律

广东眼下正全面推动产业升级，各地政府为此出台了不少政策。7月3日，《东莞市委市政府领导班子贯彻落实科学发展观情况分析报告》（定稿）公布，这是东莞今后制定相关政策的重要依据。对比早前的征求意见稿，曾经写入报告的“转移低素质劳动力”、“改革出租屋征收税费，把税费多少与租住人员多少捆绑起来”、“以提高出租屋租住和经营成本的经济手段，推动新莞人回乡创业”这些提法被删除。所谓东莞提租赶人的说法，至此不复存在。

东莞早前的这份分析报告，梳理了影响和制约科学发展的突出问题，提出了新的解决思路，事实上所涉甚广。其中提出，要发挥产业政策对人口分布的引导和配置功能，通过推进三高一低、劳动密集型产业的有序退出，从根本上减少企业用工数，带动低素质劳动人口向外转移。而提高出租屋租住和经营成本，推动新莞人回乡创业，只是其中论述较少的一条措施。但即便如此，这项被简略为提租赶人的建议措施却迅速跳出，甚至超过更核心的政策关注，成为舆论对东莞产业升级政策的偏执解读。

舆论何以缺乏耐心，弃政策体系的全盘筹划于不顾，只是拎出提租赶人的说法加以传播？作为既成的舆论事实，这至少表明了两个方面。其一，越来越多的公众开始密切关注公共政策所反映的自身利益，并且希望通过及时表达和反馈，改善自身利益；其二，在今天，即便是产业升级这样的经济议题，同样需要考虑在转型背景之下以制度保障社会正义，在价值层面接受公众的考验打量。

人所皆知的事实是，珠三角之所以能有今天的产业基础和财富状况可供升级，这原本就与大量外来劳动者这一人力因素密不可分。这其中自然也包括大量低素质低技能的外来劳动力。可以说，正是大量低素质劳动力的存在，维系了珠三角的经济增长，虽然这一劳动力基础并不优厚也缺乏长远成长性，但这是另当别论的事情。与此相应的是，珠三角外来劳动者的待遇和权益状况，多年来一直悬而未决，政策执行和权益提升并不景气。长期缺乏有效的制度扶持和政策培育，是今天所谓外来低素质劳动力存在状况的内在现实。

因此，珠三角劳工待遇和权益现状，是以往出口加工的工业政策环境参与造就的结果。劳动力队伍的自然现实，应该视为过去欠下的历史债务。这使珠三角产业升级的战略考虑，不能视之为召之即来、挥之即去的“外劳”，正是在此意义上，各地产业升级的公共政策，不可能以单纯的经济升级方案回避劳工权益长期受忽视的状况。

回到珠三角产业升级的战略和技术层面，则同样有几个方面需要重视。首先，产业升级应该尊重企业主体性。其次，产业升级是一个制造业向服务业转化的过程。制造业与服务业并不是截然分开的，而是同一产业链上的不同环节。因此，要提高产业利润环节，减轻污染和人口压力，需要政府在尊重市场规律的前提下对产业进行扶持。东莞将建立转型升级服务中心，设立转型升级奖励基金，这些都是值得地方政府去做的尝试。最后，当前正处在国际需求下降，国内成本提高的危局中，政府必须采取扶持、引导的政策，帮助企业和工人渡过难关，而不是采取强制驱逐的政策选择。在做到充分的政策鼓励和扶持之后，企业和劳工的升级或去留，都是可交由他们自主决定的事务。

东莞慎言分流外来劳动人口，是集思广益、顺民之变的结果。珠三角产业升级当令之时，政府与市场仍需各自归位。改善劳工待遇、健全法治环境、引导产业升级，经济转型同样需要政府尊重市场规律，需求更和谐的社会转型正义。

（2008年7月5日）

事件："5·12"地震发生时，时任都江堰光亚学校教师的范美忠丢下学生一人跑出教室，并在天涯上发帖，其中写道"在这种生死抉择的瞬间，只有为了我的女儿我才可能考虑牺牲自我，其他的人，哪怕是我的母亲，在这种情况下我也不会管的"，因而在网络上得名"范跑跑"。安徽省长丰县双墩镇吴店中学有两名学生在上课时打架，导致其中一人死亡，地理授课教师杨经贵站在讲台上充当"看客"，没有加以制止，后来也没有送被打学生前往医院。杨老师因此被网友称为"杨不管"。

观点：不顾转型时代教育本身的复杂性，只对师德师责问题口诛笔伐，这既让公共讨论失之轻浮，也会伤害到教师的整体职业感受。范美忠和杨经贵事件，本身都包含非常有质地的公共议题，但在"范跑跑"与"杨不管"的话语遮蔽下，舆论本身也可能误入歧途。

师德问题的失真放大于社会无益

媒体是一面放大镜，看什么和不看什么，反观的是公共舆论的选择机制。一段时间以来，媒体放大镜里至少呈现了两位教师的命运。一位是四川教师范美忠，一位是安徽教师杨经贵。这两个名字，经过网络转化，一个名之"范跑跑"，一个名之"杨不管"。它们不再是两个普通人的姓名，转而成为网络舆论标志"师德沦丧"的话语符号。

重复具体的事件情节，似乎意义不大。新近入列的杨经贵，在两名学生上课打架时未加出手制止，结果一名学生因诱发疾病送院死亡，而他坚持上课至课时结束，被网民称作"杨不管"。联系早前的"范跑跑"事件，全社会对于师德、师责的激烈讨论持续升级。只是朝夕之间，师德问题似乎成了中国社会的头号难题，不痛下猛药无以医治之。

已经看到的情形是，网络对"师德沦丧"问题的高度关注迅速有了结果。范美忠已经离开了所在学校，失去了他作为教师的工作机会，要重获教职，估计是遥遥无期的事情；杨经贵在事件责任尚未彻底明晰以前，已经受到停职检查和个人赔偿10万元的处理。这对一个普通教师的物质和精神打击，都已趋于极限。两位教师的去职，为高亢的师德质疑给出应答。

社会从中得到了什么？这是评价公共事件处理的第一个问题。范美忠与杨经贵的职业生涯，无疑为此付出了代价，这已经体现为对他们个人的奖惩兑现。而社会关切的师德沦丧是否就此获得了改善，师责缺失是否就此得以逆转，答案却并不乐观。甚至，一个相对客观的判断是，在全社会的职业类别中，并无证据表明教师队伍比其他职业更加道德沦丧；放弃个案争议，范美忠与杨经贵也并不表明整个教师队伍都已病入膏肓。

经由“范跑跑”与“杨不管”这样戏谑的命名，网络舆论已经表达了鲜明的批判倾向。对于师德师责问题的这种放大解读，开始呈现出对教师职业的道德强迫和精神威压。这种放大解读的取舍排序，无疑潜藏了一种隐性的不公。这种舆论选择的结果，本身表明教师群体确实弱势，而主管部门对教师的迅速处理，也隐含对网络舆论拔高师德的制度响应。

我们必须重视这种不公允的放大解读对于教师职业的内在伤害。在更完整的职业权利获得保障之前，舆论不加克制的道德驱赶，只能令从业者深感逆反和内心分裂。如果我们在意真正的职业认同，而不是某种花哨的话语面具，就必须更清醒地直面现实的教师困境，而不是逼迫从业者重复那些无比正确的师德誓言。舆论对师德师责层层加码，这种选择性放大是否能很好地自我解释？是否突破了基于事实的合适批判？是否太过激进的职业讨伐？这都是值得反思的问题。

现代职业体系中的教师职业，首先是一种制度标定的权利规范，其次才是一种道德标定的精神规范。前者是后者的基础和前提。比如范美忠事件中，教育主管部门和学校是否应组织应急演习，杨经贵事件中，是否应在最终结案前给予教师更充分的申诉权利等等，舆论对这些重要的议题似乎无心多虑。相反，媒体放大镜轻快地选取了道德视角，从一个混乱背景中挑选了师德沦丧的主题。表达对教师职业的社会失落当然正常，不正常的却是对教师的权利失落没有给予同样的重视。

关于教育的种种争论，日渐明晰的矛盾核心，显然不在于教师队伍本身。无论是教师群体的权益状况，还是教育政策的执行现状都表明，要改善其中困境，并非惩戒一二教师所能。不顾转型时代教育本身的复杂性，只对师德师责问题口诛笔伐，这既让公共讨论失之轻浮，也会伤害到教师的整体职业感受。范美忠和杨经贵事件，本身都包含非常有质地的公共议题，但在“范跑跑”与“杨不管”的话语遮蔽下，舆论本身也可能误入歧途。

（2008年7月17日）

事件：教育部原发言人王旭明去职，7月18日赴任语文出版社社长。在过去的五年里，这位富有争议性的发言人在提供信息的同时，也时常卷入新闻事件。对于本次职务调整，王旭明坦承不舍的心态，自称“欲哭无泪”。

观点：《政府信息公开条例》规定了政府义务，新闻发言人是主动达成这一愿景的法定中介。他们的真正价值就在于尽可能多地挣脱部门束缚，尽可能深切地投向公共性。这是新闻发言人必须选择的左右之境，它们对应于可能获致的职业境界。

新闻发言人的价值在于拥抱公共性

教育部原发言人王旭明去职，昨日赴任语文出版社社长。在过去的五年里，这位富有争议性的发言人在提供信息的同时，也时常卷入新闻事件。事实表明，他并不忌讳由新闻的消息源演变成新闻中人，其个性化的表达往往放大新闻效应。对于本次职务调整，王旭明坦承不舍的心态，自称“欲哭无泪”。由此，一位悲情离去的发言人占据了报章和网络的主要页面，而对新闻发言人制度的反思也趁势而起。

据不完全统计，王旭明共举行过100多次新闻发布会，接受记者采访或超过千次。在国家部委办局的新闻发言人群体中，若论与媒体接触的频度及话题的火爆程度，恐怕少有出其右者。即便他的“教育买衣论”、“中国教育成功论”、“媒体无知论”招致骂声一片，可至少要承认他对发言人这个角色投入了感情，将其作为专门的事业对待，而非尸位素餐地敷衍了事。仅从传媒与政府互动的可能性来看，他理应受到尊重。

从王旭明离职的消息被披露起，各式评价就开始生成。一些接近他的媒体人士多持有褒扬的正面态度，夸奖新闻发言人与媒体关系良好。而他的“直率”也成为优点被一再提及，显示出对王旭明张扬之个性的赞赏。在传媒与行政权力交流常存阻滞的前提下，一个想说话也敢说话的发言人曾经出现过，不呆板，也不会用一贯的沉默对抗社会质询，丰富了政府对话媒体的另样标本。

考量王旭明的优点和缺点要在发言人制度下进行，他的是与非反映的是制度面貌的实况，表达的是公众由此生成的期待或失望。实质上，一个理想的新闻发言人，并不表现为与媒体私人交情的深厚，后者甚至无法构成发言人合格与否的必要条件。当记者以私人关系的融洽来表达对王的某种留恋时，问题恰恰就隐身在后面。如果媒体只能借助私人通道获知政府信息，新闻发言人的正当性也就泯灭了。

至于是否有个性，也非新闻发言人的必修课。假设王旭明的所有价值仅仅被归结为此，恐怕就沦落为他的悲哀，也是政府发言人制度可堪反省之处。事实上，王旭明的经历证明，政府对公共事务的立场与大众感知经常发生错位，南辕北辙也是常态，只是表现性格会比修正立场更容易办到。无论王旭明们如何努力施展技巧或展现诚意，公众对其成功或失败的认知终究要取决于所代表政府部门的政策立场。

设置新闻发言人的初衷是要增强权力与大众的沟通，发言人背倚公共部门而面向社会，要披露政府信息，形成互动。可问题是，新闻发言人不是了无牵挂、超然物外的“公共人”，就像谈论王旭明那样，一说到成就竟然只能沿袭“个性说”或“关系说”，发言人身处的困境明显矮化了这一职位的评判标准。公众希望新闻发言人拓展公共话语的对答空间，而发言人赖以安身立命的力量却不想这样做，或着意回避。于是，分裂成了发言人专业与立场的分裂，失落则是大众知情权的失落。

《信息公开条例》规定了政府义务，新闻发言人是主动达成这一愿景的法定中介。他们的真正价值就在于尽可能多地挣脱部门束缚，尽可能深切地投向公共性。这是新闻发言人必须选择的左右之境，它们对应于可能获致的职业境界。不过也要看到，即便王旭明屡屡制造议题，表现出创新的强烈意志，最后却依然落入窠臼，只能凭机巧得分，足见此间景况的分裂。

王旭明可以把新闻发言人的生涯当作自己的传奇，但除了应许个人荣誉外，它还能积攒多少制度经验？又能在新闻发言人群体中有着怎样的承继意义？对王旭明的赞扬体现出某种无奈的妥协，可事态不能止于妥协。他的事迹作为个案，映衬出围绕新闻发言人制度的喧哗，此一制度的真义不该因此而埋没。那是一扇窗口，在政府朝向公共性转型的过程中，它要始终敞开。

（2008年7月19日）

事件：国务院人力资源和社会保障部最近公布了机构设置方案，其中专门针对农民工设立了农民工工作司。目前，该司承担的职能尚未公布。不过，2006 年 3 月，30 多家国务院机关曾组成农民工工作联席会议，其办公室即设在社会保障部。该司职能当与该办公室有连续性，而该办公室的职能至少涉及农民工劳动就业、公共服务、权益保护、社会保障等四个领域。

观点：在制定这些领域的法律、规章、政策的时候，农民工工作司似可考虑开放公众参与，尤其是农民工参与。而农民工参与的前提是其具有一定的组织性，这对于农民工维权也是十分重要的。

平等赋权　完成农民工工作的历史使命

国务院人力资源和社会保障部最近公布了机构设置方案，其中专门针对农民工设立了农民工工作司。目前，该司承担的职能尚未公布。不过，2006 年 3 月，30 多家国务院机关曾组成农民工工作联席会议，其办公室即设在社会保障部。该司职能当与该办公室有连续性，而该办公室的职能至少涉及农民工劳动就业、公共服务、权益保护、社会保障等四个领域。可以肯定，新设立的农民工工作司将是全国有关农民工之公共事务的综合性管理部门。从组建农民工工作联席会议，到设立农民工工作司这一日常性机构，足可表明，政府已经将农民工管理工作常规化。

农民工的出现已有 20 多年，农民工为中国之工业化、城市化做出了十分巨大的贡献。如果像经济学家所说，廉价劳动力是中国经济增长奇迹的主要因素，那农民工就是构成这一因素的主要人群。然而，令人费解的是，20 多年过去了，上亿进城务工人员仍然以“农民工”的身份暂居于城市。

可以说，放到晚近以来世界各国现代化历史上看，这似乎是一个相当反常的现象。现代化的一大特征是城市化。过去 20 多年来，中国的城市化水平确实有大幅度提高，但长期工作于城市，有些甚至已经举家生活于城市的农民工，却被排除在正规的城市化过程之外，不能普遍享有城市的福利。相反，城市始终把他们当成“外来人口”，随便依据一个什么理由，就可以将他们驱逐出城。这可能是当下社会严重不公的诸多事项中的一项。

这样的制度安排已经导致了严重的经济、社会后果。农民工在城市的政治、法律权利备受歧视，导致整个社会财富分配严重失衡，消费需求无法提振。这直接导致我国产能过度依赖外部市场，患上低工资依赖症的恶性循环。更不要说，大量家庭分居城乡造成家庭不稳定、城市治安混乱、人们心理焦虑、节假日交通负担沉重等诸多社会问题。同时，这样的制度安排，也使城乡分割的格局在经济实现了20多年增长后，没有根本改观。

因此，农民工问题乃是中国实现良性发展的一大瓶颈。而众所周知，这一瓶颈正是由不合理的户籍制度造就的。农民工工作司为了解决农民工问题而设立，农民工管理常规化也许是必要的。但是，这种常规化只应是短期的常规化。农民工工作司应当致力于推动取消户籍制度，建立农民入籍城市的顺畅通道，使得那些在城市长期工作，尤其是已经常住城市的农民，可以成为市民。如果农民工市民化迟迟不能实现，显然是公共政策的失败。因此，农民工工作司只应当是一个过渡性机构，它应当努力地使得整个制度环境发生变化，从而完成自己的历史使命。这也许是农民工工作司与其他政府机构的重大区别所在。

这些年来，不断有一些地方在进行这方面的尝试。比如，就在前不久，湖北省有关部门宣布，从7月12日起，凡在武汉连续务工满3年，且与用人单位签订了2年以上劳动合同、年收入超过武汉市最低工资标准的农民工，均可办理武汉城市户口，成为武汉的“新市民”。湖北省劳动和社会保障厅、省发改委、省公安厅、省教育厅和省建设厅等五家单位决定，在全省实施“迎接新市民工程”，彻底解决农民工在城市入户及子女入学问题。

这样的尝试可能有这样那样的问题，如很多地方一样，甚至可能出现反复。而农民工工作司最重要的工作，恐怕就是研究此前各地此类尝试的成败得失，使有意进行这方面尝试的地方——当然，更重要的是使国家相关部门——在取消户籍限制、打通农民入籍城市之通道的时候，能够制定合理而又可行的实施方案。

当然，即便现在打开城市大门，城市吸纳农民工，也需要一个过程。在农民工这个特殊群体仍然存在期间，他们的权益当然也需要更好地保护。针对农民工高度流动性的特征，似乎也有必要为其设计特殊的社会保障制度。这些也都是农民工工作司的分内之事。而在制定这些领域的法律、规章、政策的时候，农民工工作司似可考虑开放公众参与，尤其是农民工参与。而农民工参与的前提是其具有一定的组织性，这对于农民工维权也是十分重要的。因而，农民工工作司也应考虑，如何为农民工自治拓展出一定空间。

（2008年8月2日）

事件：第 29 届奥运会开幕式 8 月 8 日在北京奥运会主会场“鸟巢”隆重举行。

观点：7 年前的承诺，30 年前的热望，100 年前的梦想，都一一褪去风雨的斑驳，向世界展示中国饱满充盈的内心。大幕开启，将是怎样的心如雀跃；焰火升腾，会是怎样的锦簇繁华。在奥运即将开幕的这个早晨，喜悦和期待抵达无数普通人的心。奥运，从今夜开启体育时间。我们，从今夜开始享受奥运。

今天的等待，那么远，这么近

2008 年 8 月 8 日，我们用心拣定的日子。

今天起来，要说一声，奥运你好。我们的等待，那么远，这么近。数小时以后，夜色中的 8 点 08 分，第 29 届北京奥运会大幕将启。盛装与焰火，中国与世界，在这时刻交相辉映。时间嘀嗒，每一分钟都印在了一个期盼崛起的民族的心上。

今天，上班的人，不上班的人，生活都在平静继续，奥运却在改变我们。12 小时的等待，开幕式的演员们或许已在晨曦微露中候场，在国家体育场恢弘的舞台上，“我”是人流的一点，“他”是华美的一瞬，一遍一遍把动作演练，一次一次在内心铭记。今夜，我们要把点滴的坚持汇聚，展现东方中国的大美。现场职员们，在场地反复调试，一线灯光，一束焰火，都务必一丝不苟。盛大仪式的布置者，此刻必定紧张而忙碌。12 小时的等待，一切的一切，只为那惊艳的绽放。

再过数小时，取自奥林匹克发源地的祥云火炬，将点燃“鸟巢”熊熊的圣火。它以漫长的地球之旅，铭记我们 2008 年的等待。跨越境外 21 个城市、走过中国 103 个城市，祥云点燃世界对中国的热情，燃烧国人对奥运的期待。当火炬从希腊缘起，从伦敦、巴黎、旧金山，传到孟买、长野、堪培拉、首尔，我们看到了人类梦想的心手相传。我们深知人类相处的艰难与向往世界和平的美好。祥云浮现，见证一个民族的自信和包容。2008 年的等待，心路漫漫，收获丰硕。

由此追溯 7 年前北京申奥成功的不眠夜，回想那些在等待中夺眶而出的热泪与不顾一切的拥抱，谁能说这个古老而勤劳的民族，甘愿要与世界隔绝？我们从未停止对外部世界的参与热望，也从未止息内心奔涌不歇的交往激情。7 年的等待，是不负众望的建设，是不甘人后的进取。奥运激励中国，改变中国，学会以开放的心态拥抱世界，东方中国的身段依然柔软敏捷，溢美与挑剔都难以动其心志。平实进取的历史方向，历经奥运而愈加清晰。7年的等待，中国以善意和改变回应世界。

奥运，也是30年开放的另一个结语。30年前的中国，初开门户难掩落于人后的苦涩。开放在争议中上路，胸怀在阵痛中打开。竞技体育，是我们获取尊严的全力追求。北京亚运会，金牌大国，举国之力，一路铺垫。在中国举办一次奥运会，成为我们赢取尊严的国家目标。体育与开放、奥运与中国，就在这样开放坦诚的心态中呈现。开放成就了中国的奥运梦想，奥运激励着中国的开放想象。奥运申办、筹办、举办的过程，是改革开放初始、深入、持续的过程，也是国人对奥林匹克精神从初涉、半解到深悟的过程。"更快、更高、更强"的奥运格言，不只是一国一族的尊严，奥林匹克精神，更在于以互相理解、和平、友谊、团结和公平比赛精神的体育运动来教育青年，从而为了建立一个更加美好的世界做出贡献。"同一个世界，同一个梦想"，这一北京奥运会的主题口号，寄托了我们希望文明共存、和谐共进的世界理想。30年的等待，我们愈加平和而豁达。

百年以来的奥运追逐，今天又以怎样的心情对待？1896年，第1届现代奥运会的邀请公文送达京城，中国正值内政腐败、外力侵凌，皇朝苦度变革前的踌躇。1908年，《天津青年》发问：中国何时派选手参加奥运？何时派一支队伍参加奥运？何时能举办一届奥运？这盘旋于历史上空的天问，竟与国族兴衰的命运扣合，在时间的风中无处停伫。1932年，在美国洛杉矶举办的第10届奥运会，中国选手刘长春背负"九一八"事变家乡沦陷的国难命运，孤身走上男子100米短跑预赛跑道。拥有四万万人口的祖国，却只有他形单影只地立于此间。此情此景，成了刺痛中华民族神经的印记。体育竞技壮志，奥运承载梦想，这都成了国人寄予傲立人前的象征激励。如今百年已逝，奥运梦圆。"北京欢迎你，有梦想谁都了不起，有勇气就会有奇迹"，今天我们是奥运会的举办方，更愿意敞开胸怀搭建一座全人类共叙友情的平台。正如新华时评所言，在奥运会上，参与者得以抛却分歧，超越差异，无论国籍、民族、信仰，为了共同的梦想在同一个场合交流对话；那些生活在战乱、饥荒等困境中的儿女可以一展运动天赋，感受自由与尊严。已故美国著名黑人田径运动员杰西·欧文斯曾说："在体育运动中，人们学到的不仅仅是比赛，还有尊重他人、生活伦理、如何度过自己的一生以及如何对待自己的同类。"奥运精神，让我们相信从此可以变得更加包容，平和看待奥运与国运、体育与民族的关联。以百年等待奥运，等待一颗走向强大自信的民族心灵。

就在今夜，奥运把梦想送达北京，世界的关注拥向中国。7年前的承诺，30年前的热望，100年前的梦想，都一一褪去风雨的斑驳，向世界展示中国饱满充盈的内心。大幕开启，将是怎样的心如雀跃；焰火升腾，会是怎样的锦簇繁华。在奥运即将开幕的这个早晨，喜悦和期待抵达无数普通人的心。奥运，从今夜开启体育时间。我们，从今夜开始享受奥运。

（2008年8月8日）

事件：8月8日晚8时，第29届夏季奥林匹克运动会在国家体育场隆重开幕。

观点：无论奥运会开幕式的悬念是哪个答案，内容意境怎样铺陈，却都要指向两大主题的构建：本土与世界，古老与现代。或者可以说，奥运会开幕式需要展现纵横时空的本领，回答这样两个问题：自己与世界如何相契，历史与未来怎样相连。

中国与世界，古老与现代

一簇光芒，激活了古老的日晷，指针疾行，时间开始了！2008年北京奥运会开始了！承载了众多期待与猜想的北京奥运会开幕式，也在这一电光火石、意味深长的情境中，揭开了神秘的面纱：

时间之光、历史足迹、梦幻五环……一连串的别出心裁，向现代奥林匹克运动致敬，激起此起彼伏的意外惊喜。

笔墨纸砚、活字印刷、丝绸之路……古典的中国奇迹，借助现代技术声光电，焕发出绝美的东方魅力。

飞翔的翅膀、孩童的渴望、蓝色的星球……这是同一个世界，这是唯一的家园，这里有共同的梦想。

从来没有哪一个活动的开幕仪式，能够像现代奥林匹克运动会的开幕式那样，充满重重悬念，包含重大主题，因而受到格外的关注。有何特色表演，怎样层层推进，如何营造高潮，主题歌曲谁来唱、是否好听，圣火谁来点、会被如何点燃……这些看点，或呈意味，或见匠心，于前令人期许揣测，于后予人乐道点评。这毫无疑问已成为第一波的奥运话题。

而另一方面，无论奥运会开幕式的悬念是哪个答案，内容意境怎样铺陈，却都要指向两大主题的构建：本土与世界，古老与现代。或者可以说，奥运会开幕式需要展现纵横时空的本领，回答这样两个问题：自己与世界如何相契，历史与未来怎样相连。

北京奥运会，交由中国人来表达自己的思考。“同一个世界，同一个梦想”，即言四海一家，互相了解、互促进步之意。正如此前早已达成共识的，北京奥运会，乃是让世界了解中国的绝好机会，同样也是中国向世界展示自己的最佳平台。开幕式上浓墨重彩展示种种中国元素，就是要将一个底蕴深厚连绵不绝的古老文明介绍给现代，就是要将一个于古老传统中重焕青春的中国介绍给世界：

四大发明，这是古老的中华文明贡献于全人类的重要智慧成果，极为关键地推动了全球历史的进程，而令世界至今受益不止。丝绸之路，无论是陆路的贯通欧亚，还是海路的披风斩浪，都是中国开放沟通、拥抱世界的证明。还有那横平竖直的汉字，在变幻无穷的字阵中，三次都选择以一个“和”字隆重呈现，显然更是要向世界明示——“和谐”的哲学思想、“和平”的政治诉求，自古就是中国人的理想，而今更值得中国人追求。

如果说，古老的中国，是外界可能尚不熟知的历史，那么当下的中国，则已无需多言，是地球村里的一分子，是全球化中的进取者。就像运动员入场仪式上所介绍的，中国的代表团中，就包含有20余个项目的外籍教练。而开幕式表演中，以五彩斑斓的具象来映射今日中国社会的多元多彩，更用一个“e”图形指代互联网，也象征你中有我、我中有你、彼此共享、相互学习的新世界。在这样一个世界里，虽然还有隔阂，还有异议与纷争，但以沟通消解隔阂、以宽容对待异议、以交流替代纷争的文明准则及努力，已经上路，不再迷途。也正是因为如此，所以在今天，我们才有信念、才有信心说：同一个世界，同一个梦想。

昨夜的兴奋，难以消退。奥林匹克圣火，已在北京“鸟巢”主体育馆内熊熊燃起，中国梦想奥运的百年梦圆，精彩的赛事正接踵而来，中国向世界充分展示自我、展望未来的过程，刚刚开始。

（2008年8月9日）

事件：就在股市屡创新低冲击投资者信心之际，围绕市场各方关注的股市运行情况、大小非减持、改善市场供求关系、上市公司增持回购以及打击证券违法违规行为等热点问题，中国证监会新闻发言人 15 日接受了记者的采访，再次表明了稳定市场的意愿。

观点：是为眼前大利放弃资本市场的未来，还是为了中国经济与资本市场的未来想出一条各方都能接受的折中之路？这是放在经济决策者面前的严峻考验。

只有破股市工具论，才能解制度性惊慌

就在股市屡创新低冲击投资者信心之际，围绕市场各方关注的股市运行情况、大小非减持、改善市场供求关系、上市公司增持回购以及打击证券违法违规行为等热点问题，中国证监会新闻发言人 15 日接受了记者的采访，再次表明了稳定市场的意愿。

管理层挑选在奥运中间，而不是后奥运时代开启的关键时刻发布信息，仍然是奥运维稳行动的延续。至于能否实现言论救市已经难以乐观。对于习惯了主流媒体八评股市、为市场信心打气的投资者而言，经历舆论托市之后的市场暴挫，业已学会听其言而观其行。

此次表态，证监会释放的实质性利好只有一条：将企业分红与上市公司再融资挂钩，约束上市公司肆无忌惮的圈钱行为。这一次管理层站在较为公正的立场上，对于缺乏信托责任的上市公司“说不”。另一个可以安慰投资者的信息，则是管理层就制裁内幕交易再次表态——股改以来，证监会取得了准司法权的利器，增加了稽查力量，把打击内幕交易当作重点，也是后股改时代的一大亮色。当然，公众更期待的是，如果像国开行王益案等典型案件能得到及时的、合乎法律的惩处，将大大提升决策层、监管层的信用。

至于在大小非减持、大盘股上市等事关投资者信心的热点问题上，证监会虽然确认将与国资委、中登公司联合建立一个实时监测系统，监控国有股东的开户、过户、交易等情况，确保转让、减持行为合法，但在大盘股上市问题上，所作出的表述模棱两可，所引述的数据与其说证明了监管层提振市场信心的决心，不如说表明了监管层到此为止的巨大努力。

新一轮的股市下挫至今，虽然证监会作为股市监管者站在风口浪尖，但我们应该清醒地认识到，股市积弊是经济深层积弊的集体爆发，不是哪个部门的一家之责。股市工具论不破除，中国股市就会陷入制度性惊慌之中。

中国的股市一直有着非常鲜明的工具色彩，如果说股改之前是为了地方国企脱困，那么，股改之后就是大型国企的并购重组、整体上市，这两大目标已经不堪重负。当这些违背了市场基本原则的目标笼罩上了股市时，股市会患上间歇性痉挛——国有股减持时，股市凋敝到若没有外力拯救市场必然崩溃；股改之后，大小非减持，这些以十送三股对价获得流通权，甚至在股改后不送对价也能流通的限售股，彻底破坏了市场的估值体系。如今，股市又凋敝到国有股减持时的状况，市盈率已跌到沪综指千点时的水平。

虚应事故、敷衍塞责拖得了一时，拖不了一世。只有承认现实，才能想办法解决问题，进而将股市往市场化方向推进一步。此时首先要解决的是观念问题，即认为股市就是为国有企业保值增值服务的非市场化的短视之见。

正因为国有股、限售股与流通股同股并不同权，有关方面迟迟下不了决心真正解决大小非问题。撇开向特殊阶层的利益输送不论，从国企改革工具论的角度说，占据股市大半壁江山的大非不仅成为国有控股资产未来最大的一块资产来源，可以解决国有企业在紧日子下的生存难题，在央企面临行业大调整、大重组的关键时刻，还能起到调整股价，降低整体上市、并购重组成本的作用。

是为眼前大利放弃资本市场的未来，还是为了中国经济与资本市场的未来想出一条各方都能接受的折中之路？这是放在经济决策者面前的严峻考验。

在回答这一问题前，有关方面必须先想清楚如下问题：国有股东利益必然与普通投资者利益相悖吗？国有控股必须以限售股溢价的方式彰显其资产权力吗？如果答案是否定的，那么，答案不难得出，解决大小非只有两个途径：首先，禁止新发行公司出现大规模的大小非问题；其次，原有的大小非问题通过大宗交易市场与做市场的方式加以解决。

（2008年8月17日）

事件：8月18日上午11时50分，当“鸟巢”万众欢呼，飞人刘翔在瞩目中登场，凝重的期待足以令空气都凝固。但仅仅几分钟后，英雄刘翔的表情置换了整个“鸟巢”的表情，阿喀琉斯之踵在亿万人的注目下令飞人踉跄，伤势复发的刘翔神情痛苦，最终黯然退出了比赛。

观点：我们所处的时代，是否还在鼓励忽视个人痛苦的付出，只为向大多数作出情绪的照顾？是否仍然难以理解一个运动员对尊严的自我选择，只是强调为了荣誉不顾一切的争取？这是刘翔带给我们更深的思索。

荣誉诚可贵，健康价更高

刘翔因伤退出男子110米栏比赛，令昨日成为北京奥运最为揪心的一天。上午11时50分，当“鸟巢”万众欢呼，飞人刘翔在瞩目中登场，凝重的期待足以令空气都凝固。但仅仅几分钟后，英雄刘翔的表情置换了整个“鸟巢”的表情，阿喀琉斯之踵在亿万人的注目下令飞人踉跄，伤势复发的刘翔神情痛苦，最终黯然退出了比赛。如此沉重又戏剧化的一幕，在一个呼唤英雄等待英雄的时刻袭来，所有人都感受到了内心的震动。

刘翔的压力有多大？没有人能说得清楚。我们只是看到了赛后泣不成声的孙海平教练，看到了刘翔哭成泪人的家人，看到了目睹流泪的现场记者，看到了同样伤心落泪、久久不舍退场的现场观众。刘翔自己的眼泪，我们没有也不愿看见。但，仅仅是旁人这些痛惜的表情和泪水就可以揭示，要有怎样坚韧的内心，才能承受并忍耐这一切。刘翔显然已经准备好要肩负，但精神强大未必胜于一切，不合时宜的伤痛把英雄还原成了一个感受到疼痛的人。

刘翔的退出，是巅峰想象中戛然而止的音符。他在“鸟巢”汹涌的欢呼声中选择离去，他清楚自己的伤痛，明白自己的感受，因而对自己的决定也同样理解。尽管这种理解，包含巨大的内心痛苦和生理妥协。一时无法接受的，反倒是期待英雄出场的我们。有时，人们比英雄本人更需要英雄。刘翔的退出，于需要英雄和等待英雄的人，是一个瞬间的精神危机。好在仅仅只是瞬间，我们重新理解了作为人的刘翔。

每到这样的时候，我们也感到荣誉的压迫。这种压迫感，在合理的范围内催人进取，在扭曲的状态下取人性命。刘翔的选择，没有失却健康的体育精神，没有丧失对运动生命的基本尊重。荣誉令人向往，而只有健康的竞赛精神才配得到荣誉。没有硬撑的刘翔，反倒表现出英雄自身的进步。不逞一时之勇，不图一时之誉，学会保护自己的刘翔，比大多数在想象中纵杀英雄的人，更明白荣誉与人性的取舍。英雄走在了呼唤英雄的人前面。

更高、更快、更强，奥林匹克运动激励竞技体育不断挑战人类极限。当博尔特在“鸟巢”以9秒69的成绩夺得男子100米跑金牌并打破世界纪录，人们曾经同样期待飞人刘翔能在祖国的主场挑战极限。刘翔昨日的因伤退场，令更高、更快、更强的精神倡导，触碰到运动员生理健康的残酷现实。挑战极限与生命健康，我们唯愿人类向上的精神驱动，不以舍弃生理健康为代价。刘翔出于伤痛选择退出，运动员对自己职业生涯的爱惜和健康的保护无可指责。

在为荣誉而战的时刻，我们转而看到了运动员的“脆弱和放弃”。很多人选择了理解刘翔，尊重一个运动员对自己运动生命的抉择和把握，但也有人不解，觉得刘翔即使不能拿到冠军，也应该坚持跑完全程，给大家一个交代。我们所处的时代，是否还在鼓励忽视个人痛苦的付出，只为向大多数作出情绪的照顾？是否仍然难以理解一个运动员对尊严的自我选择，只是强调为了荣誉不顾一切的争取？这是刘翔带给我们更深的思索。

刘翔选择退出了奥运赛场，更确切地说，是伤痛选择了让他退出赛场。但年轻的刘翔充满机会，他的运动生涯仍有闪亮前程。就此而言，刘翔的放弃，不如说是一个优秀运动员更长远的坚持。主场卫冕的荣耀，固然令运动员在体育之外，更添为国争光的雄心，但这荣耀同样珍视每一个运动员健康的体魄、长远的发展。25岁的刘翔，曾带给我们如此之多的欣喜和期待。我们祝福刘翔，克服伤痛，再续辉煌。

（2008年8月19日）

事件：中国女排在21日半决赛中负于巴西队，卫冕冠军的希望落空，在8月23日被引为荣誉之战的争夺第三名的比赛中，中国女排顽强拼搏打出了士气，以3∶1战胜古巴女排获得铜牌。在赛后的新闻发布会上，中国女排主帅陈忠和三度落泪，感慨说："我们在最艰苦的时候体现了女排团队的一种精神。"

观点：女排精神是中国女排的历史遗产，是上世纪80年代中国女排夺得五连冠之后的经验总结。更关键的是，它因契合时代需要，不仅成为体育领域的品牌意志，更被强烈地升华为民族面貌的代名词，演化成指代社会文化的一种符号。

为女排精神定义　为中国女排加油

以卫冕冠军和东道主双重身份参赛的中国女排，承载了中国体育传统概念的三大球集体项目在北京奥运冲金的最大希望，可是中国女排姑娘们的比赛征程并不顺利。

中国女排在21日半决赛中负于巴西队，卫冕冠军的希望落空，在昨日被引为荣誉之战的争夺第三名的比赛中，中国女排顽强拼搏打出了士气，以3∶1战胜古巴女排获得铜牌。在赛后的新闻发布会上，中国女排主帅陈忠和三度落泪，感慨说："我们在最艰苦的时候体现了女排团队的一种精神。"

在关于中国体育竞技的议论中，"女排精神"这个词语反复出现，不约而同地受到强调。它被用来总结失利的主因，甚至被批判者认为本届女排出现的成绩是女排精神匮乏的表现。与此同时，女排精神同样被当作慰藉的理由，认为最后一战对阵古巴时竞技状态良好，即便没能进入决赛卫冕金牌，但仍能够顽强拼搏，成功捍卫女排精神才是最大的胜利。

可谓成败皆在女排精神。根据那些逻辑，它既是制胜时的法宝，又是失利时的收获；是夸赞的缘由，也是指责的凭据；是女排的光荣，也是女排的不能承受之重。

女排精神是中国女排的历史遗产，是上世纪80年代中国女排夺得五连冠之后的经验总结。更关键的是，它因契合时代需要，不仅成为体育领域的品牌意志，更被强烈地升华为民族面貌的代名词，演化成指代社会文化的一种符号。它一直与女排的得失、沉浮联系在一起，并成为评价中国女排的最难以割舍的标准。

由此，女排队员的角色就被固化下来，必须用胜利来完美展现女排精神，否则就是不达标，也就等于是历史使命不合格的传承者。几代队员承续，中国女排要担负的角色压力一再被强化。她们不仅要克服伤病的常年困扰，不仅要在战术上进步，更需要卸下精神负累去比赛，身上的压力不言而喻。

而在本次奥运女排征战过程中，国人关于女排精神的情结陷入了新的焦躁状态。因为郎平出现了。她原本是女排精神最知名的代表人物，本次率领美国女排参赛，并且屡屡获胜，直至挺进决赛。郎平和美国队成为中国女排网前的竞争对手，这是一个极其微妙的局面。当别人比我们更拼搏，并且用胜利一再证明这个资格时，中国女排因此被激起的焦虑该多么沉重！

诚如陈忠和在新闻发布会上坦承，女排承载了太多太多希望，“只能打好，压力很大，输了三场球都哭了”。带着全方位的压力上场与顶级球队竞赛，中国女排在技术运用、身体素质、战术配合等主要方面就容易变形和被动。

如今，陈忠和与他的队员将告别自雅典夺冠以来的四年盛誉，他们可能仍要竭力调整金牌与铜牌之间的落差。对中国女排而言，卧薪尝胆后将需要重新振奋，要去找到正确的起点。

引述专栏作家颜强的话：“这么多团队集体项目中，女排运动员脸上的欢笑，似乎是最多的，这也是中国女排最可爱的地方。”从积极方面看，人们不断复述女排精神也是对中国排球运动的热爱和殷切期望，只不过，为中国女排加油就要防止这一情结扩张。24年来的奥运成绩显示，中国女排经历了谷峰与谷底间的跌宕。女排的成绩曲线起伏，并非女排精神所能完全涵盖与评价，而郎平更在北京奥运上从侧面证实了这一点。

新的求索期又开始了，中国女排中在雅典产生的黄金一代多数要退役，女排在人才储备及推动群众运动发展等方向确实存在某些焦虑。希望奥运铜牌能疏导出理性的心态，在女排的更替和变革中，敏锐地认识应当抓住的成果，以及需要避免的情绪和后果。只有这样，无论奖牌的成色如何，才可以构成女排再次崛起的支持力量。

（2008年8月24日）

事件：随着北京“鸟巢”主火炬的熄灭，第29届奥运会完美落幕。中国体育代表团取得了51枚金牌、100枚奖牌的优异成绩，第一次名列奥运会金牌榜首位，创造了中国体育代表团参加奥运会以来的最好成绩。作为东道主的中国，为把北京奥运会办成一届有特色、高水平的奥运会作出了巨大努力，完善的比赛场馆设施，出色的组织服务工作，赢得了奥林匹克大家庭和国际社会的广泛好评。

观点：即便没有奥运，世界与中国仍有着达成了解和共识的需求。而凭借并运用奥运提供的机遇，中国取得了目前这一圆满成果。奥运调动了中国一切积极因素，并根据世界规则和中国方式加以组合。

北京奥运：中国理想的一次成功实践

随着北京“鸟巢”主火炬的熄灭，第29届奥运会完美落幕。逾半月以来，一场地球上最大规模的体育盛事隆重上演，成就了世界的8月狂欢，并铭刻于五大洲的民众心间。毫无疑问，在被烙上中国式的印记后，本届奥运会已荣登经典行列，以无可辩驳的资格载入史册。自此，现代奥林匹克史有了中国书写的章节，而中国也在承办的过程中塑造国家性格，将奥运时间赋予自身的一段历史。

奥运与中国相逢，以荣耀照耀彼此。作为盛会的最重要组成部分，上万名运动员汇聚在同一个世界的旗帜下。他们鏖战拼搏，刷新40多项世界纪录，以卓然的姿态改写历史，并分享人类的竞技之美。而中国更登上金牌榜首位，坐拥51枚金牌。在现代奥运会历史上，中国是第四个在一届赛事中获得逾半百金牌的国家。奥运的荣光与中国的梦想，历史性地交融在一起。

除了必然要阐释宏大的主旨，奥运还完成了创造集体记忆的使命。它是竞技场，也是大舞台，将牵涉到的所有对象都囊括其中，并只用了16天的时间就展现了迷人之处，足以令众生倾倒。菲尔普斯独揽8枚金牌，博尔特用牙买加人的速度征服这个星球，埃蒙斯对丈夫的深情相拥感动世界，杜丽遭遇过山车般的金牌轮回……这些既是当事者的奥运人生，业已凝固为旁观者的奥运阅历。

在这个夏天，北京奥运向世界传达了中国化的叙事，在奥运语境中成功表露了自己的方向和意图。奥运赛程顺利结束，这已充分证明：中国具备应对超大型场面的基础设施、协调能力和运作实力。从申办到实际谋划的这 7 年，借助奥运平台，中国搭建了与友邦交流的新窗口。由此，展现民族及国家对世界秩序的诚意和责任，改革开放的业绩也在世界范围内传播，纠正褊狭甚至扭曲的解读。

即便没有奥运，世界与中国仍有着达成了解和共识的需求。而凭借并运用奥运提供的机遇，中国取得了目前这一圆满成果。奥运调动了中国一切积极因素，并根据世界规则和中国方式加以组合。在建设的过程中，国家形象、国民参与、环保科技、社会支持等都产生了正面推力，赢得了普遍肯定。对奥运的认同，也就是对中国的认同。而奥运于昨夜华丽谢幕，也喻示着中国理想的一次成功跋涉。

收获认同感是北京奥运的重要成果之一，沿着这一路径，奥运对中国也具有别的历史意义，比如信任。奥运会显示出平衡、中立的品质，通过奥运所释放的信息是真实和诚恳的，值得信赖。无论是依照国际惯例运作奥运会程序（如开放媒体），还是尊重公民社会的规律协办奥运（如募集志愿者），北京都坦率接受局部的历史变革，在中国与世界、政府与社会间构建互信。

因应奥运而变，诞生了一系列的规则、技术和程序，它们共同维系了奥运的尊荣，也在不同程度上改变了国人的切身境遇。它们既涉及奥运形象，也关系国计民生，对一个良好格局的形成多有建树，这方面的效用已被北京奥运会所证明。事实上，北京奥运会始终是开放、包容的积极倡导者，它坚定地表达我们注定要走的道路，而在后奥运时期，也要在这条道路上续写中国故事。

奥运不为中国所独有，在度过北京时间后，它已然进入伦敦周期。但它的火焰在中国持续燃烧过，促成过非同一般的历史事件的发生。相较于比赛的精彩瞬间，北京奥运更释放出确凿的信息：传统中国历经革故鼎新，早已展现出现代中国的面貌，而奥运不仅是那么多重大变革的见证者，也是其中的组成部分。北京奥运虽已结束，但不会消失，它的历史价值成为中国的背景，时刻都在。

（2008 年 8 月 25 日）

事件：广东省政协近日召开会议，专题协商解决外来务工人员子女接受义务教育的问题。其间公布的调研报告显示，截至2007年，广东省义务教育阶段外来工子女达到令人瞠目的244.08万人，占全国的56.8%，且以每年27万人至30万人的速度增长，总数及增幅均居全国首位。其中大多数分布于珠三角地区。基于国家已经确立的免费义务教育政策，如果全部将其纳入公办学校入读，全省每年要投入66亿元。有官员透露，外来工子女享受免费义务教育将从本省户籍人员开始，省内跨市、县转移的纳入本市、本省义务教育范畴，省外的要争取中央财政支持。

观点：义务教育事关国家基业，更要以只争朝夕的务实精神从速解决。

解决外来工子女教育知易行难更须承担

广东省政协近日召开会议，专题协商解决外来务工人员子女接受义务教育的问题。其间公布的调研报告显示，截至2007年，广东省义务教育阶段外来工子女达到令人瞠目的244.08万人，占全国的56.8%，且以每年27万人至30万人的速度增长，总数及增幅均居全国首位。其中大多数分布于珠三角地区。基于国家已经确立的免费义务教育政策，如果全部将其纳入公办学校入读，全省每年要投入66亿元。有官员透露，外来工子女享受免费义务教育将从本省户籍人员开始，省内跨市、县转移的纳入本市、本省义务教育范畴，省外的要争取中央财政支持。

广东作为全国流动人口流入大省，外来工子女教育问题困扰多年。近年，国家确立实施免费义务教育政策，并且规定，流动人口子女就学以流入地政府管理为主，各地要积极妥善安排流动人口子女到公办学校或经批准的民办学校就读，在公办学校就读的流动人口适龄子女收费与当地学生一视同仁。新的教育政策强调了义务教育阶段的国家义务性质，在民生政治之下提出了更高标准的教育福利，自然广受民众欢迎。但放在户籍背景下的人口流动现实，也进一步加大了广东解决外来工子女教育问题的政治迫切与现实压力。

历经多年的社会热议，解决外来工子女教育问题的正当性和必要性已经毋庸置疑。这在价值上已经是无须争辩的事情。户籍制度的历史惯性虽然一直存在，但国民待遇应该一视同仁，户籍意义上的外来人口同样应当享有同等的公共服务和社会福利。但价值确立，如何兑现为现实存在，是一个极其繁难的系统工程。落实到外来工子女教育问题的解决上，多年来难以推进的困局已经说明了知易行难的改革现实。

其中所涉，首要仍然是钱字。笼统而论，这些年经济快速发展，中央和地方财力增长迅速，所谓再穷不能穷孩子，要算大账从鼓胀的财政金库里划出一大笔，一次性解决教育问题似乎也不无可能。但现实强于人意。转型期矛盾丛生，各级财政要应付全能所需，也依然捉襟见肘。何况在目前各级政府的行政效能和决策体系下，要想政府资源更多地转向教育这种长期收益领域，显然也并不现实。这是当前教育投入长期欠账的体制尴尬。

有财政专家指出，在强调改善民生的政治倡导下，这几年各级政府都纷纷出台眼花缭乱的社会发展规划，试图在短时间内把一揽子计划全部付诸实现，各类公共服务产品供给呈现出齐头并进的高增长格局。这种公共产品的大跃进，已经呈现出筋疲力尽、难以持久的体制不适，具体到财政上就是各级政府在支出责任上相互推诿。放在这样的背景之下，再来讨论外来务工人员子女义务教育问题的解决，就会在价值辨析之外，更多一个现实政治的视角。

与财政体制改革、重新划分事权财权相比，教育券在解决流动人口教育问题上也被反复提及。此次广东专题协商解决外来人员子女教育问题，发放教育券的建议同样被重点关注。尽管关于教育券的讨论已持续经年，在一些地方亦有小范围的试点，但更高层面的政策研究与商讨似乎仍未见动静。发放教育券也许不必触及行政体制的深层改革，但其对教育市场的深层激荡，势必造成教育领域公办与民办的重新洗牌。就此来看，教育决策者对于教育券政策的迟疑也就不难想见了。

一个显见的事实，是无法等到体制一一理顺健全再来解决当下这些急迫的问题。义务教育事关国家基业，更要以只争朝夕的务实精神从速解决。当前行政体制改革滞后，各级政府财权事权划分不明，面对诸多急迫无奈的社会问题，演化出种种变通应景的政府姿态。概言之，确乎是在走一条三十六计，能解决当下问题即为上计的道路。在外来工子女教育问题上，一些地方政府通过向民校购买学位，解决一时之需。在根本的财政解决方案未能出台之前，类似地方政府在政治正确与民生急切之间反复平衡，也不失为现时的政治智慧和务实承担。

（2008年8月30日）

事件： 省委书记汪洋9月3日主持座谈会，专门研讨教师待遇。汪洋认为，成熟的领导者必须重视教育，否则就不是合格的领导。面对尖锐的质疑，他同时承认，教师待遇水平能否提高，关键在于各级党委政府有无责任心。座谈会定下时间表，要求广东在两年内解决代课教师问题，并使教师平均工资与当地公务员大体相当。而到2009年教师节，省教育厅要通报各地解决问题的进度。

观点： 假若对教育还抱有一丝单纯的念想，那么，代课教师这个称谓都是对教育、对广东人的侮辱。显然，这个群体的付出与回报绝不相称，极度失衡竟然是他们的常态。代课教师无法从高强度的职业作为中收获起码的生活尊严，可恰恰是这些人在支撑广东义务教育的基础。

教师没有尊严　教育也无希望

省委书记汪洋前日主持座谈会，专门研讨教师待遇。汪洋认为，成熟的领导者必须重视教育，否则就不是合格的领导。面对尖锐的质疑，他同时承认，教师待遇水平能否提高，关键在于各级党委政府有无责任心。座谈会定下时间表，要求广东在两年内解决代课教师问题，并使教师平均工资与当地公务员大体相当。而到明年教师节，省教育厅要通报各地解决问题的进度。

以省委书记的名义发出军令状，决意根治教师待遇尤其是代课教师的积弊，这是汪洋送给全省75.6万名中小学教师的节日礼物。不过，这一承诺牵扯出苦涩的背景：广东122个县中，教师平均工资比公务员低的县有86个，其中差距在500元以上的县有49个，大约占四成。而中小学代课教师更高达5.2万人，为全国之最，亦即每百名教师中就有近7名是无名分、无福利的教师雇工。

广东向来领风气之先，在诸多领域享有众多无可匹敌的荣耀。仅就国民生产总值GDP而言，去年已达3万亿元，领先新加坡等国家，用富可敌国来形容也丝毫不为过。然而，骄人的省情并非全部，它也有令人感到焦虑甚至羞耻的一面：全省公办教师平均月收入1200元，代课教师则更低，三四百元不等，在部分地区只有区区200元。在拥有最多代课教师的同时，广东中小学教师空编6万多个。

教育的功用无需论证，可教育绝非空中楼阁。教师是建构的主体，他们的尊严是教育的凭依。师尊在，则教育存；师尊沦陷，教育必定没有前途。汪洋在出访国外前，召集教育座谈会，其决议无他，仅是重申了这些常识。而在行动层面，更着意督促政府官员直面教育界的困顿，杜绝懒惰和懈怠，摒弃教育行政中官僚主义的顽疾，以期唤醒公共财政对广东教育更广泛的担当。

公共财政对代课教师的轻慢，从空编数万的事实就一览无遗。假若对教育还抱有一丝单纯的念想，那么，代课教师这个称谓都是对教育、对广东人的侮辱。显然，这个群体的付出与回报绝不相称，极度失衡竟然是他们的常态。代课教师无法从高强度的职业作为中收获起码的生活尊严，可恰恰是这些人在支撑广东义务教育的基础。

代课教师是留存于教育行业的歧视现象，它以制度化的不平等安排制造了教师队伍中的不公。如今，无论是从对教育负责的立场，还是从对座谈会决议负责的角度，广东都到了一揽子解决这些问题的时刻。实践证明，乃至于一些经济落后地区的经验显示，解决包括代课教师在内的教师待遇，障碍不在于钱多钱少，而在于公共财政是否负责，其潜台词则是地方官员能否执政为民。

这些年来，不管是全国还是广东的教育审计，都能发现挤占、截留、挪用甚至贪污教育经费的大批案例。教育投入本来就少，却往往成为官员在树立政绩中最容易牺牲的部分。在某种程度上讲，扭曲的政绩观变相抹杀了教师尊严。匡扶师尊必先整肃吏治，除了决心之外，广东也要完善辅助性的制度。不然，改善教师待遇可能无法长久，建立教师保障的长效机制也难以奏效。

汪洋形容反映教师待遇的问题是“血淋淋”的，此言非为夸张。收入微薄的师者特别是代课老师，日夜都挣扎在经济窘迫与身份压制的双重煎熬中。他们背负着广东教育的希望，却过着自己并不想要的生活。若比照肩负的使命与价值，他们本不该深陷在如此不堪的状态中。广东应该也能够解除他们的束缚，为师尊拂去蒙尘，一如粉碎落后的代课教师制度。

解决中小学教师待遇，珠三角地区用一年，欠发达地区用两年，而计时已经开始。这也可以理解为在岭南进一步恢复师尊的全部时间跨度。广东要重新做选择，公共财政必须增加新的方向，公共行政则要透过教育界显现健康的执政观。相较于历史欠账，尤其是对教师群体已经欠下的那些感情债、财政债，目前要做的那些事务不是为了建功，而意味着迟来的救赎，实因师尊与教育同在。

（2008年9月5日）

事件： 近日，媒体披露甘肃14名婴儿疑似因食用三鹿奶粉患上肾结石，消息发布之后，各地陆续发现多个相似病例，事态扩张覆盖湖南、湖北、山东、安徽、江西、江苏等省。国家卫生部9月11日发布消息称，经相关部门调查，高度怀疑三鹿婴幼儿配方奶粉受到名为三聚氰胺的化工原料污染。三鹿集团亦于11日晚上发布产品召回声明，立即对2008年8月6日以前生产的三鹿婴幼儿奶粉全部召回。

观点： 这使部分民众质疑，相关消费预警是否能够及时发布，或者究竟应该由什么机构来发布。如果食品安全只能由人体试验自然预警，机构的日常监管作用如何体现？

“结石婴儿”令食品安全忧心再起

近日，媒体披露甘肃14名婴儿疑似因食用三鹿奶粉患上肾结石，消息发布之后，各地陆续发现多个相似病例，事态扩张覆盖湖南、湖北、山东、安徽、江西、江苏等省。国家卫生部昨晚发布消息称，经相关部门调查，高度怀疑三鹿婴幼儿配方奶粉受到名为三聚氰胺的化工原料污染。三鹿集团亦于昨晚发布产品召回声明，立即对2008年8月6日以前生产的三鹿婴幼儿奶粉全部召回。

4年前，曾发生震惊全国的“大头婴儿”事件，安徽阜阳农村的100多名婴儿，因食用劣质奶粉陆续患上了怪病，仅2004年当地就有8名婴儿因此夭折。其后查明，乃有无良商贩制造无营养的劣质婴儿奶粉大量销往农村市场，一些标明为97%的婴儿奶粉，蛋白质含量甚至仅有2%。有此前鉴，此次传出“结石婴儿”现象之后，民间迅速归因为劣质奶粉所致，事件所涉企业因之遭遇前所未有的信誉危机。

与4年前由无良商贩在地下工厂炮制出的阜阳劣质奶粉事件不同，此次事件所涉的三鹿奶粉，乃是一家有60多年历史的国家知名企业，是国产奶粉的“龙头”，奶粉产销量已连续11年全国第一。基于成本收益考虑，企业恶意转产劣质奶粉图利，应该不在其列。但是否存在严重的质量控制失误，民间只能存疑。而卫生部昨晚公布的情况，证实了后者。如何导致污染的细节尚未公布，但大型企业发生如此严重且低级的污染事故，生产质量监控确实令人忧心。

事态的曲折进展也让人瞩目。早前，甘肃当地卫生部门已经证实，患病婴儿均曾食用三鹿配方奶粉，但鉴于尚无科学程序确定婴儿泌尿结石与配方奶粉有直接关系，事件短时陷入了扑朔迷离之中。三鹿奶粉也发表过奶粉质量有保证的强调声明。但仅仅几小时之后，三鹿集团又发布产品召回声明，称经公司自检，发现2008年8月6日前出厂的部分批次三鹿婴幼儿奶粉受到三聚氰胺的污染，决定立即全部召回。以此推测，所谓公司的自检纠错已经相当可疑。

事实上，事件结果大白之前，舆论已经呈现的逻辑因果似乎异常明了：生产环节的监控不严等导致了食品卫生安全问题，流通环节的监管滞后导致了假冒伪劣泛滥。这种民间认知模式的一触即发，固然难以事后诸葛自居，其中所隐藏的却是民众经验对于食品安全卫生的脆弱信心。宁可信其有，不可信其无，普通民众的自我保护，已经成为应对残酷现实的无奈技巧。

“结石婴儿”事件的发生发展，从个案到现象时间不算短暂。就已有信息来看，6月底，在事件全面披露前，已有患者亲属及从医人员向国家质监部门反映奶粉涉嫌致病问题，但并未引起跟踪重视，只建议再向卫生部门反映。直到甘肃媒体曝光之后，地方卫生部门介入，才重新获得密切关注。这使部分民众质疑，相关消费预警是否能够及时发布，或者究竟应该由什么机构来发布。如果食品安全只能由人体试验自然预警，机构的日常监管作用如何体现?

鉴于已经明晰的事实，目前国家质检总局已经派出调查组赴三鹿奶粉生产企业调查事故原因，并在全国范围内对同类产品进行专项检查。工商总局加强了对市场上婴幼儿配方奶粉的监督检查。卫生部已组织联合调查组开展该事件的调查处理，并在全国范围内对可能由此造成的婴幼儿患病情况进行全面调查，同时紧急组织专家研究制定了诊疗方案。应急之后，依旧形势迫人，食品安全如何万无一失再度敲响了警钟。

（2008年9月12日）

事件： 三鹿毒奶粉事件迅速扩大，越来越多患有肾结石的婴儿被发现，广东也陆续收治相关病例。而在事件被最早曝光的甘肃，已出现与三鹿奶粉密切联系的死亡报告。9 月 11 日，三鹿公司先是矢口否认，但很快就改变说法，承认奶粉受到污染。9 月 12 日，三鹿公司又给出调查结果，所谓污染是由奶农在原奶中掺加三聚氰胺造成，石家庄还据此传唤了嫌疑人员。

观点： 从三鹿公司迄今的言行看，并没能从生产商应有的责任出发给予缓解。为减少毒奶粉的社会危害，让民众充分了解危险的程度及广度极其紧要，三鹿公司从一开始就漠视消费者权益，无视自身问题产品可能造成的生命危害。

三鹿公司何以漠视公众生命安全

三鹿毒奶粉事件迅速扩大，越来越多患有肾结石的婴儿被发现，广东也陆续收治相关病例。而在事件被最早曝光的甘肃，已出现与三鹿奶粉密切联系的死亡报告。前日，三鹿公司先是矢口否认，但很快就改变说法，承认奶粉受到污染。昨天，三鹿公司又给出调查结果，所谓污染是由奶农在原奶中掺加三聚氰胺造成，石家庄还据此传唤了嫌疑人员。事态目前在国内继续蔓延，这场危机闹得沸沸扬扬。

对三鹿公司来说，眼下所发生的一切都是致命的。在过去的数十小时内，这家曾经享有“国家免检产品”等诸多殊荣的奶制品企业异常焦虑，立场反复更迭。尽管三鹿公司急于与事件撇清关系，试图从生产方面证明自身的清白，不过从密集披露的信息看，它的解释存在着许多自相矛盾之处。它正在进行的危机公关处置令人心意难平。

根据南方周末记者调查，今年上半年，全国至少有 8 个地方的医院分别收治了少则 3 例，多则 20 例的肾结石婴儿；江苏某医院医生认为婴儿结石病呈暴发之势。而在这些不幸的病例背后，所有的矛头都指向三鹿奶粉。然而在接报和投诉之后，无论是监测机构还是三鹿自检，都给出了奶粉合格的检测报告。逐渐浮现的证据证明，就在家长们普遍怀疑却被敷衍的同时，三鹿已经知道奶粉有问题。

早在今年 3 月中旬，三鹿公司就接到消费者反映，有婴儿吃了婴幼儿奶粉后，竟然表现出肾结石症状。而据财经网消息，该公司的销售代表在 6 月份就明确获悉奶粉被污染，然而并未采取公开的挽救措施，仍然如常出售。再据三鹿公司的说法，在8月1日就知道原奶中被加入了三聚氰胺。然而，所有这些信息并没有在当时公布，一再延误。对此中隐瞒的缘由，三鹿公司拒绝回应。

如今，三鹿公司将全部责任推给“不法奶农”，试图与其相切割，大有将事故责任甩给别人的意图。可是，这仅仅是三鹿公司单方面结论。退一万步讲，即便假设其成立，为何三鹿公司在收购环节未曾有丝毫发觉？而三聚氰胺能通过三鹿公司自称的1100多道检测程序，生产环节怎么会毫无干系？国家权威结论尚未形成，三鹿公司却抬出“挡箭牌”，再加上此前的有意瞒混，大有转移问题焦点的嫌疑。

对于生产上的责任故意回避，在毒奶粉造成不可逆转的危害后，又以虚假的态度混淆舆论，三鹿公司可以说是一错再错。甚至，被三鹿奶粉伤害的婴儿和家庭都听不到一声道歉。三鹿为求自保，似乎一切手段都能采用，唯独漠视人命。在封存和收回数千吨问题奶粉后，对市面上残存的700吨毒奶粉迟迟不加有效干预，它们流通的地区、产品批次等关键信息统统压着不报，对可以救命的预警视而不见。

如果按照三鹿婴幼儿奶粉“U＋配方”系列的规格，一听奶粉900克，700吨问题奶粉就可以分装70多万桶。如此换算，并非要激起恐慌，而是说明显而易见的危险性。这种危险分布在农村或信息闭塞之地。从三鹿公司迄今的言行看，并没能从生产商应有的责任出发给予缓解。为减少毒奶粉的社会危害，让民众充分了解危险的程度及广度极其紧要，三鹿公司从一开始就漠视消费者权益，无视自身问题产品可能造成的生命危害。

卫生部已证实，三鹿奶粉中的三聚氰胺造成婴儿的泌尿系统结石。这等于初步坐实了三鹿公司的责任。余下的将是对责任的分配和相应的惩罚。“奶农投毒说”也将接受审核，以判断它的真假。“结石婴儿”事件也显露了质检等政府监管力量的冷漠，但追究全面责任的前提是盯牢问题的核心，亦即着重识别三鹿公司的所作所为。可以确定的是，毒奶粉的受害者还将增加，但三鹿公司绝非受害者。

（2008年9月13日）

事件：在次级抵押贷款市场危机加剧的形势下，美国第四大投行雷曼兄弟宣布由于陷于严重的财务危机，申请破产保护。9月15日，美国政府拒绝对雷曼兄弟施以援手。次贷引发的金融危机还将深化，全球经济景气周期下行几乎成为定局。

观点：次贷危机是美式金融资本主义的刮骨疗毒过程，就像1929年大萧条催生了罗斯福新政，安然、世通破产催生了萨班斯法一样，次贷危机会催生新的管制手段、新的金融产品。

金融危机来袭　刮骨疗毒过冬

9月15日，美国政府拒绝对雷曼兄弟施以援手，雷曼兄弟宣布寻求破产保护。次贷引发的金融危机还将深化，全球经济景气周期下行几乎成为定局。

迄今为止，华尔街五大独立投行中，有三家在6个月内消失，更多的金融机构在等待命运的审判。一个终极问题产生了，全球金融资本主义是否已经走到穷途末路，政府应该更多地介入市场微观运作？

贪婪与恐惧体现在次贷危机的各个环节，美国房地产抵押贷款的业内人士理查德·比特纳在《次贷危机真相》一书中揭开了可怕的真相——几乎在每个环节中都充斥了谎言与虚假的评估。美联储主席伯南克斥责，“近年相当一部分放贷是既不负责任也不谨慎的”，这在美联储主席的语言体系中，几乎是疯狂和不理性的同义语。

但事实真相绝不如此简单，次贷危机不仅暴露出金融机构的疯狂，更暴露出美政府主导的经济发展模式的疯狂。美国的房地产贷款是支撑贷款消费的基础，购房者通过贷款购房，通过增值的房屋获得消费贷款，通过各种金融机构，房地产贷款产品被证券化后，出售到全世界——以房地产为中心形成贷款、消费、生产链条，以负债或者债权的形式，全球的美元资产源源不断地汇聚到美国。在房贷证券化链条中，美国政府隐性担保的房利美与房贷美起到了枢纽作用。

不是吗？正是美国政府的插手，才让美国债券证券化市场在上世纪80年代后期蓬勃发展；正是利用房贷提振消费的举措，才让克林顿时代美国经济数据花团锦簇；正是美国政府的隐性担保，才让几十万亿的次贷产品通过两房行销全世界。可见，次贷危机不仅是金融资本市场幻梦的破灭，更是美国政府主导的金融资本主义拯救美国经济、拯救消费的国家政策的破产。如果说金融市场大溃败，也是美国政府与美式金融资本主义的共同溃败。

美式金融市场的创新能力无可比拟，但任何一种金融市场都无法抵抗制度性的造假行为，而次贷危机恰恰显示出大面积的制度性造假行为，从评级机构到担保公司，无一幸免。

在造假过程中，金融资产出现爆炸式增长。麦肯锡全球研究所（McKinsey Global Institute）称，全球金融资产占全球年度产出的比例，已从1980年的109%飙升至316%，2005年，全球核心资产存量已达140万亿美元。同期英国的金融资产比例从278%升至359%，美国则从303%升至405%。德意志银行（Deutsche Bank）首席执行官约瑟夫·阿克曼（Josef Ackermann）说，“我不再相信市场的自我修复能力”，政府接手两房、拯救贝尔斯登，说明政府的控制能力已经达到极限。

次贷危机之后，国际金融市场将出现深刻变化。直观表现是，金融资产体量下挫，投资者越来越趋向保守。香港金融管理局总裁任志刚表示：“最终大家可能会发觉有需要回到基本去，再次认清资金融通的根本目的，而负责保障公众利益的监管机构也要意识到，最简单的方法长远来说可能更具成本效益。”实际上在说，我们不愿意上华尔街复杂到无人能懂的金融衍生品的当，金融市场的基本功能是融通资金，而不是让贪婪者得暴利。

投资者开始自我保护，手握现金，投资最保守的资产，以求度过严冬：各个市场的投资者均缩减杠杆头寸，投资者转向现金和国债等安全资产。次贷危机，说明金融衍生品应该有明确的疆界，而金融市场趋向保守，是认可了保守的趋向。直至安然度过本轮由次贷引发的经济下行周期，全球金融市场才会重新掉头向上。

那些曾经信奉美式金融创新制度的国家，会因此变得更加谨慎，他们原本就不信任难以掌控的复杂的金融体系，次贷危机将使他们看到失去监管的金融市场的破坏力，各国主权投资基金与金融创新会更加谨慎。

但是，可以相信，金融资本主义不可能重回政府管制之路，而是会走向加强监管之路，否则，美国政府会继续帮助雷曼兄弟，以及受到破产威胁的几十家金融机构。可能的监管手段包括：收紧资本金要求，对金融机构的表外资产有更透明的要求，评级机构的失信评级将受到管制，对造假者的处罚会更严厉，谨慎对待金融市场中的政府信用担保。

次贷危机是美式金融资本主义的刮骨疗毒过程，就像1929年大萧条催生了罗斯福新政，安然、世通破产催生了萨班斯法一样，次贷危机会催生新的管制手段、新的金融产品。

（2008年9月17日）

事件：国家质检总局17日发布公告，决定从即日起，停止所有食品类生产企业获得的国家免检产品资格，相关企业要立即停止其国家免检资格的宣传活动，其生产的产品和印制在包装上已使用的国家免检标志不再有效。9月18日，国务院更是明文废止此一施行了近9年的制度。而在此之前，只要企业符合条件，并经质检部门三次以上抽检合格，就能获得国家免检称号，享受众多便利。

观点：客观地看，从利益格局中脱身，摆脱它们的纠缠和羁绊是恢复质检合法性的前提条件。如今宣告它的死亡，希望寓示着一个好的开端，并能以此为突破口，痛下决心，振奋纲纪。

废除免检制度，鼓舞消费者信心

国家质检总局17日发布公告，决定从即日起，停止所有食品类生产企业获得的国家免检产品资格，相关企业要立即停止其国家免检资格的宣传活动，其生产的产品和印制在包装上已使用的国家免检标志不再有效。昨日，国务院更是明文废止此一施行了近9年的制度。而在此之前，只要企业符合条件，并经质检部门三次以上抽检合格，就能获得国家免检称号，享受众多便利。

毒奶粉事件发展至今，事态不断升级，已从最初的三鹿公司扩展到至少22家国产品牌。面对此次食品安全危机，质检部门不仅要承担起专业职责，配合处置毒奶粉事件，而且也亟需全面评估现行的质检模式，以寻找改进的空间。而终止国家免检制度，则显示了质检体系自我审查后的选择。

《产品质量法》规定，国家对产品质量实行以抽查为主要方式的监督检查制度，对可能危及人体健康和人身、财产安全的产品，影响国计民生的重要工业产品以及消费者、有关组织反映有质量问题的产品进行抽查。对依法进行的产品质量监督检查，生产者、销售者不得拒绝。从法律规定来看，并没有赋予任何产品不接受质量监督的特权。

作为优惠待遇，国家免检原是颁发给企业的荣誉。不过，若按照对产品实现全流程、无缝化质检覆盖的要求看，这一制度的重大弊端是显而易见的。从本质上讲，免检制度就是放弃质检，是对质检体制的重大消解。因为，免检制度的存在有着苛刻的前提，亦即企业在解除强制质检的情况下，必须能坚决地执行高等级的制造标准。可从国情看，这一前提并不充分，或者根本不存在。

从食品安全被侵犯的历史看，国家免检产品并不“感激”这一制度优待。尽管国家质检体系并非只有免检制度一项，可是后者的遭遇颇具标本意义，从中可以察见整体系统的真实状况。质检作为食品安全最重要的屏障，应当直面免检制度之后的空白，努力达成举一反三的深刻自省，真正地把危机作为思考改良的契机。

谁也无法否认，若要保证食品安全，质检这道防线不可或缺。因此，检视质检制度，堵塞制度化的漏洞是当务之急。每一次食品安全危机，让民众看见质检的进步才是最紧要的。然而，从国家免检制度蜕变的事实看，质检系统的积弊往往不是因制度匮乏造成。

除了修订或完善制度，质检体系亟待重建它的信誉。在很大程度上讲，质检技术并不是核心问题。就像免检制度给出的反面教训那样，质检要以诚恳的行动恢复社会对它的信心。例如：要成为能发现隐患的系统，重视最初的质量投诉，给予公众质疑以应有的尊重；主动介入食品安全问题，坚持职业操守，而不是任由抽样数据屈从于利益，免得前后不一或矛盾百出。

客观地看，从利益格局中脱身，摆脱它们的纠缠和羁绊是恢复质检合法性的前提条件。如今宣告它的死亡，希望寓示着一个好的开端，并能以此为突破口，痛下决心，振奋纲纪。

食品安全不仅仅是质检的事务，可它却在职守上首当其冲，没有任何理由逃避。这可能是感觉最糟糕的时候，却也最需要正确的质检制度。良好的建设就从革故鼎新开始，废止免检制度是鼓舞消费者信心的良策。

（2008年9月19日）

事件：世界卫生组织18日要求中国政府解释，为何奶粉受污染事件在几个月后才对外公布。世卫组织表扬了中国政府对这一危机作出的反应，但同时也指出政府必须查出为什么上报系统会在最初出现问题。为防止进口奶粉涨价，主管部门进行了临时价格干预。

观点：食品不安全会带来可怕的后果，假如每次都造成民众信心的流失，那才是最可忌惮的。

处置食品危机的方向是恢复国民信心

毒奶粉风波还在发酵，世界卫生组织也对事态抱以关注。18日，国务院废除了实行近9年的产品质量免检制度，早前已有部分地方官员被撤职。为防止进口奶粉涨价，主管部门进行了临时价格干预。而医治病患与强化安检仍在一并进行。所有措施都表明，中央政府正采取最高响应等级处置本次食品危机。在严厉的后续检测中，新的警示被不断传达，同时也有正面消息宽慰人心。

当三聚氰胺成为耳熟能详的词语时，本轮事件再次刷新民众对食品不安全的认知：就受害者全是婴幼儿这一点来看，不安全的底线已经退到了极点，退无可退；再就他们数以万计的人数而言，不安全的规模超过历史纪录；若参照至少22家奶粉企业的市场总占有率，不安全的程度已被扩张到令人难以容忍的地步。这一切都使得这一食品安全事件具有最严重的恶性，需要铁腕整肃。

正像我们所经历的那样，这并非第一起食品安全事故，类似的情况在不同类别的食品中都出现过。前车之鉴众多，若能直面它们已造成的灾难性后果，就当审视我们应对食品安全危机的整体态度，并且甄别出实际行动的得失成败。因为思路决定出路，还因为重建食品安全体系的起点就是事件的定性，因而各方以怎样的方式谈论灾难是相当重要的。从中，甚至能预见未来的走势。

国产奶业将本次食品危机看作生死存亡的转折。确实，涉事奶粉和液体奶被勒令下架，强行驱逐出流通环节。更厉害的是，消费者对国产奶粉的信心在一夜间崩塌，市场垮了。这不仅表现为奶企停产整顿，危机还沿着产业链扩散至奶农及附属的包装、运输、零售等产业。企业遭遇冰冻三尺，正确的态度不是推卸责任，而是反省酷寒是如何形成的。产品可以免检，企业道德无法敷衍。

做错的事注定要还。在食品安全上做手脚，看似可以趁机得利，却伤及企业安身立命的根本。假设把对经营道德的苛求看成是笑话，轻浮地对待食品安全，或者只在危机临头时假装重视，将来的惩罚就会暗中注定，只等合适的时机爆发。关于食品制造的道德，是必要的教条，也是具体的行动指南。在安全感消失之后，消费者选择抛弃不良企业。而在安全危机中，企业只有以拯救道德来达成自救。

站在职能部门的立场，食品不安全的原因大都可以归结为两条，一是执法不严，二是监管不力。但这样的理解还需要深入，究竟为什么不严？又如何不力？就像本次毒奶粉事件，它强烈凸显了行业的诚信危机，可又何尝不是监管的危机呢？国务院废止免检制度，用最高行政命令提出了类似的质疑。食品要安全，这是常识。可不乏事例证明，监管者对常识的坚守还需更坚决。

监管者在食品安全保障中的地位无可取代。监管的宽严直接关系到安全标准的松紧。如果因各种原因不作为，甚至放弃监管，消费者就没有任何屏障可以依赖。危机至此，至少从质检的表现看，监管的缺失绝非技术力量使然，而是由于另外的缘由。在食品安全被屡屡侵犯时，人们迫切希望看到一个高效、清廉的监管制度。它是刚性的，不为私利折腰，只对有效的质量控制负责。

食品不安全在被曝光后，经常引起相关行业企业的挫折，并动摇对监督系统的信任。然而，这些危机还未涉及关键，真正的核心危机在于累及民众对政府的信心，也就是作为一个国民对国家的信念遭到削弱。政府具有保护民众安全的天然使命，一旦食品危机肆虐，乃至于整治的效果不好，必定会影响民众对国家的长远期待。因而，处置食品安全危机，其根本方向是要恢复国民信心。

无论如何，不能让民众成为最孤单的人，在食品安全风波中苦挨。现实地看，作乱食品的成本往往很低，一般民众在受到伤害后，很难寻求确实的帮助。在集体诉讼等法律手段极少有效的情况下，民众容易成为食品危机中伤情最重的群体。一定要把扭转这种局面作为国家义务，避免他们孤立无援。食品不安全会带来可怕的后果，假如每次都造成民众信心的流失，那才是最可忌惮的。

（2008 年 9 月 20 日）

事件： 9 月 22 日，媒体披露，因对事件未及时上报、处置不力负有直接责任，河北省委常委、石家庄市委书记吴显国被免职。同时，鉴于李长江对产品质量的监管缺失负有领导责任，国务院批准他辞去国家质检总局局长一职。而在 9 月 14 日，在对襄汾溃坝重大事故进行的责任追究中，中央同意山西省长孟学农的辞呈，并免去其党内职务。

观点： 整肃官员永远都是需要的，而当务之急是破除束缚民权的诸多障碍，为问责风暴奠定社会及民意基础。这是法律和法治的机会，借此敦促庙堂与江湖间的交互式监管，更是健康的社会治理模式的核心要义。

整肃官员也需疏导民间问责通道

继部分低级别官员被免职后，毒奶粉事件的行政问责昨日大幅升级。因对事件未及时上报、处置不力负有直接责任，河北省委常委、石家庄市委书记吴显国被免职。同时，鉴于李长江对产品质量的监管缺失负有领导责任，国务院批准他辞去国家质检总局局长一职。而在本月 14 日，在对襄汾溃坝重大事故进行的责任追究中，中央同意山西省长孟学农的辞呈，并免去其党内职务。

在不到十天内，针对省部级高官的问责迭起。与此相联系的是，在他们管辖的领域，都出现了危害巨大、影响恶劣的社会安全事件。其中，襄汾尾矿溃坝，迄今已造成近 300 人伤亡。而含有三聚氰胺的有毒奶粉已令逾万名患儿住院医治，并造成至少 4 人死亡，事件还波及香港、台湾、新加坡等地。在此情形下，必须有高级官员付出相称的代价，这符合民众的期待。

在李长江和孟学农请辞的背后，凸显出官员问责的制度化进程。依据 2001 年颁布的《国务院关于特大安全事故行政责任追究的规定》，官员再也不能于极大民愤中全身而退。2004 年发生重庆开县井喷事故，原中石油总经理马富才辞职即为实例。2005 年通过《公务员法》后，领导干部辞职更有明确规定。因而，对中国政坛而言，即便是对高级干部也建立了相应的退出机制。

这一机制于本月频频生效，体现了国家最高层抬升问责烈度的意图，希望通过高等级的处分来对党政系统加以严厉约束。此外，问责高官也创造了契机，为掀起更大规模的、针对一般干部的问责制造氛围。譬如，运用更迭局长的方式，表达重塑国家质量控制体系的决心；以撤换省长的办法遏制山西矿难。凡此种种，都旨在强化自上而下的监管，督导官员在自危中恪尽职守。

在行政权力占据强势地位的国情中，问责高官固然有着不可或缺的意义，但它运行的实况也证明，建立责任政府或政治文明尚需着力更多。以孟学农为例，他在5年内因SARS和矿难两度辞职。而国家统计局前局长邱晓华被革职后，近期以中海油高级研究员的身份露面，舆论因此对不透明的高官复出制度提出广泛质疑。透过这些人一波三折的官运，高官问责制呈现出复杂的况味，从向上级领导负责转为向社会民众负责犹有难度，特别是对改革深层次的行政目标似乎力有不逮。

尽管问责高官的原动力源自社会损害，悉数具有重大死伤的社会背景，但决定官员政治生命的是他身处的行政架构。因而，即使暂停官员行政资格，也不一定意味着他政治生命的终结。如此，高级别的行政问责并不等同于高强度的施政压力。而为了促成后一格局的实现，除了自上而下的行政钳制，还有必要疏通自下而上的民间问责通道，亦即既要问责高官，也要还权于民。

包括伤害至深的毒奶粉事件，在众多恶性事故中，受害者和其他民众都会产生强烈的愤懑。这些情绪很难因个别官员被查处而烟消云散，它们日积月累地郁积。根本原因在于，民众很容易发现自己处在孤单无援的境地，虽然身心饱受创伤，却难以寻求法治途径得到纾解。例如，奶粉殃及数以万计的婴孩与家庭，集体诉讼却难以引用。政府信用不惜为无良企业埋单，反而招致更深的不信任。

社会治理离不开官员问责，令官员常怀敬畏心是治理的必要条件之一。同时，释放民众应有的权利，让他们能够依据法律对官员和企业行使另一种问责权利。应该说，整肃官员永远都是需要的，而当务之急是破除束缚民权的诸多障碍，为问责风暴奠定社会及民意基础。这是法律和法治的机会，借此敦促庙堂与江湖间的交互式监管，更是健康的社会治理模式的核心要义。

（2008年9月23日）

事件： 全国奶粉质量排查显示，共有22家奶粉企业69批次产品检出含量不同的三聚氰胺，包括蒙牛、伊利、光明等众多知名品牌纷纷入列，中国本土奶业自此遭遇致命冲击。9月24日，蒙牛等109家奶制品企业和全国207家流通企业联合发布质量诚信宣言，承诺以实际行动营造一个干干净净的奶制品市场。

观点： 所有关于本土奶业自救的积极考虑，不可能仅凭一纸企业的联合宣言即可达成。当此形势，越缺乏的越重要，鼓励受害消费者维权就是推动整个奶业走出噩梦的第一步。

鼓励消费者维权就是推动奶业自救

三鹿毒奶粉之祸席卷全国，各地患病婴幼儿总数仍在攀升，迄今已逾万数之众。而由此引爆的全国奶粉质量排查显示，共有22家奶粉企业69批次产品检出含量不同的三聚氰胺，包括蒙牛、伊利、光明等众多知名品牌纷纷入列，中国本土奶业自此遭遇致命冲击。昨日，蒙牛等109家奶制品企业和全国207家流通企业联合发布质量诚信宣言，承诺以实际行动营造一个干干净净的奶制品市场。本土奶业的行业自救开始于心力交瘁中上路。

这纸质量诚信宣言的收效如何，如今已不是问题的关键。"诚信"二字，实非翻云覆雨；人心之痛，也不是纸面文章所能抚慰。念及尚有无辜遭此戕害的婴儿散于各处，初涉人世便是一场无言之痛乃至性命之忧，这姗姗来迟的质量诚信宣言，至多只是亡羊补牢的呼号，算不得真心诚意的补过。当前，患儿筛查、集中救治、行业整顿、责任追查仍然紧锣密鼓，于沉重的社会反思与轻薄的辞章字句之间，民众取舍殊无疑问。

这场寒风彻骨的奶业危机，究竟惊醒了多少行业志士，又究竟吹破了多少幕后玄机，当前还无法获知。有人说，如此不争的本土行业，不如任其生灭，无须理会；也有人说，企业无良至此，定然也是稀泥糊不上墙，不如关闭了之。凡此种种，可知三聚氰胺一剂，非只毒害到童稚婴儿，更伤及国民对本土企业的信心，乃至对民族品牌的情感。于此，中国奶业的自救，实非简单的利益所系、市场所迫，更深刻的信任重建，还系于行业刮骨入髓的反省之中。

然而，本土奶业又以何自救？就已经明晰的事态而论，足见中国奶业整体的行业自律几乎荡然无存，否则难以想象，如此低级的质量事故，何以呈现出行业性的潜滋暗长。进一步说，之前的行业组织极可能沦为了不正当利益的看守者和串通者，而非行业利益和社会责任的监护人。因而，无论是出于当下民间组织的合法性困境，还是受行政肢解的独立性缺失，行业组织的功能残缺，都使得本土奶业的自治自律，缺少了一个极为重要的治理层面。

不仅于此，如果不是轻信109家奶制品企业的联合宣言，而真正执著于本土奶业的自救前景，则行业自救的努力必须还原在完整的市场监管格局之中，即政府监管、行业自律、消费者维权的完整链条之中。以国家质检总局前局长李长江等官员的去职为标志，政府系统的监管力度已瞬间强化至高位，虽未根本触动监管体制的积弊，也已是铁腕景象。而以109家奶制品企业与207家流通企业的联合宣言为例，再造行业自律机制的动机亦已现出端倪。唯有受损消费者维权一端，不知何故至今仍未见之于众。

但如果今次毒奶粉事件处置仍然一循旧制，以消费者集体诉讼的窘况再续前习，继续采取压制受害消费者维权诉求的做法，将会严重拖累本土奶业的行业自救，导致整体行业形象无法与负面企业切割，进而造成对本土奶业持久难消的负面评价，甚至刻板印象。这无疑将使整个奶业陷入难以重振的失信深渊。而当下，民众对地方政府的维权疑虑正在加深，包括法律援助在内的维权事项，都已遭遇不应有的地方阻力。

显然，受害消费者的维权阻力，来自地方政府不堪一地企业倒闭而“救市”的动力。倘若这种包括压制维权在内的“救市”得逞，将是以一家企业之苟全，伤害整体行业之发展，也将最终阻滞行业全体的危机自救。因为，受害者权利的最终兑现，不仅体现为以公民身份寻求及时有效的法律救济，还体现为以消费者身份进行的市场自主选择。就此而言，所有关于本土奶业自救的积极考虑，不可能仅凭一纸企业的联合宣言即可达成。当此形势，越缺乏的越重要，鼓励受害消费者维权就是推动整个奶业走出噩梦的第一步。

（2008年9月25日）

事件：由陕西旬阳县法院负责异地审理的周正龙一案定于9月27日上午开审。据《北京青年报》的报道，旬阳县委宣传部和法院9月25日联合设立了媒体中心，登记审核周正龙案的媒体旁听申请，并向得到许可的记者发放旁听证。不过，周正龙的家属并未收到出庭作证的通知。依照法院早前透露的信息，周正龙将面临刑事诈骗罪和非法持有枪支弹药两项控诉，并将有指定的律师为其辩护。

观点：显然，事端的肇始固然与周正龙的贪婪有关，但将所有责任都加之于他是欠缺公平的。丑闻不仅属于铤而走险的周正龙，更属于那些联合为其造势的各种行政利益方。前者可以被抓入牢狱治罪，后者的责任却难以辨识及清算。

一场由周正龙出庭的缺席审判

由陕西旬阳县法院负责异地审理的周正龙一案定于今天上午开审。据《北京青年报》的报道，旬阳县委宣传部和法院前天联合设立了媒体中心，登记审核周正龙案的媒体旁听申请，并向得到许可的记者发放旁听证。不过，周正龙的家属并未收到出庭作证的通知。依照法院早前透露的信息，周正龙将面临刑事诈骗罪和非法持有枪支弹药两项控诉，并将有指定的律师为其辩护。

周正龙一年前在丛林里放置纸板裁剪的华南虎，将其拍照后交送当地的林业和政府官员。后者将这一真实的谎言报至陕西省林业厅，林业厅召开新闻发布会，公开宣称中国发现野生华南虎，并当场奖励他2万元。这名猎户一举成名。随即，全国掀起质疑浪潮，打虎派和挺虎派围绕疑点展开多轮交锋。最终，陕西当局承认虎照为假，撤职或开除一批官员，荣誉彻底变为丑闻。

纸老虎事件令行政者极度蒙羞。政府在辨别真相上立场暧昧、多有搪塞，公信力也因此持续流失。显然，事端的肇始固然与周正龙的贪婪有关，但将所有责任都加之于他是欠缺公平的。丑闻不仅属于铤而走险的周正龙，更属于那些联合为其造势的各种行政利益方。前者可以被抓入牢狱治罪，后者的责任却难以辨识及清算。公众为此心结难解，这种被压抑的情绪延续至今。

庭审周正龙再次唤醒这种情绪。同时要予以理解的是，从“虎照风波”演化为

“周正龙案”，称谓上的变化意味深长，它本身也缩减应有惩罚对象，就会让事件在恶劣影响和事后惩戒上顿见失衡。虎照现形记验证了诡谲的世态，如果今天的审判无法给予完整的交代，那它的顽固势必再给民众当头一棒。

周正龙案很难被看作是普通的刑事案件，否则就无法解释他为什么会被警方秘密带走并关押，甚至连他妻子的会面要求也被拒绝。支持这一论断的还有很多重要事实，例如：庭审时间反复变动；说是公开审理，同时又严格甄别和筛选旁听者的资格；周家自己请的律师无法成为辩护人，而目前被认可的辩护律师既对当选程序保密，又在言谈中表达出对当事人不利的倾向。

虽然这些细节令舆论饱受困扰，继续体会到未曾断绝的压制性氛围，可人们仍旧对周正龙过堂抱有强烈兴趣。这兴趣的重点是，周正龙可否自由地为自己申辩，进而从他的口中还原虎照事件的内幕。要知道，周正龙的声音已经消失了很长时间，至今残缺的事件过程需要他的真实供词，否则，一些重大疑问或将永远成谜。因此，审问周正龙，公众期待听到涉及虎照造假的另一种阐释。

除了事关真相，审理周正龙的另一个看点关乎公正，亦即法庭在给周正龙量刑定罪时怎样评估行政因素对他的影响，特别是，法官将怎样研判 2 万元奖金的性质和缘由，并如何将其援引为量刑的凭据。既要解答真相，又要回应关于公正性的悬疑。所以这场审判别有况味。就公众心理来讲，今天的被告席上绝不只站着周正龙一人，虎照风波的其他利益方虽未到场，可也要接受缺席审判。

从此前接受的公开采访看，法院努力将周正龙案与华南虎照事件加以区隔，试图在司法环节降低后者的负面效应。不过，至少在诈骗罪的证据采信上，此案必定无法回避整个事件的大背景。即便法庭要兼顾某些特定的考量，但情势如此，它很难把那些抬举过周正龙的力量完全切割出去。因为，正是它们成就了周正龙，对它们进行“缺席审判”的质量直接决定周正龙案的判决水准。

（2008 年 9 月 27 日）

事件：国家质检总局在完成婴幼儿奶粉和液态奶的三聚氰胺专项检查以后，又组织对普通奶粉和其他配方奶粉进行了三聚氰胺专项检测。检出的三聚氰胺涉及20家企业31个批次产品，分别占检测企业和检测批次的13.0%、11.7%。检出三聚氰胺的批次产品仍集中在石家庄三鹿集团公司及其所属企业，三聚氰胺最高含量达6196 mg/kg。石家庄市政府接受新华社记者采访，首次以官方名义向广大患儿及家长深表歉意，承认对事件发生有不可推卸的责任。

观点：原本以为，问责风暴过后的当地政府，至少在道义形式上能直面公众，认识到这番风波背后最大的辜负，仍在于公众所托付的公共责任与执政使命，但我们却没能看到这种真正的承担。不可推卸的责任里没有公共责任，除了失望与忧愤，公众还要准备迎接下一次的深表歉意。

政府不可推卸的责任首先是公共责任

三鹿毒奶事件之后，党政体系迅速问责，自上而下已有多名官员去职，其中包括原国家质检总局局长李长江，原石家庄市委书记吴显国、市长冀纯堂等重要官员。另一方面，奶祸持续发展，国家质检总局的最新检测显示，除婴幼儿奶粉和液态奶之外，20家奶制品企业的普通奶粉和其他配方奶粉同样受三聚氰胺污染，而三鹿依旧“拔得头筹”，最高含量达到令人瞠目的每公斤6196毫克。

风暴中心的石家庄当地政府，在度过短暂的危机震荡之后，于前日接受新华社记者采访，首次以官方名义向广大患儿及家长深表歉意，承认对事件发生有不可推卸的责任。风暴中心终于传来官方道歉，各界自然愿闻其详。但不得不说，这是毒奶事件以来最令人窝心的道歉。

这份由当地政府发言人代行的官方道歉，是石家庄地方政府首度自陈其事。然而，细察之下，公众难获真诚道歉的心意，却只有受人轻慢的忧愤。这样说，不是对民意得寸进尺的渲染，也非鼓励社会受害情绪的再发作，而是从石家庄市政府的道歉声明里，一字一句所读出的是公众不被尊重。

毒奶事件中，一个骇人听闻的环节，是三鹿集团和当地政府联手瞒报。经事故调查组查明，自2007年12月起，三鹿集团就陆续接到婴儿患病投诉，后确定是产品中含有三聚氰胺。但迟至今年8月2日，三鹿集团才向当地政府报告。而当地政府接到报告后，隐瞒直至9月9日才向河北省政府报告三鹿问题奶粉。三鹿瞒报8个月，石家庄市政府晚报38天，是奶祸之害一发难收的首问之责。

然而，这“不可推卸的责任”，在石市政府的道歉中简述如下：“一是政治上敏感性差，站位不高，只是就事论事，就请示说请示，看待三鹿集团反映的问题；其二，认识不到位，后果估计不足，对事故危害缺乏前瞻性分析；其三，对企业考虑信任支持的多，对带来的负面影响考虑不周。特别是由于信息迟报，贻误了上级机关处理问题的最佳时机。”

经此提纲挈领，所谓“不可推卸的责任”，竟然只剩下敏感性差的政治责任、后果估计不足的认识责任、信息迟报累及上级的贻误责任。至于循私舞弊的法纪责任、渎职失职的行政责任、戕害民生的法律责任，甚至知错认错的道义责任，都一并隐晦在了这陈词滥调的话语之中。以沉痛道歉之名，行开脱塞责之实。民众虽有不智，见识这般的“深深歉意”，又何其哀痛，何其愤懑。

更加言不由衷之处在于，一份通过公众媒体发布的官方道歉，自然是面向社会公众自承过错。然而，政治敏感性差、认识不到位之类，姑且不说是套话大话，仅以道歉对象来说，公众既不掌握政治敏感的权威标准，也不是判断认识是否到位的党政权威，又如何接受这样深切的检讨？所谓“不可推卸的责任”，在这里完全不是公众所应接受的那种为公众所授、替公众负责的政府责任。

地方政府公开道歉却找不出公众的位置，这是令人难过的体制现实。即便这其中充斥着当地政府向上负责的忐忑，意欲改过的决心，甚至是上意难违的谦卑，却都不及公众的集体失落来得强烈。在权为民所授的现代政治图景中，公众何至于在一地政府眼中沦落至此？连道歉亦这般心不在焉，这无疑已是一个深层难题。

而这难题中所潜藏的逻辑，也就是三鹿毒奶之祸所以夸张至此的发生逻辑。只有政治忠诚，没有公众利益，只对上级负责，不向公众负责，官员道歉因此成为公众难以承受之重。原本以为，问责风暴过后的当地政府，至少在道义形式上能直面公众，认识到这番风波背后最大的辜负，仍在于公众所托付的公共责任与执政使命，但我们却没能看到这种真正的承担。不可推卸的责任里没有公共责任，除了失望与忧愤，公众还要准备迎接下一次的深表歉意。

（2008年10月2日）

事件：中共十七届三中全会将于10月9日至12日召开，在此之前的9月30日，中共中央总书记胡锦涛专程来到30年前农村改革的起始点——安徽凤阳县小岗村进行考察，宣示了这次会议将要审议的政策性文件主要内容：现有土地承包关系要保持稳定并长久不变，且赋予农民更加充分而有保障的土地承包经营权，允许农民以多种形式流转土地承包经营权，发展适度规模经营。

观点：对于农民来说，至为重要的是政府建立一套防范其他主体侵犯农民权利的防范与救济体系，使农户享有较强的抗衡村集体无理干预的力量，进而也增强农民在面临外部交易者时的谈判地位与能力。

土地新政：对农民应赋权更应防范侵害

中共十七届三中全会将于本周四召开，在此之前的9月30日，中共中央总书记胡锦涛专程来到30年前农村改革的起始点——安徽凤阳县小岗村进行考察，宣示了这次会议将要审议的政策性文件主要内容：现有土地承包关系要保持稳定并长久不变，且赋予农民更加充分而有保障的土地承包经营权，允许农民以多种形式流转土地承包经营权，发展适度规模经营。

国内外舆论一致认为，这是自农村实行土地家庭承包经营制以来，乡村土地制度将要发生的一次重大变革，它将对农村经济以及乡村治理产生重大影响。

土地所有和经营制度是农村各项经济制度和乡村社会治理秩序的基础。从上世纪50年代中期到80年代初，乡村土地的基本制度是集体所有、集体经营，农户对土地没有任何权利。80年代以来，农村基本土地制度是村集体所有，农户家庭承包经营，农户对自己承包的土地享有了一定的权利，但农户的这种地权是不完整、不稳定的。

这样的土地承包经营制注定了是要变化的，在市场化、法治化转型的整体框架下，农村上地制度变化的方向也是确定的，即不断强化农户对土地的权利。这包括，农民的承包期限不断延长、稳定，《物权法》也规定，农户有权将土地承包经营权采取转包、互换、转让等方式流转。

拟议中的农村土地改革方案将沿着这一方向继续前进，由此，农户将可获得更加充分而有保障的承包经营权。这一措施若付诸实施，将使农民对土地拥有更广泛的支配权，土地给农民带来的价值将会有所提高。至于农民如何贴现这些价值，是集中经营，还是流转，那是不需要外人操心的问题。在土地权利问题上，农民的理性程度和处置能力不逊色于任何人。只要农民享有确获保障的权利，他们就能够有效地利用土地资源，从而提高整个经济体系的效率。

问题的关键在于，政府愿意在多大程度上增强农民对土地的权利。在目前的政—经体制下，增强农民对土地的权利之关键是，调整土地权利在村集体与农户——归根到底是在国家与农民之间的配置格局。原因在于，农户的承包经营权不管怎样强化，村集体都是农民处置其权利时不可绕过的因素。另一方面，国家对于各种资源都拥有最终支配权，在土地问题上更是如此，其具体表现是国家有权单方面限定农地的用途，国家对农地享有广泛的征用权。

正是这两个制度性因素，导致过去一些年中，土地纠纷成为诸多社会问题最为引人注目者，而纠纷的双方主体正是农民与村集体、国家。在城市化、工业化过程中，政府过分宽泛地使用了征用权，以低廉价格大量征用农村土地，农民对此没有什么讨价还价的余地，尤其是不能拒绝交易本身。当然，乡村谈判的代表不是农户，而是享有土地之集体所有权的村集体，该集体未必维护农民利益。征地款项由村集体支配，分配的公平性也大成问题。同时，在建设新农村过程中，上级政府与村集体合作，对宅基地、耕地进行大范围的调整，农民同样没有基本话语权。

在这样的制度框架下，围绕着农村土地进行的各种交易、调整，经常使农民的利益无法得到充分体现、实现，农民的权益甚至遭到公然剥夺。因此，如果当下土地制度改革的宗旨是强化农民家庭对土地的权利，那么改革方案就应当注意如何防范其他主体，包括村集体、基层政府、地方政府，妨碍、侵害乃至在事实上剥夺农民对土地的这些权利。

不论从哪个角度看，授予农民以充分的土地权利都是理所应当的，也是人们普遍欢迎的。但是，仅仅依靠一份文件授予农民权利是不够的，还需要更细致地保障农民权利的制度设计。法律谚语云：没有救济就没有权利。在现有制度下，农民对土地已经享有一定权利，但农民的这些权利却是不稳定的，因而土地对农民的价值就打了折扣。对于农民来说，至为重要的是政府建立一套防范其他主体侵犯农民权利的防范与救济体系，使农户享有较强的抗衡村集体无理干预的力量，进而也增强农民在面临外部交易者时的谈判地位与能力。唯有如此，政府授予农民的权利，才是实实在在的权利，是农民可以放心地运用、充分地贴现的权利。

因而，本次改革是否可以在这方面多费心思，比如，能否在《物权法》及《农村土地承包经营法》的基础上，更为严格地限制村集体变更、中止农户承包经营合同的权力，限制村集体对宅基地的权力。更进一步，决策者似乎还应当思考，农民是否有权相对自由地决定土地的用途，对地方政府的土地征用权，应当施加什么样的行政与法律程序限制等等。土地制度牵一发而动全身，反过来，有效的地权变革也需要更广泛的政—经制度的支持。

（2008年10月7日）

事件： 10月7日，《财经》杂志报道说“党校学历不再享受同等国民教育待遇”，引起广泛关注。文章称，“多年来关于‘党校文凭’的效力争议有了结论”——“日前，中共中央颁布实施《中国共产党党校工作条例》，将此前“党校学历可以享受同等国民教育的有关待遇”的规定删去。

观点： 争议不断的党校文凭问题，其根本上是党政之间的活动边界问题。党校开办学历教育，已经在客观上引发诸多不公，其合法性也广遭质疑。新的《党校工作条例》主动删除学历待遇一节，令陈规得以自新，党校学历淡出，虽事涉繁难，却是教育公平迈出的新一步。

党校学历淡出，向教育公平进一步

党校文凭的存在，一直是教育领域的异数。日前，中共中央颁布实施《中国共产党党校工作条例》，将此前“党校学历可以享受同等国民教育的有关待遇”的规定删去。党校是否就此退出国民教育领域，党校文凭是否不再与国民教育学历待遇挂钩，目前虽然仍未得到最后确认，但有媒体认为，党校文凭的效力之争已到终局，党校逐渐淡出学历教育已是大势。

多年来，党校文凭能否获得正式认可，一直存在争议，包括国家司法考试在内的多类考试，均不承认党校学历。党校学历教育的合法性长期悬而未决，是造成这种局面的制度根源。学历教育必须经过教育行政主管部门的批准和认可，而党校学历教育一直处于行政认可之外。因此，严格意义上的党校培训和教育，只能是执政党内部的一个培训机构，而不能超越法规许可，面向社会开展学历教育。

事实上，中央党校按照中央要求，已经从今年开始停止函授学历教育。而《党校工作条例》的新变化，是在教育领域厘清党政边界的进步之举。但目前来看，党校学历的效力之争要最终定案，仍需进一步明确相关规定。事实上，虽然新的《党校工作条例》不再提出学历同等待遇问题，但在2000年6月中共中央《关于面向21世纪加强和改进党校工作的决定》中，再次强调了党校学历“待遇参照国民教育相应学历的相关规定”。前者只是党的组成机构的工作条例，后者却是执政党的中央决定，仅从党内文件的效力来看，后者支持显然更为关键一些。

然而，《党校工作条例》的这种主动修正，无疑已经明确了方向。党校学历教育最为人诟病的，是其显而易见的不公平。与国民教育中严格的选拔与考核机制相比，党校教育的宽松乃至懈怠尤为显著，甚至成为事实上的“五不文凭”，即不用通过国家统一考试、不用上课、不用做作业、不用写论文、不用私人交学费。不同的门槛，享受同样的待遇，这种教育不公的后果，显然已到彻底救治之时。

由于党校机构的政治特殊性，这种教育不公一直未得到强力纠正，以致发展成特殊的腐败形式。一方面，遍布全国各地的党校机构，违规办班创收的屡见不鲜，大建楼堂馆所的亦不少见。以前些年东窗事发的海南省委党校为例，违规办班，滥发文凭，几千万元巨额学费都被私分。另一方面，官员普遍把进党校学习视为个人升迁的途径，庸俗交往之风盛行。一些党校本身就沦为腐败场所，这已是各界所习见的场景，并已经成为必须正视的问题。

由于党校开展学历教育一直所依据的都是党内文件精神，而并无教育行政机构的依法认可，以致近年来党校文凭的效力问题在全国引发诉讼不断。争议不断的党校文凭问题，其根本上是党政之间的活动边界问题，党校开办学历教育，已经在客观上引发诸多不公，其合法性也广遭质疑。新的《党校工作条例》主动删除学历待遇一节，令陈规得以自新。党校学历淡出，虽事涉繁难，却是教育公平迈出的新一步。

（2008年10月8日）

事件： 卫生部10月8日召开新闻发布会，专门解释刚刚由国家五部门制定通过的公告，该公告规定：婴幼儿配方乳粉中三聚氰胺的限量值为1 mg/kg；液态奶（包括原料乳）、奶粉、其他配方乳粉及含乳15%以上的其他食品中三聚氰胺的限量值为2.5 mg/kg，高于限量值的产品不得销售。

观点： 这就是限量三聚氰胺极其突兀的性质。它是临时措施却又不知何时结束，它被誉为监管指数却有放松警惕之嫌疑。无论从必要性还是可行性上分析，出台限量值都有着可推敲之处。

限量三聚氰胺释放了怎样的信号？

卫生部昨日召开新闻发布会，专门解释刚刚由国家五部门制定通过的公告，该公告规定：婴幼儿配方乳粉中三聚氰胺的限量值为1 mg/kg；液态奶（包括原料乳）、奶粉、其他配方乳粉及含乳15%以上的其他食品中三聚氰胺的限量值为2.5 mg/kg，高于限量值的产品不得销售。面对广泛的疑问，卫生部主要表达两个意见：一是三聚氰胺限量值属于应急的临时行政控制措施，用于监管而非标准；二是食品包装或接触环境可产生少量三聚氰胺，不能规定为零含量。

根据这个公告的精神，食品中并非要一律禁止三聚氰胺，只要其含量未超过最高限定值就属于达标。实际上，假如援引这一已经生效的指标，则意味着管控三聚氰胺的底线后撤了一大步。想必行政当局也料知这样的后果，因而不惜举行特别说明会，为短短几百字的公告背书，以安抚轩然大波。尽管专家全力为公告辩护，可所持论据的逻辑显见混乱，显然很难宽慰公众的惊诧与失望。

系列食品安全危机至今还在弥漫，它们教导给民众的化学常识是：三聚氰胺是化工原料，绝对不该出现在食品中。而新规有可能模糊这个常识。它认为非人为的微量三聚氰胺允许存在于食品中。卫生部还列举香港等地为例，来证明这个指标不是独有的规定，但同时又以特殊的国情说来回应对标准宽松的质疑。总之是要证明三聚氰胺是不可避免的，以此巩固公告的合法性。

需要申明的是，我们并非要推倒公告，甚至于驳斥都不是宗旨，想要表达的实乃严重的担忧。因为这的确有着费解的地方：质检总局频繁发布的抽查结果显示，奶制品彻底不含三聚氰胺完全是可以办到的，可新规又凭着环境等含糊的原因为三聚氰胺的存在预先制造理据。公告不仅让三聚氰胺正当化，它释放出干扰信号，或更令公众对质检守则的朝三暮四备感焦虑。

换言之，在没有公告的前提下可以设想：相关部门都在为杜绝三聚氰胺而展开行动，官方公布的阶段性调查结果也反复证实，没有三聚氰胺的食品是可以实现的。乐观地说，以生命健康为唯一考量的监管态势足够维持下去，起码是行政资源能够做到的。这是处置食品危机的最低标准。但三聚氰胺的限量标准问世了，让这个局面变得首鼠两端，它所引起的变数令前景愈发不确定。

这就是限量三聚氰胺极其突兀的性质。它是临时措施却又不知何时结束，它被誉为监管指数却有放松警惕之嫌疑。无论从必要性还是可行性上分析，出台限量值都有着可推敲之处。问题是，如果国家把重塑质检体系作为根除食品安全危机的教训之一，如果把恢复国民信心奉为危机处置的正确方向，三聚氰胺本该被清除出食品成分单，可现时竟对其妥协，整饬监管或收复民心会否落空？

就在戮力消除其负面影响的背景下，限量三聚氰胺传播了令人不安的讯息。而伴随限量之举的或是民间追溯既往的恐慌，例如，那些回收或封存的数以千吨计的问题奶粉会否改头换面，以三聚氰胺的“合格”检验比例再度回流市场？国民信心中途受此波折，监管制度未见决绝的改造，企业道德未见洗心革面，甚至又有明显倾向的新政可资利用，类似的忧虑绝非杞人忧天。

三聚氰胺在食品安全史上留下了浓重的阴影，逾万名幼童涉险其中，并且数字还在增加。如此重大的伤情前所未有，理所当然要采取最高级别的防范措施。事实证明，这不是不可理喻的苛责，而是行政作为可以也必须达到的境界。因此，由限量三聚氰胺而带来集体疑虑，其间所隐射的不仅仅是对个别事件的不满，还关系到政府能否从具体危机中吸取普遍教训，并始终真诚地履行国家义务。

（2008年10月9日）

事件：最近发生两起由旁观者推动的新闻事件。其一是9月25日，贵州人曹大和到广州打工，因精神异常被护送回家，在返乡列车上再度出现情绪问题，遭列车员捆绑一夜致死。目击者成准强不仅全程参与抗议，还将此悲剧披露。其二是山西娄烦矿难，官方初始上报为天灾，后经记者孙春龙调查及9月15日博客举报、9月17日上书省政府官员，最终证实为人祸。

观点：隐身幕后的罪恶需要被遏制和削弱，站起来，说出他人的苦难就是反制它们的第一步。

为了自救，请说出他人的苦难

最近发生两起由旁观者推动的新闻事件。其一是贵州人曹大和到广州打工，因精神异常被护送回家，在返乡列车上再度出现情绪问题，遭列车员捆绑一夜致死。目击者成准强不仅全程参与抗议，还将此悲剧披露。其二是山西娄烦矿难，官方初始上报为天灾，后经记者孙春龙调查及博客举报，证实为人祸。正因为有人站出来讲述他人的苦难，一个人和一群人的非正常死亡才未被湮没。

在这个偌大的国度里，类似的死亡事故每天都会上演，数量或许相当惊人，区别只在于少量可知，大多数不可知。尤其对于底层民众而言，默默的死亡往往是他们蒙难的最终形式。出于对这种况味的警惕，上述两起死亡事件被曝光的方式才值得讨论。可以想见，假若不存在那两个敢说话的人，那些罹难的人或许照例被一笔勾销，他们的苦难将被隐藏在更深的铁幕之后。

需要摒弃一种傲慢的看法，那就是认为民工或矿工之死与我们距离遥远，是特定阶层才会产生的不幸，而与自己所处的地位格格不入。但事实上，真实处境远非想象中那样乐观。至少就一个公民应有而未有的权利待遇来说，已死的人、直言的目击者以及你我都并无太大差别。每个人的损失都是另外所有人的损失。犹如美国作家海明威的一句悲天悯人的忠告：不要问丧钟为谁而鸣，它为你而鸣。

实际上也是这样。记者孙春龙在所任职的媒体《瞭望东方周刊》揭出矿难的真相后，网上的新闻被大面积删除，就连他个人博客的相关帖子也被删除。受害者曹大和承受的不公正令人愤懑，可公正的到来仍旧要在部门的官僚举止中艰难投诉与争取。即便是面对公民惨遭折磨致死的境遇，存心要压迫正当诉求的管制还在如常运转。这不是为曹大和或那40多位矿工临时启用的程序，而是在任何时间、任何情况下准备对任何人采用的措施。

因此曹大和不是孤立的，他是我们的一员，他的命运有可能就是我们命运的投影，甚至可以演化成强加在我们身上的后果。那些苦难不独存在于新闻描述中，也可能是人人要忍受的现实。有人需要隐瞒矿工的死亡，有人忌惮孙春龙的真话，他们有着斤斤计较的利益，可能就希望以我们的失去为代价。经受屈辱死去的人，就像被恶的行事规则卷进深渊，而那种黑暗也有可能将我们一并吞噬。

曹大和们的遭遇很可能就是每一个人的遭遇，为曹大和们敢言不讳，就是为我们自己争取空间。有人当然希望民众是沉默的羔羊，巴不得以黑屋子困住试图抗议的人。如此，更显出反对者的价值。从某种意义上说，曹大和并非死于近似于私刑的捆绑，矿工也非死于泥石流的次生灾害。隐身幕后的罪恶需要被遏制和削弱，站起来，说出他人的苦难就是反制它们的第一步。

显然，我们所处的环境并不理想，生命还会被各种利益进行权衡，反对者也会遇到更大强度的阻挠和反击，乃至死亡本身仅能短暂地撼动隐匿的力量。可如果就此消停下来，自动放弃哪怕是呐喊的机会，好比设想公民成准强和孙春龙们都闭口不语，顺从各种类型的暴力，那么，我们只会一点点失去全部。除了站出来说，俯下身行动，没有更好的办法捍卫我们的安全区。救人者即是自救。

（2008年10月10日）

事件：9月22日，对三鹿集团的首份民事起诉状被送至河南省镇平县法院，7天过去了，法院没有作出任何答复。10月8日，又一名患儿的父亲将起诉状送至广州市中级人民法院，广州中院在收下诉讼材料的同时，表示将“通过仔细研究，再决定是否予以立案”。

观点：问题在于，什么是政治？如果政治就是众人之事，那么成千上万名患儿及其家属是不是政治？人们对一个产业的信心是不是政治？人民对自己选出的司法机关的信任是不是政治？如果把这些考虑进去，敞开司法的大门，就是最好的政治决策。

放开毒奶诉讼　确立司法公信

7天，法律给法院审查民事起诉设定的期限是7天，7天之后，要么受理案件，要么驳回起诉。9月22日，对三鹿集团的首份民事起诉状被送至河南省镇平县法院。7天过去了，法院没有作出任何答复。10月8日，又一名患儿的父亲将起诉状送至广州市中级人民法院。7天以后，这名父亲将得到怎样的答复？

我们注意到，广州中院在收下诉讼材料的同时，表示将“通过仔细研究，再决定是否予以立案”。可以想象，被“研究”的对象，绝对不是该院是否有权管辖，诉讼事由是否合理，诉讼材料是否合格，原告被告是否明确。因为稍微学过法律的人都知道，在这起案件中，除了诉讼材料，法律上并不存在任何需要“仔细研究”的争议。被“研究”的，只可能是受理之后的后果与影响。

法院顾虑的后果与影响，也是一些法律人士担心的问题：法院受理了一个人的索赔，成千上万人都来索赔怎么办？广州中院受理了案件，别的地方不受理怎么办？广州中院判赔15万元，别的地方只判赔2万元怎么办？全国各地法院都受理了诉讼，三鹿集团有那么多人出来应诉么？如果全国法院都判三鹿赔钱，三鹿无钱可赔怎么办？

这些问题貌似有理，却多数经不住反驳。成千上万人选择打官司，当然比成千上万人求告无门，集体上访要好。广州中院受理案件，自然会起到示范效应，带动其他法院受理这类案件。更何况，别的法院不受理，原告人完全可以再提起上诉、申诉，甚至最终把官司打到最高法院。三鹿集团能派出那么多人卖奶粉，自然请得起那么多律师打官司。法院如果嫌全国各处开庭浪费司法成本，那就放开政策，让律师们集中提起集团诉讼。如果三鹿赔付不起，那就让它破产好了，但是一定要做好托管工作，防止它转移资产。

这些问题，只要最高法院事先做好应急预案，或者事后出台规范司法管辖、统一赔偿标准的司法解释，都不难解决。事实上，我们也相信，法学精英荟萃的最高司法机关，一定可以解决与之相关的一系列程序难题，如国外消费者索偿、集团诉讼、债权人利益保护，等等。然而，我们最怕出现，法院自身也最难处理的局面却是：行政挤压了司法，司法却步于政治。

早在"三鹿事件"爆发之初，就曾有人担忧，政府介入过深、过猛，民事索赔的司法途径反而可能被堵塞。的确，事件刚一曝光，我们就看到问题奶粉被下架、封存、销毁，生产企业被整顿、失职官员被问责、直接责任人被拘捕，与此同时，政府也承诺免费对患儿进行治疗。对患儿及其家属来说，免费治疗措施当然至关重要，但也由此存下了一个疑问，那就是，选择免费治疗，是不是就意味着放弃索取赔偿？在一些人看来，既然政府已经出面埋单，就应当息事宁人，应当服从大局，应当考虑政治上的影响，患儿家属就不应当再提起赔偿，提起了法院也应当拒绝受理。

如此一来，所有讼事都可能因政治考量而被压下，甚至掩埋。问题在于，什么是政治？如果政治就是众人之事，那么成千上万名患儿及其家属是不是政治？人们对一个产业的信心是不是政治？人民对自己选出的司法机关的信任是不是政治？如果把这些考虑进去，敞开司法的大门，就是最好的政治决策。

也许有人会觉得，选择打官司，还不如选择行政力量主导的索赔，前者可能需要一审、二审、执行乃至再审，耗时耗力不说，成本也比较大，后者简便、快捷、有效，比提起诉讼更加经济。我们的意见是：让患儿家属自己去权衡！自己去决定！我们不能因为觉得一扇门更易通过，就关上其他门不让人过。关上那些门，就关掉了人们对法律的期望，对司法的信任，对法治的信心。

（2008年10月10日）

事件：中国共产党十七届三中全会10月12日在北京闭幕，会议发表了公报。在这份改革开放30年后的三中全会公报中明确指出，“我国总体上已进入着力破除城乡二元结构、形成城乡经济社会发展一体化新格局的重要时期”，正在进行的土地改革方案，也朝向进一步明晰产权，恢复要素价格形成机制市场化的方向发展。我们有理由相信，在新时期下我国的经济政策，必将延续30年前改革开放的勇气和锐气，为开辟下一个可持续发展的30年奠定基础。

观点：30年不是中国发展的一个轮回，但是30年的时间却能够让我们逐渐接近问题的核心。因此，30年后，我们要回到农村，是因为我们要从这里开始新一轮改革的攻坚。而最终的获益者，将不分城乡，不论贵贱，也不惧艰险。

改革攻坚再从农村出发

中国共产党十七届三中全会昨天在北京闭幕，会议发表了公报。在这份改革开放30年后的三中全会公报中明确指出，“我国总体上已进入着力破除城乡二元结构、形成城乡经济社会发展一体化新格局的重要时期”，正在进行的土地改革方案，也朝向进一步明晰产权，恢复要素价格形成机制市场化的方向发展。我们有理由相信，在新时期下我国的经济政策，必将延续30年前改革开放的勇气和锐气，为开辟下一个可持续发展的30年奠定基础。

30年前，中国改革与开放的发轫于农村。安徽凤阳小岗村大胆尝试的农村土地承包责任制，率先突破了“一大二公”禁锢下明晰产权的禁区，极大地提升了农民的生产积极性，成为我国改革开放前夜的第一道曙光。

从此之后，中国改革走上了寻求制度性突破的道路，并以经济发展和所有制改革作为其重点。30年后，中国改革进入“深水区”。这一次，我们的目光再一次聚集在农村。

回顾30年改革之路，我们必须对农民、农村、农业心怀愧疚。城乡二元结构长期禁锢农民的发展机会，产权改革不彻底所导致的资源流转困境，令我国无法突破从传统农业向现代农业发展的瓶颈；不公正的户籍身份和低效率的农业生产率禁锢农民，导致农村生活改善远远落后于城市，并不断成为城市扩张、工业污染的受害者。

30年后，我们站在新的历史起点，“破除城乡二元结构，形成城乡经济社会发展一体化新格局”，意味着以解放生产力、发展生产力为宗旨的改革开放，终于从注重发展增量的前改革时期，转入调整社会结构，攻克产权难题的后改革时期。在十七届三中全会的决策中，解决矛盾、保障改革深化的意图呼之欲出。

进一步明确农民的土地权益，首先是保障农民权益，巩固土地改革成果的重大举措。一直以来，农民对土地的产权十分模糊，为保障农民权益设立的农村土地集体所有制，往往在实操层面上成为集体中的个别人侵犯农民权益的利器，城市扩张的步伐所到之处，强制拆迁所造成的农民权益损害比比皆是。事实证明，不确定的使用期限和模糊的产权归属，无法适应市场经济的发展要求，也无法保障农民的合法权益。

进一步明确农民的土地权益，也为城乡经济社会发展一体化体制创造了前提。城乡二元结构人为划分了市场经济和自然经济的鸿沟，只有通过进一步确立农民的土地权益，才能打破城乡樊篱，为农民提供进入市场的入场券，为市场经济改革深化奠定了基础。

进一步明确农民的土地权益，更为现代农业建设和国家粮食安全提供制度保障。现代农业建设必然要求生产要素流转，而最重要的农业生产要素就是土地。倘若农民对土地的权益仍然处于模糊状态，必然导致现代农业体系无法建成，或者在土地流转的过程中，极大地损害农民的利益和生产积极性。因此，想方设法保障农民的权益，才能解除束缚农村劳动力发展的枷锁。

必须意识到，进一步明确农民的土地权益，我们还有许多困难要克服。

首先，必须强调农村权力结构和分配结构的改革，只有建立村民自治，民主决策的基层治理结构，才能公平地实现土地分配改革；只有建立充分市场化的农村合作组织，才能提高农民的议价权，最大限度地保障农民权益。这就意味着经济建设、政治建设必须同步进行。以农村政治改革为经济改革保驾护航。

其次，为减少改革阻力，必须降低各地方政府对土地财政的依赖，一方面中央政府必须加大对农民社会保障的财政支出，另一方面也必须将中央、地方的财政支出关系理顺，对地方政府的不合理既得利益予以坚决破除。

最后，必须建立有效的税收调节手段，对因城市发展所导致的农村土地级差地租予以调节，以减少土地权益分配的不公正现象。

30年不是中国发展的一个轮回，但是30年的时间却能够让我们逐渐接近问题的核心。因此，30年后，我们要回到农村，是因为我们要从这里开始新一轮改革的攻坚。而最终的获益者，将不分城乡，不论贵贱，也不惧艰险。

（2008年10月13日）

事件：直言的美国普林斯顿大学公共事务和国际事务学院的经济学教授保罗·克鲁格曼获得2008年诺贝尔经济学奖，委员会旨在奖励“其在贸易模式上所做的分析工作和对经济活动的定位”。

观点：有人把克鲁格曼比喻为经济学中的吹警哨者，他不停地吹，刺耳程度让美国政府、大企业、华尔街都为之侧目。还有人把克鲁格曼比作加尔布雷思，但克鲁格曼的命运比加尔布雷思好得多，后者甚至都不被承认是一个经济学家，而克鲁格曼，却由于经济学成就与学术、社会良知，获得了诺贝尔经济学奖。

克鲁格曼获诺奖：新凯恩斯主义与良知同时获胜

直言的美国普林斯顿大学公共事务和国际事务学院的经济学教授保罗·克鲁格曼获得2008年诺贝尔经济学奖，委员会旨在奖励“其在贸易模式上所做的分析工作和对经济活动的定位”。显然，这是对克鲁格曼早期学术贡献的肯定，而不是对目前经济政论家身份的肯定。

克鲁格曼在国际贸易与国际金融等方面都有独到见解，很多人早就预料他会获奖，但在今年的金融风暴的背景下获奖，彰显出学者的良知对学术的重要性。他从不为功利所动，旨在说出自己认为正确的见解。

克鲁格曼为亚洲人所熟知，主要基于对东亚金融危机的预言与分析、《流行国际主义》和《萧条经济学的回归》等著作。前者对东亚的生产效率与资金使用效率提出质疑，后者对国际货币基金组织放任自流的所谓市场化救市政策进行了严厉抨击。

不仅如此，这位被贴上新凯恩斯主义标签的经济学家，还严厉抨击了当今国际金融秩序，第三代货币危机理论因此产生。

第三代货币危机理论的核心是金融过度。当金融机构可以自由进出国际金融市场，金融机构的道德冒险会转化成为国际资金对一国证券金融资产和房地产的过度积累，这就是金融过度。金融过度加剧了一国金融体系的脆弱性，当外部条件合适时，将导致泡沫破裂，发生危机。

如今这一理论同样可以运用于全球金融风暴，金融风暴是金融滥用的结果，金融过度必将反馈于实体经济，无论什么地方的金融危机都将如蝴蝶翅膀扇动到全球各个角落，遑论华尔街危机。

毫不奇怪，他在面对目前的金融风暴时，明确提出经济已经陷入衰退，即使汹涌而来的金融危机得到了控制，衰退也将延续，而短期内解除金融危机的手段主要集中在注入资本和保证流动性上。前一结论符合他的金融过度理论，后一结论符合他新凯恩斯主义者与批评家的身份。正是以后一身份，克鲁格曼2007年出版了政论名著《一个自由主义者的良知》，猛烈批评扩大贫富差距的美国“保守主义运动”。

自里根以来，共和党为富人减税，削减和侵蚀社会福利项目，打击和瓦解工会，结果使得美国贫富差距的程度急遽上升。克鲁格曼在《纽约时报》开设专栏，从医疗保障、中产收入阶层的减少等各个方面，严词斥责小布什政府，认为减税既扩大了贫富差距，又提升了社会成本，没有提升劳动生产率。一个富者愈富的社会就像比尔·盖茨进酒吧，酒吧里的人均财富值立即剧增，但其他顾客并没因此变得更有钱，普通美国人未能收获生产率提高的果实。在他看来，美国历史上最好的时期，是第二次世界大战以后30年的时间，那时候贫富差距比较小，几乎所有美国人都享受经济增长和社会进步的成果。

如果说，美国有公平与效率分野，那么，克鲁格曼就是经济学中的公平派。与以意气说话者的区别在于，克鲁格曼以经济学功底，证明公平不仅是公平，最终也是效率的保障。

有人把克鲁格曼比喻为经济学中的吹警哨者，他不停地吹，刺耳程度让美国政府、大企业、华尔街都为之侧目。还有人把克鲁格曼比作加尔布雷思，但克鲁格曼的命运比加尔布雷思好得多，后者甚至都不被承认是一个经济学家，而克鲁格曼，却由于经济学成就与学术、社会良知，获得了诺贝尔经济学奖。

（2008年10月14日）

事件：在国务院的部署下，深化医药卫生体制改革部际协调工作小组已将《关于深化医药卫生体制改革的意见（征求意见稿）》全文公布，向社会各界人士公开征求意见。公开征求意见时间为10月14日至11月14日。

观点：简单来说，需要有更多的官员和专家面向公众解释问题，需要有公开平等的不同群体的利益表达平台，并需要有创新的技术与方式归纳问题。以此才能抗衡和破解部门利益扯皮，政府的政策能力与治理水平才能跃升一个新的台阶。

医改方案征求意见　期待政策民主发展

在国务院的部署下，深化医药卫生体制改革部际协调工作小组已将《关于深化医药卫生体制改革的意见（征求意见稿）》全文公布，向社会各界人士公开征求意见。简单地说，就是新医改方案终于到了最后定夺关头，现在请所有关心的人提出意见。

新医改方案将直接间接涉及所有人的利益。医药卫生体制怎么改革，很应该大家一起来关心和讨论。但是在具体评述之前，先有两个背景情况需要说明。

首先，改革开放30年来，中国已经取得了巨大的进步和成就。如果将此称为“中国模式”的话，那么它有一个公认的特点，就是强于经济发展，弱于民生保障，强于经济政策，弱于社会政策。一强一弱之间的差距之大，在某些领域和某些时期，达到惊人程度。GDP和财政收入的增长幅度之高，与农民工在相当长时期中的安全和福利保障之糟糕，就是如此。换句话说，为经济发展付出了高昂的社会代价。这个代价主要指的是在健康、职业、安全、教育、环境诸方面的福利损失，以及在公平、正义、个人尊严以及相互信任等方面的价值损失。

其次，过去10年中，社会公众层面上关于“看病难”、“看病贵”的不满与公愤，是推动医药卫生体制改革的初始动力与基本支撑。不是医院药厂及其主管部门，更不是那些有“利益关联”的部门，而是从最弱者的悲惨呼声中，从严肃的调查数据和社会建言中，也从媒体上的批评与讨论中，还从医患关系整体恶化后的两败俱伤中，自下而上地，开启了真正有价值的对于医疗卫生政策以及体制的批判性反思。与早前的20年相比，最近10年来的一个鲜明特点是，公众在与自身利益密切关联的政策问题上强烈表达关注，呼吁社会公平，并由此而带动出政策批评、政策讨论与政策学习的社会进程。这样的政策过程，也许是中国最有实质意义的社会民主进步了。

从这样的背景来看，新医改方案面向公众征求意见，首先应该看作是政策过程上的积极进步。关系到每一个人切身利益的政策，应当广泛征求意见。或者更正确地说，每一个“利益相关者”，均有权利对影响自身利益的政策表达意见。这本应是常识，无需启蒙。但是，主管部门将政策制定与政策解释作为自己的特权乃至秘密，作为单方面掌握的游戏规则。因此，一个一个问题来，持之以恒地推进面向公众的政策咨询，是我们必须耐心完成的任务，也是最重要的体制改革环节之一。近年来，国务院和全国人大常委会尝试将越来越多的重大政策和法规拿出来征求公众意见，这其中释放的是积极信号。

然而，也正是从这样的背景来看，新医改方案面向公众征求意见，其具体设计尚有可改善的空间。

其一，征求社会意见的时间限制是一个月，明显太短。医药体制改革，既重要又复杂。中国在公共管理方面常常奉美国的经验和理论为圭臬，孰知美国人都对医改望而却步，可见问题复杂。太大的问题给太短的时间，效果滑稽。好比老师在课堂上讲完云里雾里的一节课后，风度十足地问，同学们有什么问题吗？一秒钟之后接着说，既然没有问题，现在下课。

其二，与此前有漫长的时间给予相关部委反复讨论相比，这次征求意见的时间也太短，显得不公平。应当说，部门讨论以及专家讨论，都是决策民主。但是，复杂决策中的技术官僚垄断与精英垄断，绝对是民主的大害，也是科学决策的大害。《劳动合同法》颁布生效后来自企业的强烈不满，曾引发广泛疑惑，如此重要的一个利益相关群体，立法过程中有没有让他们充分表达过意见呢？这是一个很大的教训。没有充分的民主，不可能有科学决策。至少，不可能有大家愿意自觉执行的政策。前面看起来节省的资源，到了后面，全部用于强制执行都还不够。从整个政策过程来看，根本不划算。

然而时间只是一个方面。大问题大范围的社会讨论，千万种角度各异的零散意见，不可能有效地综合成为政策。这就需要有讨论的技术与平台，而这个方面存在的局限可能更大更深层。要真正希望倾听社会公意，第一项技术是提炼出明确的问题，并有清晰的推论逻辑。按照一些专家对新医改方案的评价，其中含有十几个部门利益的复杂协调与折中。普通公民，怎么有可能对这样的东西给出意见？广东省卫生厅副厅长廖新波接受记者访问时说，新医改方案下，有些人可能看病要多掏钱。这是用老百姓听得懂的话，明确提炼了至少是一个问题，并且有可以明白的推论逻辑。这才是可以讨论和可以表态的问题。简单来说，需要有更多的官员和专家面向公众解释问题，需要有公开平等的不同群体的利益表达平台，并需要有创新的技术与方式归纳问题。以此才能抗衡和破解部门利益扯皮，政府的政策能力与治理水平才能跃升一个新的台阶。

（2008年10月15日）

事件：据《每日经济新闻》报道，全国工商联住宅产业商会会长聂梅生10月14日透露，由住房和城乡建设部等部门提出的“放松”房产调控政策的方案，有望在11月推出。具体内容包括取消购买第二套房的限制、下调房产税和延长个人房贷偿还期限等。在此之前，已经有18个城市发布救市措施，“新政”层出不穷，手段除了降低税费，甚至还有购房财政补贴，舆论普遍认为中央政府对此持“默许”态度。

观点：最好的调控效果应该是市场结构调整到位，房价回归理性以后销售量逐渐放大。而不是在市场结构调整到位以前通过行政干预的方式，以救市为名，行哄抬房价之实。

房地产政策开始松绑　结构性改革不可中断

据报道，由住房和城乡建设部等部门提出的“放松”房产调控政策的方案，有望在下月推出。具体内容包括取消购买第二套房的限制、下调房产税和延长个人房贷偿还期限等。在此之前，已经有18个城市发布救市措施，“新政”层出不穷，手段除了降低税费，甚至还有购房财政补贴，舆论普遍认为中央政府对此持“默许”态度。在广州，房地产人士认为，调整推地节奏、暂停供应限价地、放宽户型比例等“暗救”措施已经出台，政府明确救市已经是时间问题。

在房地产市场调控初见成效，各地房价开始露出下降端倪的时候，全国范围内的“救市”一度被认为是“绝无可能”。今年8月，国家发改委官员在谈及宏观调控思路的调整时表示，放松信贷只是针对中小企业、制造业，与房地产无关。但时移事易，当前在通货膨胀的表象下，通货紧缩已露端倪，出口制造业产能过剩，房地产市场成交量急剧减少，CPI在连续上涨后掉头向下，都表明经济下行的风险加大。房地产业的风险指标从过热转入过冷。8月上海某银行测试结果显示：如果房价下跌20%，个人房贷不良率将大幅上升；如果房价下跌超过40%，个人房贷不良率将上升约40%。截至今年6月末，国内上市银行房地产开发贷款规模1.39亿元，个人贷款规模3.335万亿元，其中个人贷款中绝大部分是住房按揭。房价出现非理性下跌，恐将牵连银行业以及56个房地产相关行业，会对实体经济造成毁灭性打击。

在全球金融危机的风声鹤唳与实体经济下行的双重压力之下，房地产价格崩盘是谁都不愿意见到的结果。

必须看到，当前房地产市场出现的成交量下降、价格微跌的情况，其实仅仅是房价泡沫破裂的前兆。投资品泡沫的形成和破裂是从成交量萎缩，市场观望气氛浓厚，转入突然的恐慌性抛售，再经过漫长的恢复期，逐步上涨到合理水平。出现抛售的市场必定出现超跌和大量坏账，当年香港房价一夜之间腰斩一半，大量中产阶层沦为负资产，这才是房地产危机的真正面目。有消费者期待在房地产危机中独善其身，置房企于死地而后抄底，那其实并不大现实。

虽然救市必要，但重建市场秩序，理顺供求结构的调控政策不可在一夜之间被放弃。必须看到，2006 年以来的一系列“严控”政策，其实是当时的房地产泡沫累积的结果。其中，国六条所提出的增加中小户型住宅比例，增加保障性住宅比例等调整市场供应结构的政策是合理的，不能因外部环境恶化而全盘否定，拯救当前的房地产市场不能以退回 2006 年以前的房地产市场为代价。

事实上，在放松调控的迹象出现之前，学者已经就放松房地产市场调控是否会导致房地产泡沫继续扩大表示担忧，此次“自下而上”的房地产“新政”到底是“救市”还是“救开发商”也颇有争议。个别地级市通过财政补贴购房者，对房地产企业开出优惠政策等方式“救市”，颇有以公共支出为私人消费、投资行为埋单嫌疑。如果说 2006 年、2007 年出台调控措施，是为了扭转扭曲的市场结构，避免投资过热的市场风险，那么 2008 年底乃至 2009 年出台的房地产政策，则必须建立在进一步调整市场结构、摒弃行政过度干预的基础上。

最好的调控效果应该是市场结构调整到位，房价回归理性以后销售量逐渐放大。而不是在市场结构调整到位以前通过行政干预的方式，以救市为名，行哄抬房价之实。在金融政策从紧缩转为扩张的今天，降低税费征收比率，放松消费者的贷款限制，降低开发商的资金成本，符合市场规则，但停止保障性住房建设，减少土地供应，甚至用财政补贴购房者的方式，只会令危机换一种方式累积。

（2008 年 10 月 17 日）

事件： 10 月 21 日，财政部、国家税务总局宣布，从 11 月 1 日起，适当调高部分劳动密集型和高技术含量、高附加值商品的出口退税率。10 月 22 日晚，财政部宣布了房市税费政策调整方案。

另有消息称，财政部 9 月初提交的千亿元减税规模的增值税全面转型方案已获国务院批准，减税规模保底为 1500 亿元，有望达到 2000 亿元，2009 年 1 月 1 日起实施。

观点： 治大国若烹小鲜，应对经济下滑危机亦复如是。政府需要通过恰当的决策程序，在尊重民意的基础上，寻找更有连贯性的方案：既能协调中央政策与地方政策，又能协调各部门政策，并通过宏观政策推进结构调整与制度改进。

面对危机，宏观经济政策应有远见

金融海啸波及全球，中国的国内经济也正面临日益严峻的形势，对此中央政府给出了积极应对的姿态，最近频繁出台财政与货币政策。这些措施及可能的收效，也正被社会各方紧密关注、激烈议论。

受次贷危机及此危机导致的国际宏观经济形势恶化的冲击，受国内周期性因素的影响，中国经济目前已经处于下滑期。财政收入最能说明问题：财政部 20 日公布，今年上半年全国财政收入累计增长还有 33.3%，第三季度却仅有 10.5%，且 7、8、9 三个月增速呈逐月回落态势，增速分别为 16.5%、10.1%、3.1%。另外一个指标更为触目惊心：央行公布的数字称，2008 年前九个月，上证综合指数累计跌幅达 56.5%。据此，中国经济已经出现某种程度的危机。面对这种情形，政府各个部门开始频繁推出各项宏观政策。首先，过去半个月，央行两次调整货币政策，下调人民币存贷款基准利率和存款类金融机构人民币存款准备金率。

财政政策方面，10 月 21 日，财政部、国家税务总局宣布，从 11 月 1 日起，适当调高部分劳动密集型和高技术含量、高附加值商品的出口退税率。10 月 22 日晚，财政部宣布了房市税费政策调整方案。

另有消息称，财政部 9 月初提交的千亿元减税规模的增值税全面转型方案已获国务院批准，减税规模保底为 1500 亿元，有望达到 2000 亿元，2009 年 1 月 1 日起实施。

宏观经济政策出台如此频密，为多年来所罕见。此景显示，政府已经意识到经济下滑趋势之严重性。事实上，在中国当下的社会生态中，经济问题具有极大的外部性，稍微严重一些的经济衰退将会引发社会危机。因而，当机立断，阻止经济进一步下滑，就是十分必要的。但是，目前各类政策出台的方式似乎存在某种问题。首先是政出多门，政策缺乏足够连贯性。一方面是中央政府各个部门分头出台政策，另一方面，中央政府与地方政府同时出台政策。后一点，在房市表现得最为明显，全国多个城市已经出台了拯救房市的措施，中央政府的政策是否与此存在重叠？

可以预料，经济下滑的趋势将在各个领域陆续表现出来，并且波及社会领域。比如，企业倒闭、失业问题将会趋向严重。这个时候，政策之间的连贯性就十分重要。比如：一方面，财政收入已经在下滑，政府为刺激生产又准备出台减税措施；另一方面，政府可能需要更多的公共资源用于救助失业者。这两者显然是矛盾的，如何权衡取舍，需要打破决策部门化格局，以一种合理、有效的决策程序进行决策。这种决策程序可以使政府对问题的轻重缓急进行排序，并作出最不坏的政策安排。

其次，目前各类政策的出台缺乏与民意的良性对话。宏观经济政策需要科学依据，但更需要民意支持。否则，政府本来用于稳定宏观经济的措施，很可能被民众误解为照顾某些利益集团的措施。

政府拯救房市的措施就遭遇了这种尴尬。对于地方政府出台的拯救房市的措施，普通民众多数表示反对。有网站调查显示，参与表态的近20万网友，84.74%的人反对房地产救市。这种民意可能不是十分理性，表达这些意见的民众可能未能充分理解在目前经济情势下阻止房市衰退的经济与社会意义。但无论如何，政府不能无视民众的意见。在制定任何政策包括宏观经济政策的时候，政府应当面向民众，对于民众表达的也许缺乏科学依据的意见，政府也应当作出回应，向民众阐明道理。假如政府做到了这一点，大多数民众是可以接受政府救市举措的。假如政府漠视民众意见，则宏观经济政策的正当性就会大打折扣。

最后一点，目前的宏观政策缺乏足够远见。中国的经济情势与美国、欧洲大不相同。中国仍然处于转型过程当中，目前的经济下滑趋势，既有外部冲击因素，也有内在的宏观周期性因素，同时也有结构性与制度性因素。因而，宏观政策既要考虑稳定宏观经济，同时也要考虑推动体制转型。如果只考虑眼前的稳定问题，而忽视转型问题，则将为未来留下后患。从这个角度看，提高部分商品的出口退税率，未必是一项明智的政策，因为这让本已开始进行的经济结构调整逆转。财政部拟议中的减税方案则较为可取，因为它是以税制改革的方式实现减税，在减税的同时，推动整个税制从生产型向消费型转型。

总之，治大国若烹小鲜，应对经济下滑危机亦复如是。政府需要通过恰当的决策程序，在尊重民意的基础上，寻找更有连贯性的方案：既能协调中央政策与地方政策，又能协调各部门政策，并通过宏观政策推进结构调整与制度改进。

（2008年10月24日）

事件：十一届全国人大常委会第五次会议 23 日在人民大会堂开幕，《食品安全法草案》再次提请审议。由于频发的食品安全事件，尤其是影响仍在扩散的三聚氰胺风波，这部法案备受关注。立法者表示，希望吸取三鹿毒奶粉事件的经验教训，强化政府责任，改进监管方式，堵塞早已暴露出来的漏洞，在法律层面促成有效的食品监管体制。

观点：现状可能比立法者想象的更复杂，更有阻力。三聚氰胺作乱食品安全的完整链条，至今还不清楚，缺乏一个公开的司法审讯程序，必然会为有针对性的立法设置障碍。当三鹿这样的典型案例之真相不明成了现实的主要特征，必然会妨碍食品安全立法的正确方向、手段的效用。

还原三聚氰胺作乱链条才能确保食品安全立法

目前，十一届全国人大常委会第五次会议正在紧张工作，将审议通过一系列法律草案。其中，《食品安全法草案》经过了四天分组讨论。由于频发的食品安全事件，尤其是影响仍在扩散的三聚氰胺风波，这部法案备受关注。立法者表示，希望吸取三鹿毒奶粉事件的经验教训，强化政府责任，改进监管方式，堵塞早已暴露出来的漏洞，在法律层面促成有效的食品监管体制。

显而易见，食品安全之所以能进入立法议程，与持续发生且次次造成恶劣后果的食品危机密不可分，属于现实境况推动立法表决的典型例子。就食品安全立法的时宜性没有问题。它的动力来源于难堪的国民处境，要思考食品危机生成的一般规律，总之是要对现实的挑战提出正式回应。而在民众屡遭食品不安全冲击的情况下，立法的举动除了被冀望于收复“失地”，多少也能抚慰人心。

只是这冀望或人心蒙难既久，坚硬的实情早就让食品安全几乎成了遥不可及之物。《食品安全法》尚未诞生，就注定要面临国情的荆棘丛生。立法能否迈过最难的征程？可否达成拯救的愿景呢？这至少取决于立法者对现实的理解和立场，取决于立法审议的质量，也取决于立法的决心。所以，问题又回到了国人熟悉的起点上，那就是法律究竟能在怎样状态下发挥应有效力？立法能否切合现实，真正指向现实弊病？

就在立法成员议论《食品安全法草案》时，内地输港鸡蛋中再现三聚氰胺。这意味着此种化学原料继宠物饲料、牛奶制品之后，在食品领域再下一城。三聚氰胺式鸡蛋的出现，动摇了现有整顿举措的有效性。漏洞之外竟然还有漏洞。这已不是三聚氰胺是否让监管体系蒙羞的问题，而是那种监管失职的羞耻能否被彻底清洗的问题。食品安全加紧立法，食品安全的现实世界再被不安笼罩。

行政失职是食品危机的主要原因，这点已是共识。立法者也承认，食品不安全的症结不在于执法部门无权，而是履职不力。为此，食品安全立法有意抬高对官员惩戒的严厉程度。尽管症结明了，可如何理顺多头管理的秩序则是难上加难。草案一审到三审，从授权国务院进行调整，到卫生行政部门综合协调，再到着意于全程监管地方政府，立法主题一变再变，艰难寻找因应现实的合适姿态。

现状可能比立法者想象的更复杂，更有阻力。三聚氰胺作乱食品安全的完整链条，至今还不清楚，缺乏一个公开的司法审讯程序，必然会为有针对性的立法设置障碍。当三鹿这样的典型案例之真相不明成了现实的主要特征，必然会妨碍食品安全立法的正确方向、手段的效用。比如说到惩戒，其实早有行政首长问责制；说到奶站缺乏监管，不是早有《农产品安全法》么？舆论对《食品安全法》的信心不足。保守的看法是，在赋予新法生命力之前，需要警惕及反省同类法规的现实命运。

立法与执法的悬殊巨大，法律在被运用中也会走样和变异。同样，《食品安全法》与食品安全是两个迥异的概念。犹如前者规定可以集体索赔，后者却展现了法院拒绝对索赔立案的真实一面。况且，谁也不会乐观到那种地步，以为单靠一部法规便能挽救食品安全的全面危机。但既然现实催生了立法程序，就可能让现实的缺陷、错误乃至丑陋曝光于天下。这是不该被遗忘的立法知情权。

这就是我们的处境：一方面对食品安全的世态疲于应付，对政府处置的效力缺乏信心，迫切需要找到矫治的良方；另一方面，又对包括立法在内的救济方式有所质疑，对法律的现实作用抱有悲观态度，甚至认为立法本身也需要某种力量的救济。食品不安全的伤痕至深，它所映照的不只是行政的实际面目，也有立法的尴尬前景。安全感失落了，究竟缘于何因？立法可有答案？

（2008年10月29日）

事件： 据财政部与央行通知，从10月27日起，将商业性个人住房贷款利率下限扩大为贷款基准利率的0.7倍，最低首付款比例调整为20%。10月28日，房贷新政执行第二日，农行、建行率先出台了房贷细则。戏剧性的是，仅隔几个小时，农行将操作细则从网站上撤下，更戏剧的是，事隔一天，农行细则又一字不差地挂上网站。

观点： 稳定经济增速是大局，银行控制风险的唯一办法是增加竞争力，展开针对不同消费群体的错位竞争。在此关键时刻，有关方面协调行动，给予市场各方主体明确、坚定的预期，则是携手共渡难关的重中之重。

房贷新政：监管部门应共同给予市场明确预期

据财政部与央行通知，从10月27日起，将商业性个人住房贷款利率下限扩大为贷款基准利率的0.7倍，最低首付款比例调整为20%。10月28日，房贷新政执行第二日，农行、建行率先出台了房贷细则。戏剧性的是，仅隔几个小时，农行将操作细则从网站上撤下，更戏剧的是，事隔一天，农行细则又一字不差地挂上网站。这一细节显示政府内部巨大的歧义——是刺激房贷消费，还是控制银行风险？中国扩张型经济政策该何去何从？

10月22日，财政部与央行发布刺激住房需求的房贷新政。10月24日，银监会紧急会晤大型商业银行高层，下发紧急通知，关小了房贷新政的优惠闸门，明确只有“首次利用贷款购买自住房”可以享受住房优惠。

财政部、央行、银监会等有关各方显然应该加强协商，避免出现市场摇摆不定、购房者心神飘摇的难堪境地。这对于明确市场预期有害无益，对于拉动中国经济走出紧缩低谷更是一个沉重的打击，比不出台优惠政策更糟。

房贷新政牵涉到部门之间的利益博弈，更事关中国银行业市场、监管与中国经济发展以谁为重的大局。

在经济下挫之时，刺激内需是拉动经济增长的一大法宝。在1998年、2003年，拉动住房消费，对于中国经济走出东亚金融危机、SARS紧缩低谷都起到了举足轻重的作用。如今，面临更加险恶的全球金融危机，刺激住房消费提上议事日程，其意显然是在维持房地产市场稳定，防止50多个相关行业与3000万的就业人员出现大幅衰退。刺激房地产消费是维持中国经济增长速度的应急之举，事关稳定中国经济的大局。

客观地说，监管部门确实处于两难境地。监管部门关注的是银行的风险，由于房地产市场预期继续下降，如果继续大规模发放房贷，有可能收获房贷坏账率上升的苦果，并且，银行的赢利空间会遭到压缩。目前银行的主要赢利来源仍然在于利差与息差，占据80％以上的比例。央行将首次按揭买房的贷款优惠利率由原来的0.85倍下调到0.7倍后，银行的存贷差进一步缩小。据高盛高华测算，如果目前贷款利率为基准利率85％的按揭贷款（即存量房贷）中有90％转而使用基准利率70％的新利率，银行业2009年预期净息差将平均收窄近8个基点。按目前14家上市银行按揭贷款占总生息资产的均值是8％，2009年主要上市银行的预期税后净利润将会减少5.3％。

但是，如果银行继续紧缩房地产贷款，将加重中国经济严重紧缩的预期，银行现有的25％左右的房贷作为优质贷款，会暴露于蜕变为呆坏账的巨大风险之中。如果全国房地产均价下挫30％，按照风险测试，住房贷款不良率将大幅提升。

如果有关部门各自站在自己的立场，会出现公说公有理、婆说婆有理纠缠不清的境地，如果加强协商，从稳定中国经济、控制金融风险、加强银行市场竞争力的大局出发，则不难得出各方共同接受的结论。

财政部、隶属中投公司的汇金公司是我国大型国有控股银行的大股东。因此，财政部出台的各项政策要确保两个目标，既要刺激住房消费保证经济增长，又要确保金融机构的利润空间不至于压缩到太小，金融安全是我国经济安全的定海神针，只要有一两家金融机构破产，则中国经济全盘皆输。

事实也印证了财政部的良苦用心。10月29日晚，央行调整存贷款基准利率，令人关注的是，五年以上贷款基准利率下调27个基点，而五年以上存款基准利率下调45个基点，刚好在银行可以承受的范围之内。由此可见，财政部与央行已经为房贷新政埋下了伏笔，而银监会倒像是后知后觉的局外人，对于政府刺激经济增长的举措起到了负面的搅局作用。

银监会的苦心可鉴，不过维持高利差不是保障银行竞争力的法宝，不过是借优惠政策将储户利益转到银行手中，对于银行而言，在紧缩期转危为安、控制风险的手段是加强内控机制，是发展各类中间产品。

稳定经济增速是大局，银行控制风险的唯一办法是增加竞争力，展开针对不同消费群体的错位竞争。在此关键时刻，有关方面协调行动，给予市场各方主体明确、坚定的预期，则是携手共渡难关的重中之重。

（2008年10月30日）

事件：海协会会长陈云林10月30日在京接受台湾媒体联合采访，确定11月3日开始的赴台行程，声明此次台北之行，是海协会、海基会制度性协商的既定议程，会谈内容只围绕经济议题展开，不关政治，更不涉及岛内政治斗争。陈会长还因毒奶粉事件，再度向台湾同胞表示歉意。

观点："以经济吸纳政治"也是目前金融海啸中世界各国的普遍做法，无论是美国、欧盟、俄罗斯、中东、日本还是中国，都已抛开昔日所有政治争议，暂时携手救市，以求一起渡过目前的难关。大陆和台湾在金融海啸中无法独善其身，因此陈云林此次带上各大银行的负责人访台，更是在危难中的援手。

陈云林历史性访台　坚持以经济吸纳政治

海协会会长陈云林10月30日在京接受台湾媒体联合采访，确定11月3日开始的赴台行程，声明此次台北之行，是海协会、海基会制度性协商的既定议程，会谈内容只围绕经济议题展开，不关政治、更不涉及岛内政治斗争。陈会长还因毒奶粉事件，再度向台湾同胞表示歉意。

虽然陈会长如此低调并且身段柔软，但他此次访台意义之重大，并没有被各方忽视。作为两岸分治以来，大陆方面赴台访问最高层级官员，他此次台北之行，被世界媒体解读成两岸一系列融冰之举的重要一环，美国方面也明确表示欢迎。同样对此给予高度政治解读的还有台湾民进党，继党籍议员王定宇在台南孔庙暴力推搡以私人身份访台的海协会副会长张铭清之后，10月25日民进党还动员在台北举行了50万人的"呛马反中"的大游行，甚至默许弊案缠身的陈水扁参加。民进党方面把陈云林访台视作马英九政府对大陆方面的输诚，希望在此期间掀起更大的抗议浪潮。

不过，无论是副会长受到人身伤害，还是民进党的街头威胁，都无法动摇陈云林访台的决心。原因之一是自从马英九以700万高票当选之后，北京已经把它解读成台湾主流民意对两岸三通以及台海和解的政治背书。政治反对，是在民主选举社会的正常状态，民进党不这么反对那才不正常。毕竟"台独"势力虽然大大削弱，但依然有20%上下的忠实支持者，足以支撑民进党在"立法院"强力阻挡议事以及动员群众街头不断抗争。但这样的反对，已无法代表台湾主流民意。

另外，两岸三通和台海和解过程，是一种迅速良性回馈的过程，只要一开启，就会加速，除非遇到重大政治风波或者战争，否则是一盘下了就不会停的棋。因为三通直接导致两岸人员、物资、金融的双向依赖，两岸经济一体化加剧，骤然增加了局势逆转的成本，而人员和信息相互自由流通，增加了两岸之间的善意和同情，台湾人由于曲解而导致的去中国心态，会被减缓。

对于大陆来说，启动这个会自动加速的过程，好处远远大于任何其带来的坏处，因此为此作任何非原则的让步甚至作任何形式上的变通，都相当值得。陈云林再次诚恳以毒奶粉事件对台湾人民道歉，不过度追究副会长被人身伤害事件，正是基于这样的考虑。

从实践上说，大陆已经有相应的以CEPA形式帮助香港、澳门度过金融危机以及广泛吸纳民意的经验，因此在对台政策上深深认知到，以经济合作甚至援助的方式对待政治上有异议的地区，会起到“以经济吸纳政治”的效果。台海分治近60年，有千万条无法解开的政治心结，但大陆以“经济共融、政治搁置”的方式缓解这一代台湾人的不满、宽容上一代台湾人的对抗、期待下一代台湾人的合作，的确可能是一个可行的方案。

“以经济吸纳政治”也是目前金融海啸中世界各国的普遍做法，无论是美国、欧盟、俄罗斯、中东、日本还是中国，都已抛开昔日所有政治争议，暂时携手救市，以求一起渡过目前的难关。大陆和台湾在金融海啸中无法独善其身，因此陈云林此次带上各大银行的负责人访台，更是在危难中的援手。

虽然这场在台北的历史两会峰会，大陆方面有更多的上手牌，但台湾马英九政府方面也因此极大获利。不但能振作台湾经济信心，抬升因为经济不景气而几乎跌到谷底的政府支持率，而且在大陆明确的“以经济吸纳政治”的原则下，台湾并不会在政治主体性上被迫让步。

马英九政府上台之后，两岸和世界主要大国，都认可了台海问题上“政治现状”（Status Quo）的现实合理性。台海各方势力，现在等于必须在以“政治现状”为棋格的棋盘上下棋。从这个意义上，无论是陈云林的身段柔软，还是马英九的主动非战姿态，都是按规则出招的现实主义举措，毕竟台湾问题的最终解决，并不会是这一代人能很快见到的事情。不接受“政治现状”的民进党以及“台独”势力，只能继续做民主社会的“少数”，而无法主导台海进程。

（2008年10月31日）

事件：交通运输部11月3日决定，免除涉嫌猥亵女童的林嘉祥党内外职务。据11岁的受害女童复述：10月29日晚间，这名深圳海事局原党组书记以问路为由，采取卡脖子的暴力手段，意欲将她挟持进男厕所。女童挣脱后，家人斥责林嘉祥。有录像为证，当时的林某蛮横嚣张，不讳言侵犯行为，更自恃高官身份威胁对方。在警方问讯中，58岁的林嘉祥为自己作无罪辩护。事发后，公众反应强烈，曾发出对林某的网络“通缉令”，全程推动事件的公开处理。

观点：民愤起于凌辱，而民意亦可除暴。假如民意有用，林嘉祥丢掉党内外职务只能是一个开端，系统的整体净化或可由此吸取最新的借鉴。这种要求不该被当作妄言，而理应受到尊重，就像民意理应受到尊重一样。

林嘉祥案：民愤起于凌辱　民意亦可除暴

交通运输部昨日决定，免除涉嫌猥亵女童的林嘉祥党内外职务。据11岁的受害女童复述：上月29日晚间，这名深圳海事局原党组书记以问路为由，采取卡脖子的暴力手段，意欲将她挟持进男厕所。女童挣脱后，家人斥责林嘉祥。有录像为证，当时的林某蛮横嚣张，不讳言侵犯行为，更自恃高官身份威胁对方。在最近的警方问讯中，58岁的林嘉祥为自己作无罪辩护。而事发至今，公众反应强烈，曾发出对林某的网络“通缉令”，全程推动事件的公开处理。

事态演进至今，警方已将其列为刑事案件侦办，并承诺收集和扩充证据链条，以决断最终的案情。显然，还原事件的全部真相，是执法机构的职责所在，也是能否定罪的关键。核查事件本身是应有之义，必要经得起司法正义的衡量。除此而外，民意对事件的解读是另一层含义。民愤汹涌难平，此事的社会影响超越了单纯的丑闻定性，即便未来会有明确的法律释疑，也绝不代表全部答案。

就事论事被当作一种理性之举，可在谈论林嘉祥案时，它可能会忽略掉某些重要的警示或启示。回到那个夜晚，回到那个令民众为之激愤的地方，抄录林嘉祥的言行举止，可当理解其中的况味。“我就是干了，怎么样？”“我是交通部派下的，级别和你们市长一样高。要多少钱你们开个价，我给钱嘛！”“你们算个屁！敢跟我斗，看我怎么收拾你们。”语录昭昭，隐寓难堪的实情，也显示未点明的秘密。

自身的劣行暴露于大庭广众之下，林嘉祥出言阻吓。这被看成强权者的乖张言辞，也被理解成某种终于成文的宣告，于青蘋之末激起民意大反弹。如此，狰狞之语带来了两层意义上的凌辱：其一加之于受害者及其父母，其二是指向更广泛的民众。因而，公众既痛心于一个未成年人所遭受的飞来之灾，更愤懑于随之而来的权势挑衅。是可忍孰不可忍！舆论迅速汇聚成讨伐之势。

民意并非毫无力量，它有着一整套高效的程序，能够展开具体行动。人肉搜索引擎在第一时间被启动，林嘉祥被快速确认而无所遁形，大众传媒与受众互动，其身份及丑闻在警方公布前就被充分传播。与丑闻同时传播的还有公众情绪，后者包含了对权力的日常感知，公众更借此增强了对事件性质的认同。于是，林嘉祥成了权力形象的最新代言人，对事件的态度暴露了公众的不满。

林嘉祥案体现了典型的民意表达，它真实、充沛、有根有据，既有集体想象的成分，也是感同身受的结果。因而，要摒弃一种傲慢的观点，那就是把这桩丑闻及其社会反应概括为激愤之语所引发的激愤之举。如果这样，那就是将林嘉祥案简单化了，或贬低了围绕案件久久不退的舆情。值得追问的是，假如每一个读者都能从林嘉祥语录中感到威胁，并酝酿出相似的怒火，那问题在哪儿?

退一步说，这是一起偶发事件，却暴露了一直以来存在我们周边的社会背景。这是一次民意的爆发和宣泄，折射出民众的苦闷。对林嘉祥案，也有论者担心对它的过度阐释。某一次丑闻当然不能代表全部的罪恶，但过度阐释与拒绝反省是一个问题的正反两面。因而，公众还需要事件本身的完整真相，以便调整评论的精确度，并更准确地理解自身将来的命运走势。

民愤起于凌辱，而民意亦可除暴。假如民意有用，林嘉祥丢掉党内外职务只能是一个开端，系统的整体净化或可由此吸取最新的借鉴。这种要求不该被当作妄言，而理应受到尊重，就像民意理应受到尊重一样。同时，假如民意有用，但愿那个女孩的噩梦从未发生过，希望一切邪恶都远离她。就在此案将明未明之时，我们诚心祝福她的康复，就像我们狠狠诅咒黑暗一样。

（2008 年 11 月 4 日）

事件： 两岸民众期盼已久的三通协议，终于在 11 月 4 日的陈马会中得到了签署。这是一份历史性的文稿，在这份文稿里，陈云林和江丙坤分别代表海协会和海基会，签署海运、空运、邮政、食品安全等四项协议，其中海峡两岸空运协议于双方签署之日起 40 日内生效。

观点： 在三通之后，两岸关系未来的新格局也将逐渐清晰起来。两岸政党民众将会逐渐摆脱传统的隔空喊话或者定位争论，进入实质性议题的互动阶段。

三通协议定鼎两岸关系未来新格局

两岸民众期盼已久的三通协议，终于在昨天的陈马会中得到了签署。这是一份历史性的文稿，在这份文稿里，陈云林和江丙坤分别代表海协会和海基会，签署海运、空运、邮政、食品安全等四项协议，其中海峡两岸空运协议于双方签署之日起 40 日内生效。

从内容上说，两岸的海运与空中直航、直邮解决了多年来两岸交流中的高成本问题。在这份协议签署之前，大陆与台湾两岸客运需要绕行香港，货运有不少绕行日本石垣岛。台湾地区货船仅绕行一项，一年就要白白送出 6860 万新台币；大陆货运成本更是高企得吓人。而两岸的食品安全协议，则回应了台湾岛内对于两岸食品交流中的安全问题的担忧。这些内容一方面是降低了两岸直接交流的成本，另一方面增加了两岸共同利益的关联度。自三通之后，两岸互动势必开启一个历史性的新局面。

在过去的较长一段时间中，两岸关系呈现出一种“行先于言”的模式。自 20 世纪 80 年代以来，无论岛内执政者属于哪个党派，两岸执政党之间围绕政治议题展开什么样的争论，但是与两岸民生和经济发展相关的活动，却并不随着政治气氛的变化而发生根本的变化。甚至在台海安全局势最为紧张的 1996、1997 年，以及“台独”势力空前坐大的前几年，还有大量的台商前来大陆投资。两岸经济和文化的互动，已经成为不可阻挡的历史潮流。

在这种时代语境中，大三通非通不可，早已经是两岸有识之士共同的历史命题。以往所有制约三通问题的门槛和障碍，都是观念性或者意识形态性的；“台独”势力所希冀的政治语境，也是基于一个封闭的不了解大陆的台湾，因此他们反对三通。而恰恰相反的是，两岸多数民众的相互认识已经随着经济的发展、民生关联度的提高而超越了这种历史的反动。三通协议的签署，只是顺应民意，完成了这个历史阶段的制度性一步。

必须承认，正是民间日益频繁的交流和互动，开启了两岸寻找彼此身份定位的历史机遇。在三通之前，两岸民众就用希望抵消了交流的高成本。自三通之后，随着交流门槛的降低，会有越来越多的两岸民众互相走动。可以预见，新鲜的台湾水果会越来越便宜，大陆的台资企业也会越来越成熟，金融危机中的两岸资本市场也会相互展示救助的可能。更重要的是，人员、资本、商品的自由流动是一切缓和的前提和必备条件。

在三通之后，两岸关系未来的新格局也将逐渐清晰起来。两岸政党民众将会逐渐摆脱传统的隔空喊话或者定位争论，进入实质性议题的互动阶段。因为随着两岸真正解决了流动问题，两岸相互学习和彼此借鉴，甚至相互促进会越来越简单。就以陈云林此次访台为例，他除了在岛内展示柔性身段之外，还以坦率的态度就毒奶粉事件向台湾民众致歉，而且正面回应所谓的“呛声”，本身也是一种积极的姿态。

2008年11月4日，130公里的海峡从来没有像今天这么短。如果说历史曾经是扩大这个距离的目击者，那么三通协议就是缩短这个距离的加速器。在两岸关系重归理性的日子里，两岸高层所签署的三通协议，自然也就成为一份背负巨大历史期待的文本。

（2008年11月5日）

事件：11月5日，广东省劳动保障厅发文，就近期珠三角企业倒闭引发欠薪事件提出六大应对措施，要求各级劳动保障部门高度重视、密切关注事态发展，防止引发群体性事件。与此同时，广州市总工会要求，针对当前欧美金融危机对我国的负面影响，工会应加紧建立和完善劳动纠纷预警机制，主动积极参与调解和化解劳资矛盾。

观点：很难想象，没有统一的欠薪保障制度、有效的联合执法机制、得力的工会组织，甚至连签订劳动合同、杜绝血汗工厂都难以彻底保证的政府监管，将会如何持续有效地解决企业欠薪问题。

应对企业破产欠薪，最不济是政府掏钱善后

日益严峻的经济形势，迫使企业倒闭、欠薪、失业等社会问题浮出水面。近日，省劳动保障厅发文，就近期珠三角企业倒闭引发欠薪事件提出六大应对措施，要求各级劳动保障部门高度重视、密切关注事态发展，防止引发群体性事件。与此同时，广州市总工会要求，针对当前欧美金融危机对我国的负面影响，工会应加紧建立和完善劳动纠纷预警机制，主动积极参与调解和化解劳资矛盾。

这只是风雨欲来的一瞬。早前，广东公布今年第三季度人力资源市场供求分析，显示今年市场需求数量连续三个季度下降，求职者数量则持续上升。国家人力资源和社会保障部部长率先在粤调研，要求积极稳妥做好倒闭企业的劳动保障工作，及时预警并做好应对。来自行政高层的重视，直接促生了珠三角劳动保障部门的迅速行动。金融危机引发的连锁效应，已不只是纯粹的经济议题。

然而，政府究竟应该如何应对，目前似乎并不明朗。早前，东莞樟木头镇合俊公司破产，多达6400名员工被欠薪，当地政府不得不垫付2400多万元善后。同样的案例，还在珠三角轮番上演。这使企业欠薪，政府埋单成为被广泛讨论的现象。政府花费的是财政资金，直接来自纳税人的税金，如果越来越多的企业破产、老板“走佬”，难道要用纳税人的钱一兜到底？

事实上，政府用财政资金为欠薪企业兜底，行使的却是最不济的政府职能。欠薪不是今天才有的现象，甚至是要高层领导过问才能解决的老大难问题，现实生活

中因欠薪导致的跳楼、跳桥悲剧也时有发生。可见欠薪根本就是久拖未决的社会问题，当前经济形势转差，使得久拖未决的欠薪问题可能集中爆发，政府因此出手为欠薪垫付。可见政府掏钱垫底发生在今日，其市场监管滞后的伏笔却早在今天以前。

政府行使的是市场监管的宏观职能，需要为整个市场而不是单一企业负责。如果建立了完善的市场监管体系，类似企业欠薪之类的市场后果，完全可以更加平和的方式解决。香港通过设立破产欠薪保障基金委员会，每年向所有商业登记企业附加征收100元税款，由雇主、雇员和政府机构代表一起管理基金，从而确保在雇主破产或濒临破产情况下的雇员利益。目前，内地虽有深圳借鉴香港模式，通过了欠薪保障条例，但就更大范围的市场监管而论，这种制度建设还远远不够。

换一个角度看，政府以财政资金为欠薪企业兜底，也是不可持续的下策急智。市场中有千千万万的企业，每一家企业都有自身的生命周期，都有可能破产倒闭，如果一有企业欠薪，就由政府掏钱垫底，财政资金根本只会入不敷出。而如果政府只能选择性地救助个别企业，必定无助于市场竞争和社会公平，也不符合政府的公共行政逻辑。因此，这是一个从政府能力与行政性质都根本难以完成的任务。

尽管地方政府救急，可为弱势的欠薪劳工暂借一线曙光，但它所反衬的，正是政府市场监管能力的低下和市场监管体系的破漏，这正是政府左手造成、右手弥补的过错。从长远来看，如果长期忽视健康的市场体系建设，而仅仅靠维持社会稳定的简单思路，为失序的市场止血，则这种败坏的市场将陷更多的劳工于不义，也会将政府拖累于疲于奔命之地。因为很难想象，没有统一的欠薪保障制度、有效的联合执法机制、得力的工会组织，甚至连签订劳动合同、杜绝血汗工厂都难以彻底保证的政府监管，将会如何持续有效地解决企业欠薪问题。

（2008年11月7日）

事件： 重庆 8000 辆出租车从 11 月 3 日开始停运，骤然发展为轰动一时的公共事件。6 日，重庆市委书记薄熙来与部分司机对话，认同出租车上缴的份子钱确实不合理。7 日，重庆出租车协会表示，出租车企业和私营老板已同意调低份子钱，但具体额度尚不清楚，要以市政府公布的为准。此外，该协会还鼓励组建从属于它的驾驶员协会，以便的哥的姐能以集体方式与资方进行商谈。

观点： 考验政府的远远不止这些，重要的是以停运为契机检视现行政策的实际效用，均衡地吸收各方意见，代之以更周全的施政，至少是修订公共政策以纾解公益的困境。这就是群体事件所起到的警示功能，它以激烈的社会情势敦促政府改良。

政府改良当借鉴重庆出租车停运事件

重庆 8000 辆出租车从 3 日开始停运，骤然发展为轰动一时的公共事件。6 日，重庆市委书记薄熙来与部分司机对话，认同出租车上缴的份子钱确实不合理。7 日，重庆出租车协会表示，出租车企业和私营老板已同意调低份子钱，但具体额度尚不清楚，要以市政府公布的为准。此外，该协会还鼓励组建从属于它的驾驶员协会，以便的哥的姐能以集体方式与资方进行商谈。总体上看，政府在行动，可停运的余波未了。

需要注意的是，停运的导火索并非只是份子钱所代表的利益分配不公。据重庆交委的信息披露，停运司机的诉求还包括另外三方面：运价结构不合理、城区加气难的状况恶化、黑车猖獗扰乱运营秩序。如果仅仅将焦点放在份子钱上，而不去弥补其他诉求所吁求的政府责任，从而将停运事件简化为劳资矛盾，恐怕不仅会矮化停运的诉求，也无法圆满回应停运事件，更无助于从根本上消除停运的社会成因。

在过去几天，无论是市委书记当面聆听司机看法，还是协会表态要推动成立司机行会组织，都显示了政府解决事态的积极立场。其中，新建制度化通道，以机制来接纳司机的正当诉求相当关键。问题是，必须予停运司机以组会的主体地位，让他们有机会成为劳资谈判的平等一方。事已至此，政府还需进一步开放心态，还权于民，促进解决停运继续朝着正确的方向发展，并获得更多的实质性成果。

利用制度化安排为社会运动提供出路，以减轻它们的社会震荡，这是政府在应对类似事件时应当做到的。但它的一个必要前提是政府与民众能够互信。停运事件至今，政府采取了一系列举动，付出了巨大的行政成本，有许诺，也不乏实际措施。可停运方始终保持沉默，拒绝评估政府应对停运诉求的作为。考虑到停运事件还未最终定性，组织者对官方行动不予置评，非不愿不能，实在是因为不敢。

停运形成后，能传达司机诉求的代表一直缺席，实际上并没有实现真正的协商对话，这不能说是正常现象。其间所隐射出的民众顾虑值得行政者深思。长期以来，群体事件很容易被扣上“阴谋论”的帽子，民间正当的利益诉求往往得不到重视。政府疲于遏制突发事件，习惯性地以强硬手段取代对话机制。这么做的严重后果是，政府疏于理解及触及事件背后的社会心理、利益格局等深层次矛盾。

份子钱绝非重庆独有的行业弊病，它存在于全国绝大多数城市。需要说明的是，出租车司机的利益受损并非仅由份子钱造成，它来源于社会资源的失衡分布，一旦公共政策不能制衡它，既得利益就可以贪婪地侵害正常的利益配置。不只是重庆停运事件，在既有的众多群体事件中，我们都不难发现这一变异的规律。尽管民众可以忍，但是假如超过了极限，那种对正常利益的需求就可能爆发出来。

重庆停运事件以极端的样式表达诉求，而政府的处置又表露了对待民众诉求的真实态度。就目前的进展而言，官员直接对话和资方稍微妥协还都是技术手段。其实，考验政府的远远不止这些，重要的是以停运为契机检视现行政策的实际效用，均衡地吸收各方意见，代之以更周全的施政，至少是修订公共政策以纾解公益的困境。这就是群体事件所起到的警示功能，它以激烈的社会情势敦促政府改良。

停运令长久积压的愤懑冲出地平线，也反向证明政策确有不合时宜之处。起码，一个执政为民的政府要制止强势集团对弱小的习惯性倾轧。这一政府原则属于包括重庆在内的所有地方政府。为此，政府要厘清停运事件的逻辑关系，提炼出事件演化的一般规律，诚实审视政府在类似事件中的欠账。

（2008年11月9日）

事件：11月15、16日，央视《新闻30分》节目播发连续报道，揭露百度公司运作竞价排名的黑幕。百度被指大规模人为干涉网络搜索的结果，引发垃圾信息，更涉及恶意屏蔽，此一模式被总结为“勒索营销”，从而导致公众对其信息公正性与商业道德的强烈不满。

观点：因此，百度与反百度的争战与技术无关，其要害是要不要坚持公器属性，是否需要坚持公正的价值观。而我们认为，这是需要的。

反百度：吁求网络公正的最强音

15、16日，央视《新闻30分》节目播发连续报道，揭露百度公司运作竞价排名的黑幕。百度被指大规模人为干涉网络搜索的结果，引发垃圾信息，更涉及恶意屏蔽，此一模式被总结为“勒索营销”，从而导致公众对其信息公正性与商业道德的强烈不满。这是继“三鹿门”事件中涉嫌删除负面新闻，辅助三鹿公司危机公关之后，第一大中文搜索引擎再次被置于广泛的质疑中。

而在早前，河北某公司通过律师提出申请，针对百度推出的竞价排名和单方面屏蔽网站等行为，要求国家工商总局对其滥用市场支配地位进行反垄断调查。百度由此成了网络反垄断第一案的主角。同期，淘宝等网站已经通过屏蔽百度搜索机器人的方式表达愤怒；更有一大批遭到百度屏蔽的网站结成反百度联盟，控诉它的种种作为。由此看来，抗拒百度霸权的舆论风起云涌。

如果要归纳反百度风波的性质，必须强调这样一个前提，那就是：随着互联网在民众生活中的日益密切渗透，网络搜索引擎早就不再仅仅是一项网络技术，它已经发展为一种新型的媒介公器。时时刻刻，它都要对海量的信息需求进行特征分析，对用户作出非欺骗的、负责任的回应。而反百度的形势说明，中文搜索的纯粹性正遭受过度的商业掠夺，人们忍无可忍，极渴望获得未被扭曲的自然搜索页面，用集体排斥百度的方式来重申搜索公正性的基础地位。

目前，百度拥有中文搜索的最大市场份额，艾瑞咨询发布的2008年第三季度搜索引擎市场调查报告显示，其份额高达七成。但诸多公开的证据证实，百度之所以被卷入系列丑闻，绝非是公众误解或所谓竞争对手的阴谋，它所选择的盈利模式决定了它的举止及道德倾向。有关竞价排名的黑幕显示，在急剧膨胀为互联网巨头的过程中，百度对于用行动促进公司的社会责任较为冷漠，也没有建立起与其市场地位相称的道德标准。这是百度的遗憾，代表着中文搜索引擎方向感的迷失。

其中，竞价排名带来了百度利润的高增长，也是它的原罪之一。这一网络营销方式早在2002年就被美国搜索业彻底摒弃，但百度对它的利用达到极致。只要肯付钱多付钱购买关键词，百度就可以将任何广告掺杂在搜索结果中，并依照价码进行高低排序，且不介意广告的可信与否。对不服从或拒绝合作的公司，百度则用屏蔽来惩罚，从而以一种近乎强梁的手段逼其就范。

不要以为百度的做法与普通网民无关，因为搜索到的（特别是靠前的）信息很可能是虚假的，它不是通过对网页和链接数据的正常统计分析得出的，而是来源于百度与无良广告的联合作祟。在信息不对称的情况下，广告链接与自然搜索结果间的分野就被故意混淆了。搜索引擎有意操纵一切，民众就极可能被误导进别有用心的陷阱，沦为畸形利益链条上的猎物，公益损伤至深。

干预搜索后果，令人无法准确找到想要的信息，这已经够恶劣的了，但也只是百度模式的第一层后果。值得警惕的是，在竞价排名之外衍生了“公关保护 ”等百度式增值服务。它对重点客户承诺：删除负面新闻，以达到控制舆论的目的——则发明出一种比任意根据付费额度来排序更严重的网络控制术，进而蒙蔽民众对真实世界的认知。商业考量以牺牲真相为代价，百度走得太远了。

百度成为众矢之的，也有论者为其辩护，还试图用搜索的“准确性”置换“公正性”概念，更举出“垃圾信息是搜索不公正主因”等奇谈怪论。如何消除垃圾信息属于技术范畴，然而就反百度的各种诉求而言，重点在于廓清搜索引擎必要的独立性，匡扶互联网世界的正义论。因此，百度与反百度的争战与技术无关，其要害是要不要坚持公器属性，是否需要坚持公正的价值观。而我们认为，这是需要的。

（2008年11月18日）

事件：燃油税开征讨论日趋热烈，11月20日国家发展改革委、财政部、交通部等部门联合召开座谈会，列入取消范围的就有公路养路费、航道养护费、公路运输管理费、公路客货运附加费、水路运输管理费、水运客货运附加费等收费项目。

观点：只有厘清税费，才能让政府部门回归公共职能，减少与民争利的空间。从税收法定主义与建立透明的公共财政的大局出发，不仅燃油税，包括房地产、工商等各方面的税费都应该进行及时的清理。

推出燃油税是税费体制改革的契机

燃油税开征讨论日趋热烈，围绕税费之利益纠葛纷至呈现。

出台燃油税，意味着要对目前围绕石油、交通的一系列税费进行改革，厘清税费是建立公共财政体系的第一步。提高到这个层面，开征燃油税不仅能够摆脱地方与中央的利益纠葛、财政部与交通部的利益纠葛，还是我国理顺价格与税费体制的必要之举。

我国虽然不征收燃油税，但税费重重叠叠，不仅未能还利于消费者，还增加了行政自由裁量权，增加了行政成本，离税收法定主义渐行渐远。

燃油、行车税费有多少？11月20日国家发展改革委、财政部、交通部等部门联合召开座谈会，列入取消范围的就有公路养路费、航道养护费、公路运输管理费、公路客货运附加费、水路运输管理费、水运客货运附加费等收费项目。在各种税费之外，燃油税还以成品油消费税的面目暗渡陈仓：据2008年11月5日国务院重新修订发布的《消费税暂行条例》，在成品油消费税中，含铅汽油征收消费税0.28元/升，无铅汽油0.20元/升，柴油0.10元/升。2007年车辆购置税实质上收税额为877亿元。若以汽油、柴油消费税0.7元/升计，根据2007年的燃油消耗数计算，可增收的汽油消费税是766亿元，柴油消费税是1496亿元。事实上已征收燃油消费税上百亿元。

行政收费导致各部门利益分割，自行其是。公路养路费就是典型。养路费由交通公路管理部门向保有车辆的单位和个人征收，用于公路养护、维修和改善的费用，是养路的主要经济来源。征收的费额和费率由各省人民政府根据收支情况在国家规定的限额幅度内自行确定。这就导致公路部门脱离税收与财政预算的约束，形成庞大的既得利益群体。每当燃油税动议，公路部门动辄以养路费用的来源与二三十万征收人员的就业加以反对。

类似于交通部门的难题，其实质是中国税收体制不健全、政府预算不完善，政府部门成为一个个的独立公司，由各部门收费维系庞大的政府管理部门。除非特殊情况，公共财政理应量入为出，否则各部门自成独立王国，以扩张规模、增加预算与收费为能事。只有厘清税费，才能让政府部门回归公共职能，减少与民争利的空间。从税收法定主义与建立透明的公共财政的大局出发，不仅燃油税，包括房地产、工商等各方面的税费都应该进行及时的清理。燃油税改革只是税收体制改革的一个标志性事件，为深化改革提供契机。

从已披露的消息看，我国燃油税进行渐进式改革：税率在30%到50%之间，避免给消费者带来过高的负担；不取消大多数过路过桥费以保障交通部门的利益。征收燃油税后只撤销政府还贷二级以下公路的收费站点——根据《收费公路管理条例》，二级以下公路本来就不能收费。而继续开征大部分过路过桥费，将给车主尤其是物流等行业带来沉重的负担。

如果改革方案属实，则是保护各部门利益的折中之举。有人说这是吸收海南的经验。海南省自1994年1月1日起征收燃油附加费之后，取消了所有的收费站，但在2006年增加燃油附加费，主要是为了解决养路与修路、建路的建设资金缺口。从1998年到2006年，海南省相关部门向银行贷款38亿元用于修路养路，预计“十一五”期间还会再贷款60亿元。另据交通部门的权威统计，中国公路建设每年需要资金约5000多亿元，而公共财政支付（包括车辆购置税、养路费等政府性基金）大约只能满足其中的50%至60%，巨大的缺口需要政府向银行贷款或者由国内外经济组织投资。

这样的绥靖政策意味着燃油税费需要二度改革，继续保留大多数道路收费将使燃油税改革成为半拉子工程。实际上，除了社会集资建立的收费公路之外，只要是政府投资的公共项目，都应该坚决取消收费。养路、修路资金缺口可以采用海南省的经验，以提高燃油税率的办法加以解决，在税收体制内解决，而不是在税费叠加的旧体制内解决。

税外征费将使税收法定主义原则再遭阻碍，使燃油税改革功效大打折扣。提高燃油税率，需要征求各方面的意见，有助于形成均衡的利益博弈机制，还能使财政更加透明，由于运用时必须通过项目审核与人大审批，将有效削弱地方政府不顾成本、不顾效率投资基建的浓厚兴趣。

最后，重要的是限制占据社会用油20%以上的公车。这些对税收与价格双麻木的特殊群体越少，税收与价格政策越能收效。

（2008年11月22日）

事件：江西新余市的一批官员组成所谓的公务考察团，说是吸取别国在人力资源建设上的先进经验，相关内容仅安排半天，其余十几天去的全是美国和加拿大的旅游景点，包括拉斯韦加斯。记录这一荒诞事情的文件被网友捡到，公布在网上后迅速形成现今的焦点话题。11 月 29 日，江西新余市承认确有其事，并对带队的官员进行免职处理，责令景点的旅游费用由当事人全额承担，所有出访人员写检查。

观点：公费出国，乱象背后隐藏着权力的偏执。可有证据显示，它们并非刀枪不入，也有着害怕的力量，比如说政府信息公开。

公费旅游肆无忌惮　阳光反腐才是良药

江西新余市的一批官员组成所谓的公务考察团，说是吸取别国在人力资源建设上的先进经验，相关内容仅安排半天，其余十几天去的全是美国和加拿大的旅游景点，包括拉斯韦加斯。记录这一荒诞事情的文件被网友捡到，公布在网上后迅速形成现今的焦点话题。昨日，江西新余市承认确有其事，并对带队的官员进行免职处理，责令景点的旅游费用由当事人全额承担，所有出访人员写检查。

20 多年来，公务出境考察的真实含义变味了。虽然屡有红头文件申令“严禁用公费变相出国（境）旅游”，仍然难以遏制官员公费出国考察制度衍变成了腐败的温床。冠冕堂皇的公务之旅就演变为旅游购物之旅，考察团异化成旅游团，这类蜕变也不是一天两天的事。由于长时间处在这样的国情中，要想说服民众相信官员出国考察团履行真正的公务活动，大概是相当困难的。据《瞭望》披露，仅以 2003 年为例，干部因公出境 400 多万人次，其中到香港、澳门特区为 300 万人次，到外国为 100 万人次之多，而唯独新余市的这部分官员被彻底曝光，这真是他们的不幸，他们有理由感到懊恼。

的确，对于境外公务旅游的详细情况，公众很难有足够“知情权”，对它只有大概印象，可论及细节就模糊不清了。而江西的这个典型案例不仅准确地为公务考察作了定性，还以翔实的资料提供了定量分析的数据，具体到请翻译的报酬。窥斑见豹，公费旅游的操作流程和经办手法完整展示，腐败生成的路线图一目了然。旁观者不再是盲人摸象了，也不会再落入空谈的境地。

虽然对出国考察也不能一概否认，但公费旅游固定为官员的福利待遇，也是不争的事实。一定级别的领导享有相应的规格。比如，“省部级官员每年可以两次出国考察，局处级官员每年可以一次出国考察”，“一年出国考察一次的，可以考察两个国家，时间不超过 12 天”。如此一来，约束性的规章反而成了衡量福利高低的标尺，无节制的公费旅游以待遇的形式畅行无阻。

问题是，这种福利待遇明明是扭曲的，可偏偏强加给公共税收，纳税人一如既往地无权置喙。一方面是公权被滥用，无所忌惮；另一方面是民众只能作壁上观，有心无力。前者日复一日地对后者构成压迫。长此以往，公众的失望情绪无法得到慰藉，倒情愿把江西这个事当作笑谈，看作公费旅游的笑柄，以浇胸中块垒。发展到最无助的程度是：叹息和麻木竟然成了常见的表达。

值得注意的是，新余的案例刺激了舆情，各大网络论坛既不乏失望，也充斥着怒火。愤懑源于这样的逻辑：纳税人供养着公务员，公务员却毫无顾忌地浪费公帑满足私欲，而且纳税人根本无法阻止他们。甚至，在丑闻暴露后，连权力内部都忙着与其划清界限。可公众的无语及无力仍无计可消除。公权根据某种惯性，依旧与公众的逻辑绝缘。公费旅游的条目下积累了太多的无奈。

公费出国，乱象背后隐藏着权力的偏执。可有证据显示，它们并非刀枪不入，也有着害怕的力量，比如说政府信息公开。只要不涉及国家机密，政府信息都应向公众公布，但是已有案例显示，政府往往无视公民的知情权，以“涉及敏感信息”的借口予以拒绝。众所周知，拒绝的深层原因其实是恐惧。尽管市民的公开请求没有遂愿，但至少让我们知道公费肆意支出是有弱点的。只要不放弃朝正确的方向推促，对症下药，当有疗救的希望。

回头看，新余这桩公费旅游原形毕露，其曝光的方式很有戏剧性。这也说明，不管真相被掩饰得多好，都不要以为真相就此消亡了。真相一定会以其他途径告诉我们它的本意。江西新余以极快的速度查办涉事官员，制度查漏补缺也是想当然之举，否则其余那些更多的、没被曝光的、规模和级别远甚于此的又该怎么办？对公费旅游的制度真反思永远需要，千万不要让人继续苦挨。

（2008 年 11 月 30 日）

事件：2008年的世界艾滋病日主题为“全民动员”。希望在社会的各个层面促进全民动员的发展。我们希望在地方和全球各种组织、网络中深化和鼓舞世界艾滋病运动的发展。这一主题将继续通过世界艾滋病日运动的口号“遏制艾滋，履行承诺”加以推广。

观点：艾防是所有人的责任，这不是口号，而是事实。假若家庭、社区、城市无法在这个基本原则上取得共识，防艾的全民动员就会失去根基，无从谈起。

防艾全民动员，成败系于民间

昨天是世界艾滋病日，今明两年的主题是“全民动员”。制定这一口号的目的是，呼吁各阶层都能参与到遏制艾滋病的挑战中，实现强大和持久的全民动员，在社会所有层面、各种网络、相关团体和人际关系中推进世界防艾滋病运动。对我国而言，不仅要应对在册艾滋病患者所带来的压力，更要接近且干预44万名未知的感染人群。全民动员既是现实要求，也是未来趋势。

艾滋病疫情仍旧严峻。据卫生部的最新通报，截至9月30日，全国累计报告艾滋病病例264302例。而卫生部等部门估计，中国现存艾滋病病毒感染者和病人约70万，这其中可能有44万人不知晓自己已被感染。同时，公众对艾滋病病人的歧视非常顽固，30%的受访者认为感染了艾滋病的儿童不该与其他孩子在同一所学校学习，近65%的受访者不愿意与艾滋病感染者同室生活。

政府加强了对艾滋病的防治工作，各省都设立了艾滋病防治领导机构，“四免一关怀”政策覆盖面也得到提高。截至2008年9月底，15岁以上艾滋病病人累计接受抗病毒治疗人数达5.3万余人，累计治疗1144名儿童。然而，政府行动还不足以扭转疫情的整体态势。艾滋病传播的特点与防治艾滋病的难点都显示，只有高效地动员民间力量，才能达致控制的预定成效。

尤其是，如何识别那44万名隐形的艾滋病感染者。对这一时刻都会增长的群体进行干预，不仅是全民动员的目标所在，也是决定全民动员能否实现的最不稳定因素。现有的经验表明，民间力量有着政府无可比拟的优势。比如，广州官方就鼓励7个民间组织加入防艾队伍，其中包括4个男同性恋者团体。他们可以将防艾的规则传达到城市角落，渗透进有关人等的内心。

以恰当的方式与民间艾防人士和团体合作，越来越成为政府要注重的课题。广州就尝试着以制度化的合作激励民间动员，去年拨给民间组织的艾防资金就有百万元。从政府角度来看，资金支持、信息咨询、资源扶持都是必要的付出。总之，以感同身受的心态间接介入地下艾滋病患者的关系网，进而促成其内部自觉关怀的生成，是接近、影响、改变隐形病患和高危人群的良方。

除了影响艾滋病人群，民间志愿力量还能够转化舆情，消减社会对病患的排斥。卫生部的调查已证明了全民动员的不易，因为它要超越严重的歧见。现实是，在对艾滋病人群的认知上，我们的社会存有程度极深的不一致。艾防是所有人的责任，这不是口号，而是事实。假若家庭、社区、城市无法在这个基本原则上取得共识，防艾的全民动员就会失去根基，无从谈起。

防艾在社会层面的全民动员，主要途径无外乎两种：一是以政府对民间，自上而下地教育宣传；二是以民间对民间，平等并行地倡导熏陶。前者的确需要，但要避免将艾防删减为单纯的政府行为，杜绝落入行政窠臼。而实际上我们最缺乏的是后者。要知道，全国86.3%的县市区报有艾滋病病例。在这个前提下，要不要民间协作早就不是问题，促成民间支持的最大化才是关键。

我国的艾滋病疫情分布地区差异大，报告病例数排名前六位的省份（分别是云南、河南、广西、新疆、广东、四川），总病例数约占全国的80%。而在这些省份中，艾滋病病例的分布同样呈现落差。其实，这种落差准确反映了对民间力量的需求，无论是政府还是社会团体都可以借此找到方向，集中建设。犹如广州的高危行为干预队，在政府与非政府组织间、在特定人群与其他民众间传达动员信息。

在世界艾滋病日的众多报道中，防艾人员带领性工作者“宣誓”的新闻受到最热烈的关注。在防治环境趋向宽松的背景下，人们对这条消息的解读和反应出现了强烈反差。其间的微妙之处或许可作为尺度，用来衡量全民动员行进到何种地步。如果不是将其看作是花边新闻，而能读出严肃的、共同的责任所寄，那说明民间动员还是可以期待的。实因所谓的民间，就是我们每个人。

（2008年12月2日）

事件： 12 月 3 日，国务院总理温家宝主持召开国务院常务会议，研究部署当前金融促进经济发展的政策措施，强调要进一步加大金融对经济发展的支持力度，运用多种手段更好地发挥金融支持经济增长和促进结构调整的作用。会议提出了颇具亮点的九条具体政策措施。

观点： 由此，“金融九条”作为促经济增长，扩大内需的“十大措施”之一，在很多方面的突破是显而易见的。其意义并不仅仅在于应对金融危机，很多措施本身，具有制度的试点和长效作用。

“金融九条”制度创新值得期待

12 月 3 日，国务院总理温家宝主持召开国务院常务会议，研究部署当前金融促进经济发展的政策措施，强调要进一步加大金融对经济发展的支持力度，运用多种手段更好地发挥金融支持经济增长和促进结构调整的作用。会议提出了颇具亮点的九条具体政策措施。

实际上，在 11 月 5 日国务院常务会议上提出的“扩大内需、促进经济增长”十大措施，其中之一就是加大金融支持经济增长的力度，对金融和实体经济之间的关系进行了新的政策诠释。“金融支持经济增长”得以首次出现在官方的正式文件里。这是继“金融是现代经济的核心”的认识之后，中国在虚拟与实体经济关系方面认识上的又一重要跃迁，也是对虚拟经济和实体经济良性互动的合理界定，凸显了金融危机的特殊时期，金融政策作为经济增长的重要推力无疑将起到重要的作用。

但金融支持经济增长并不意味着简单的放松银根，增加货币供应量，而是一次全面的金融创新和制度的查缺补漏。这一次详列的“金融九条”更是对 11 月 5 日“扩大内需、促进经济增长”措施的一次政策诠释和完整的解读，除了强调“适度宽松的货币政策”，加大银行信贷力度，保持流动性预防通货紧缩之外，更是在诸多方面，突破了以前的很多禁区，提出了一些颇具创新和前瞻性的支持实体经济发展的金融保障措施。同时，针对我国金融的短板和不足之处，防患于未然，完善金融产品，坚持金融创新，使金融业本身强身健体，增强抗风险的能力，确实不乏亮点和新意。

针对目前中小企业面临的困境，“金融九条”重新定位了中小企业金融支持体系作为“公共产品”的属性，强调了政府注资中小企业担保机构的重要性，对于民间的信用担保机构通过国际通行的风险补偿等激励机制鼓励民间资本的参与，并且提出对符合条件的中小企业信用担保机构免征营业税的措施。从政策的力度和决心来看，意在借助这次金融危机，痛下决心彻底打破中小企业担保体系的融资瓶颈。

在资本市场和保险领域，围绕国务院“十大措施”确定的基础设施、民生工程、生态环境建设和灾后重建等投资重点，在资金的安排和支持上，明确提出可以优先发行“基建民生债券”，或许成为地方政府发债的一个特殊试点。特别是，“金融九条”强化保险业对经济增长的支持力度。规定保险公司可以以债权等方式投资交通、通信、能源等基础设施和农村基础设施项目，突破了保险资金不能涉足不动产的法律路障，对于未来民生工程建设中充分利用保险资金，打开了一个政策的窗口。

而融资方式的创新，更是成为“金融九条”里对现有诸多金融政策突破最大的。比如：提出了并购贷款的概念，可谓解决了长期以来一直困扰并购重组的融资难题，预计讨论了十多年的《贷款条例》将随之做重大调整，避免企业投资性贷款一直游离在非法边缘；同时，为了预防房地产企业未来可能面临的资金断裂危及金融的问题，肯定并解除了对房地产信托投资基金的禁令，旨在鼓励企业进行优化重组。同时，对股权投资基金首次在国家政策层面肯定，更是体现了融资渠道的多样性和包容力。特别是，“金融九条”将民间信贷视为合法的“融资资源”强调要予以规范，这为民间信贷的合法化首先在政策层面得到了肯定。

由此，“金融九条”作为促经济增长，扩大内需的“十大措施”之一，在很多方面的突破是显而易见的。其意义并不仅仅在于应对金融危机，很多措施本身，具有制度的试点和长效作用。比如，对中小企业的信贷支持，对保险资金的债权化应用，对民间信贷的规范，对并购贷款的支持，都是立足于金融体系本身的制度供给。可以预计，在不久将召开的中央经济工作会议，会对“金融九条”进一步细化和完善，使操作性更强，力度更大。

（2008年12月4日）

事件：12月5日，发改委、财政部、交通运输部和税务总局终于公布了《成品油价税费改革方案（征求意见稿）》，向社会公开征求意见。根据方案，在不提高现行成品油价格的前提下，将汽油消费税单位税额由每升0.2元提高到1元，柴油由每升0.1元提高到0.8元，取消公路养路费等六项收费。中国成品油价格形成机制和燃油税改革总算迈出了艰难而关键的一步。

观点：从方案本身的思路来看，其承担的改革重任已经远远不限于14年前的初始目标“费改税”这么简单。而是在规范政府收费行为的同时，亦为资源耗竭型的中国经济模式走出困境承担着节能减排的现实使命，甚至还承担着为未来公路建设筹措资金的重担。

燃油税方案出台，改革迈出第一步

12月5日，发改委、财政部、交通运输部和税务总局终于公布了《成品油价税费改革方案（征求意见稿）》，向社会公开征求意见。根据方案，在不提高现行成品油价格的前提下，将汽油消费税单位税额由每升0.2元提高到1元，柴油由每升0.1元提高到0.8元，取消公路养路费等六项收费。中国成品油价格形成机制和燃油税改革总算迈出了艰难而关键的一步。

作为一项具有风向标意义的关键领域的改革举措，燃油税的改革可谓命途多舛，从提议到出台，历经14载辩论和角力，见证了中国垄断领域改革之艰辛不易。就此而言，在改革处于深水区的今天，这部承载着国人打破垄断，谋求经济市场民主梦想的方案能够出台并且公开征求意见，其象征意义显然远远多于我们对内容的实质期待。

从方案本身的思路来看，其承担的改革重任已经远远不限于14年前的初始目标“费改税”这么简单。而是在规范政府收费行为的同时，亦为资源耗竭型的中国经济模式走出困境承担着节能减排的现实使命，甚至还承担着为未来公路建设筹措资金的重担。如此众多的政策目标，决定了燃油税在技术环节上亦没有想象中那么简单。燃油税从最初开始一个独立的税种设计，到最后变脸为以提高消费税的面目出现，说明政策制定者在平衡公共政策目标方面面临的种种考量。

对于民众集中关注的燃油定价机制和公路收费问题，燃油税改革方案没有强力回应，只是提到“不提高现行成品油价格”。在取消行政收费方面，养路费和过桥费没纳入改革的范畴，除了取消“六费”之外，原来计划一次性取消的政府还贷二级公路收费也变成了“逐步有序取消”。正如观察人士评价提到的，这是以“规范养路费的形式进行燃油税费改革，以更易于操作的形式，达到节约资源和规范收费的双重目的”。

而在成品油价格形成机制上，为了照顾石油企业的利益，渐进改革的痕迹则更为明显。我们一直强调这样的一个逻辑：市场化的成品油价格形成机制是征收燃油税的制度前提，没有一个合理的价格，燃油税将成为无源之水。但从方案看，采用的是以出厂价格为基础的按照实际成本确定的最高零售价格，国家对成品油仍然实行价格管制，并未完全实行市场化的价格机制。这也意味着，国家财政对石油企业的补贴也不可能完全取消，“高不成，低不就”的价格扭曲的现状不会随着燃油税的出台立即走进历史。

除了上述两大核心内容，从配套措施来看，对于农民、公交、出租车等特殊群体在增加燃油消费税之后的负担问题，方案通过财政补助的方式予以解决，并且强调妥善安置交通收费征稽人员。而在燃油税资金的使用方向上，虽然规定“专款专用”，但并没有完全用于未来公路建设，而是定义为“替代公路养路费等六项收费的支出，补助各地取消已审批的政府还贷二级公路收费，并对种粮农民、部分困难群体和公益性行业给予必要扶持”等，在维护现有利益格局上显得非常小心翼翼。

当然，燃油税方案的出台，只是改革的第一步，把解决因石油垄断而产生一切问题的希望都寄托在燃油税方案的出台，并不现实。考虑到方案目前正处于征求意见阶段，我们建议管理层对以上的空白能够给予制度上的回应。首先，应该给出成品油价格调整的更具操作性的方案；其次，燃油税初始的意义在于“费改税”，在目前情况下一次性取消政府还贷二级公路收费是可行的，而考虑到中国公路投资的主体和资金匮乏的现实，公众不期待可以一下做到“一脚油门踩到底”，但对尚未取消的过桥费、高速路费等应列出改革的时间表；再次，在农民、公交、出租车等特别群体的照顾机制上，不妨采取优于财政补贴的直接减免的方式，防止补贴不到位的弊端；最后，世界上大多数国家对于燃油税的资金都用于公路建设，改革方案应该明确规定应用于公路建设而不是去支付改革成本，为下一步使高速公路等真正成为公共产品而创造好的制度基础。

对于燃油税如此一项波及面大、利益影响大的重大改革举措，管理层公开征求民众意见和建议，虽然为期不长，但在缺乏直接表达民意的其他途径的制度条件下，这些措施所表现出来的对民意的尊重和有限审议，堪称进步。尽管显得小心翼翼，但我们相信，这种限制权力，保障权利，尊重民意的趋势将会持续下去。

（2008年12月7日）

事件：12月13日，国家发展改革委、财政部、交通运输部和国家税务总局等四部委通报了《成品油价税费改革方案（征求意见稿）》向社会公开征求意见的情况，截至活动结束的12月12日24时，通过网络、传真、信件等方式反馈各类意见48643条。

观点：成品油税费改革事实涉及面远远超越了当初“费改税”的群体。这也意味着，由于改革路径的突然转轨，事实上，相当一部分与本次改革利益相关的群体的意见并没有得到反映。这是政策制定者必须未雨绸缪的事项。

为成品油税费改革嵌入更多的民意

12月13日，国家发展改革委、财政部、交通运输部和国家税务总局等四部委通报了《成品油价税费改革方案（征求意见稿）》（以下简称《方案》）向社会公开征求意见的情况，截至活动结束的12月12日24时，通过网络、传真、信件等方式反馈各类意见48643条。

从12月5日方案公布，短短一周时间，能够收到近5万条来自社会各界的意见，出乎意料，说明民众对成品油价税费改革的参与热情和异乎寻常的关注。更出人意料的是，主管部门在第一时间对这些意见进行分类汇总，并向社会进行通报。这些举措所表现出来的对民意的尊重和有限审议，实属进步，值得称道和作为以后相关改革领域的制度范本。

的确，作为中国垄断领域改革的风向标，成品油价税费改革通过公开征求意见，“问计于民，问策于民，问需于民”，对于确保民众的知情权、参与权和话语权，防止既得利益者对改革的干扰，为公共政策添加“公共精神”和程序正义，安抚民众焦虑，从而形成一个比较合理的改革方案和利益分配机制，都不无裨益。这样的参与热情，一方面说明了民众对改革的支持和期盼，但也从另一个层面说明了，公开征求意见的改革方案本身亦有不足和改进之处。

从四部委汇集的意见来看，民众关注的焦点仍然集中在“价、税、费”等核心问题上，这基本符合成品油价税费改革的基本逻辑。比如，民众认为，考虑到国际原油价格大幅回落的情况，应尽早降低国内成品油价格；对于政府还贷的二级公路的收费问题，提出对拟取消收费的站点的具体位置和名称进行公示，利于群众对收费站撤站进程的监督；对成品油价格中的所谓“合理的利润”，应该明确核定，对特殊行业的补贴，要确保发放，避免被中间环节截留等。这些意见无疑都很重要，而且也是目前成品油价税费改革方案中的最大不足和有待完善之处。

发改委等主管部门分类汇总的这些意见，确属重要。只不过，这些意见并未完全涵盖民众关注的焦点问题。就成品油价格而言，民众一方面期待价格与国际接轨，另一方面期待成品油价格的市场化机制方面迈出实质步伐，改革方案仍然坚持政府对成品油价格的管制，没有列出改革的时间表，价格扭曲状况可能继续存在。在价格管制存在的情况下，民众期待在《方案》里明确价格调整的频率和原则，作为成品油价格市场化机制形成之前的制度“补丁”；从费改而言，政府还贷的二级公路要么一次性取消，要么列出取消的时间表，同时，应该把高速费和过桥费纳入改革的范畴。这些攸关改革成败的关键点，都没有在发改委等部委汇总的重要意见之中，确属缺憾，我们希望在出台的正式方案中，能够看到这些民意的制度体现。

另外，从发改委等部门统计的参与的群体而言，大家的思维仍然囿于“费改税”的初始改革设计的路径。但事实上，成品油价税费改革从最初的燃油税到后来变脸为增加消费税，已经远非当初设计的燃油税改革那么简单，而是涵盖了所有的民众，无论有车无车，都是本次成品油改革的利益相关主体。据统计，2007 年我国原油表观消费量约为 3.46 亿吨，工业用油其实是大头，占 50％以上，而交通用油仅仅占 20％以上。如果说汽油大多数用于交通的话，而柴油 80％以上用于发电、农机、水利、轮船、航空、铁道、机械等非用路行业。因此，成品油税费改革事实涉及面远远超越了当初“费改税”的群体。这也意味着，由于改革路径的突然转轨，事实上，相当一部分与本次改革利益相关的群体的意见并没有得到反映。这是政策制定者必须未雨绸缪的事项。

下一步，希望发改委等主管部门对民众的意见进行认真研究，慎重取舍，在正式实施的意见中体现对各方民意的尊重，特别是对成品油价格形成机制以及公路收费的焦点问题，更要在制度上给予必要的回应。最后，需要提醒的是，有些民众的重要意见也许还在邮寄的路上，有些还在不断通过别的途径反映，希望这些“路上的智慧”不会被忽略。

（2008 年 12 月 14 日）

事件：纪念党的十一届三中全会召开30周年大会18日在北京举行。中共中央总书记、国家主席、中央军委主席胡锦涛在会上发表重要讲话。他强调，实践充分证明，党的十一届三中全会以来我们党团结带领人民开辟的中国特色社会主义道路、形成的理论和路线方针政策是完全正确的。党的十一届三中全会的伟大意义和深远影响，已经、正在并将进一步在党和国家事业蓬勃发展的进程中充分显现出来。我们要充分认识改革开放的重大意义和伟大成就，深刻总结改革开放的伟大历程和宝贵经验。

观点：30年前的今天，近300名代表齐聚在京西宾馆，他们将要听到邓小平最重要的讲话：解放思想，实事求是，团结一致向前看。30年后的今天，让我们重温这种精神，珍惜这种经验，把赞美留给过去，用反思引导未来。

纪念改革开放三十年　总结历史经验向前看

30年前的今天，北京城大雪飞扬，中共十一届三中全会在京西宾馆召开。这个雪白的日子，成为中国历史又一个崭新的开端。

30年后的今天，我们以丰富而绚丽的色彩，对它进行纪念。

这些色彩如此饱满，我们随便抽取其中一种，无论是惊倒世界的经济，还是风起云涌的社会，抑或日渐多元的文化，都闪耀着奇幻的光芒。

我们每一个人，无论是从集体生产到外出打工的农民，还是从上山下乡到创业有成的知青，无论是上世纪80年代的文化狂热分子，还是90年代的物质主义小资，无论是皓首穷经的学者，还是日夜颠倒的网虫，无论是腰缠万贯的富翁，还是露宿街头的穷人，都有一个自己的30年。

每一束光芒都动人心魄，每一个30年都值得纪念。

所有的色彩聚集在一起，才构成一幅伟大的画卷；所有的纪念展开去，才看见完整的历史。

我们要高声赞美，大声歌唱；我们也要低头细想，静心反思。

30年中最大的风云人物邓小平，对于30年前的今天如是看："我们总结了我国革命和建设正反两个方面的经验"。

30年后的今天，我们的经验更不只正反两面，而是既像一道五光十色的彩虹，又像一片变幻莫测的大海，令人既兴奋又紧张，既充满希望又不无遗憾。

30年前的今天，并不是苍天突然的赐予，而是一段错误历史之后的反思，一阵闭关锁国之后的开放，一种极度压抑之后的释放，是以实事求是为原则的拨乱反正，是经历混乱之后对民主法制的重新发现。

打开了国门，才发现世界如此令人惊喜；解放了思想，才知道头脑如此具有创造力；放松了管制，才看见自由市场的巨大力量；修补了法律，才相信人治破坏社会的秩序。

30年来，我们不仅吃饱了，穿暖了，而且加入全球化市场，成为世界经济中举足轻重的元素；30年来，我们不仅不再跳忠字舞唱语录歌，而且在报纸上谈风花雪月，在网络上写时事博客；30年来，我们不仅不再师生翻脸，焚书拆庙，而且懂得尊重人性，尊重传统。

然而，我们也应该看到，30年不仅不是尽善尽美，而且还有很多遗憾。经济发展了，环境破坏了；旧的假大空伦理打破了，新的真善美道德待建设；经济体制改革已成功试水，行政体制改革仍充满期待。

置身于历史长河之中，30年只是一个新的开端，我们有足够的耐心去等待；对于每一个人来说，30年却又是人生中一大段，没有人可以耽误得起。我们没有错过上一个30年，我们也不愿意失去下一个30年。

30年前的今天，近300名代表齐聚在京西宾馆，他们将要听到邓小平最重要的讲话：解放思想，实事求是，团结一致向前看。

30年后的今天，让我们重温这种精神，珍惜这种经验，把赞美留给过去，用反思引导未来。

（2008年12月18日）

事件：在20日于此间召开的全国高级法院院长会议上，最高人民法院提出了当前和今后一个时期将司法改革向纵深推进的10项任务。涉及优化司法职权配置、落实宽严相济刑事政策、加强司法队伍建设、完善司法经费保障等四个方面。

观点：从这轮法院司法改革的内容看，主要是落实中央政治局已经批准通过的司法改革方案。也就是说，改革内容已经获得中央首肯，也势必会得到其他中央部委在政策、人力、财政上的充分支持，在操作性上已经得到了保障。

深化司法改革必须秉承务实态度

近日，最高人民法院提出了纵深推进司法改革的10项任务，涉及优化司法职权配置、落实宽严相济刑事政策、加强司法队伍建设、完善司法经费保障等四个方面，从内容上看，此轮改革较之过去更为深入，直面了司法体制与工作机制中存在的具体问题，改革措施也更趋务实。

在此轮改革之前，最高人民法院已先后出台了《人民法院一五改革纲要》、《人民法院二五改革纲要》两项改革纲领性文件，完成了包括民事审判方式改革、收回死刑核准权等重大改革举措。但是，由于司法改革涉及公检法司各部门的协调配合，以及人事、经费上的充分保障，改革任务不可能由法院一家主导完成。因此，两项改革纲要提到的改革任务，尚有许多没有完成，或者说完成得并不彻底。正是基于这个原因，也引致部分学者对法院司法改革提出了“眼高手低”的批评。

从这轮法院司法改革的内容看，主要是落实中央政治局已经批准通过的司法改革方案。也就是说，改革内容已经获得中央首肯，也势必会得到其他中央部委在政策、人力、财政上的充分支持，在操作性上已经得到了保障。

至于改革的具体对象，相对以前也更趋严谨。以刑事领域的改革为例。众所周知，最高人民法院已经在2007年1月1日收回了死刑核准权，实现了死刑复核程序由最高人民法院统一行使。然而，这项改革更多是落实《刑事诉讼法》的规定，并没有动及全身。死刑核准权收回之后，刑事司法领域存在的一些机制性问题，仍未得到有效解决。

具体表现是，刑事证据规则仍未有效建立；死刑案件事关人命，但审理期限却与普通刑事案件一样，不能满足严格审查的时间需要；量刑随意性较大，量刑程序缺乏规范，导致许多案件“同案不同判”；刑事附带民事诉讼程序没能有效发挥作用，许多刑事被告人没有赔偿能力，法院“判了白判”，刑事被害人仍然无法获得救济，国家救助无据可依。可以说，体制改革等大的改革只是一个“下决心”的问题，而上述机制性障碍，才是务实改革更应关注的问题。

令人欣喜的是，中央及人民法院的此轮改革，均将上述内容纳入改革范围。除人民法院将针对死刑案件制定证据审查规则外，全国人大也即将把非法证据排除规则纳入《刑事诉讼法》的修改内容。在人民法院提出的10项改革任务中，包括了“进一步落实宽严相济刑事政策，规范自由裁量权，将量刑纳入法庭审理程序，完善刑事诉讼二审、再审程序及死刑复核程序，逐步统一死刑案件裁判标准”，以及“建立刑事被害人救助制度，对生活因受犯罪侵害陷入困境的受害群众，实行国家救助”。

在过去的法院改革中，改革者更关注工作层面的问题，人事、经费保障上的问题却经常被忽略。由此导致的结果是，大量通过司法考试的高校毕业生愿意从事审判工作，却受制于僵化的政法编制制度。另一方面，中西部许多地区基层法院的法官大量流失，个别地区甚至出现“法官荒”的情况。一些法院设备老化，经费紧张，法官的工资被“拖欠”，一些法官甚至在“危房”中办公。此轮改革把加强司法队伍建设与经费保障作为改革的两大重点领域，正是为了有效解决上述问题。通过基层法院经费实现中央、省级负担的改革措施，不仅能够缓解困难地区法院的财政压力，还能够有效解决“司法地方化”等老大难问题。

党的十七大报告提出“深化司法体制改革”的任务，我们相信，只要秉承务实态度，本轮司法改革一定能够在“深化”二字上做足文章，真正促进法治的文明与进步。

（2008年12月22日）

事件：当12月23日全国400多经销商齐聚石家庄追讨三鹿所欠垫付退货款时，三鹿集团对破产传闻还未正面回应。只是当地政府已表示将于2009年1月10日前支付一部分货款。两天过后，有媒体报道三鹿已与代理商达成初步协议，将部分代理商的债务剥离于法律意义的债务清偿之外，先行赔付。据称这一协议已引起三鹿职工的不满。

观点：我们无疑承认司法权与行政权有区别，也认同《宪法》所明文规定的"法院依法独立行使审判权"这一法治基本原则，现在我们理应乐观地看到在三鹿破产清偿这一事件上的程序性转折——当初的"政府主导型"如今应该转换为"司法主导型"。

以司法理性保障三鹿破产的公正

当12月23日全国400多经销商齐聚石家庄追讨三鹿所欠垫付退货款时，三鹿集团对破产传闻还未正面回应。只是当地政府已表示将于明年1月10日前支付一部分货款。两天过后，有媒体报道三鹿已与代理商达成初步协议，将部分代理商的债务剥离于法律意义的债务清偿之外，先行赔付。据称这一协议已引起三鹿职工的不满。

在政府主导的毒奶事件善后工作中，我们不难看出三鹿经销商、三鹿职工以及相关利益人等在信息不公开之下的种种焦虑。从一些迹象来分析，三鹿铁定要破产，资不抵债之下，各种债务的清偿顺序将在很大程度上决定着相关利益人的权益保障。这其中，作为企业的三鹿与其职工之间，作为债务人的三鹿与其债权人之间，职工与债权人之间，债权人与债权人之间都有利益纠葛缠绕，可谓"剪不断，理还乱"。为避免暗箱操作，实现公正、公平清偿，尽快让三鹿进入破产程序应是务实而正确的选择。

有关三鹿破产案的最新消息是，12月25日上午，石家庄市政府举行新闻发布会证实了三鹿集团股份有限公司破产案已在法院审理之中。另据通报，截至10月31日财务审计和资产评估，三鹿集团资产总额为15.61亿元，总负债17.62亿元，净资产负2.01亿元，12月19日三鹿集团又借款9.02亿元付给全国奶协，用于支付患病婴幼儿的治疗和赔偿费用。目前，三鹿集团净资产为负11.03亿元（不包括

10 月 31 日后企业新发生的各种费用)，已经严重资不抵债。

自三鹿奶粉爆出毒奶事件以来，呼吁司法介入的声音就从未停歇。作为社会的减震器，一个独立的司法实则可以在政府与公民之间竖起一道缓冲墙，通过第三方的裁判来避免矛盾积聚，裂痕扩大。司法本身也肩负着定纷止争，实现社会公平与正义的使命。作为非讼案件的破产程序在其价值上，同样应作如是观。

我们无疑承认司法权与行政权有区别，也认同《宪法》所明文规定的“法院依法独立行使审判权”这一法治基本原则，现在我们理应乐观地看到在三鹿破产清偿这一事件上的程序性转折——当初的“政府主导型”如今应该转换为“司法主导型”。地方政府——无论是省一级，还是地市一级——应该对司法在三鹿破产案中能够有所作为抱有期待，并放手让当值法官依法律决断。一个契机是，经过 12 年砥砺方得颁行的《企业破产法》在传统的“清算组”之外，新规定了“破产管理人制度”。多由政府部门组成的“清算组”既不市场化，也不专业化，又带有浓厚的政府干预色彩。一个金融业内广为人知的案例是，当年海南发展银行破产案，清算组进驻后一直清算了 8 年也没有算清，直到旧的《企业破产法（试行)》都已经“破产”(新法出台)，海南发展银行仍未完成破产。而一个由司法机关所主导，重视债权人自治，并由律师、会计师等专业化人士来处理的破产程序，相对更能保证公正、公平、高效。

鉴于政府清算的种种弊端和以往的经验教训，三鹿破产案实可依循新法由法院根据债务人的实际情况，在征询有关社会中介机构（如律师事务所、会计师事务所）的意见后，指定某具备相关专业知识并拥有执业资格的人员担任管理人。作为破产案件的专业服务者，管理人将始终在债权人的监管之下进行工作。《企业破产法》还赋予了债权人会议认为管理人不能依法、公正执行职务或者有其他不能胜任职务情形的，有申请人民法院予以更换之权。没有政府在信息公开上的阻碍，与破产相关的信息自会通过破产程序及时披露出来，确保利益相关人知情权和监督权的实现。而这一切，都建立在政府敢于“把司法的还给司法”这一前提之上。

（2008 年 12 月 26 日）

事件：12 月 27 日，中国乳制品工业协会表示，问题奶粉事件中的三鹿集团等 22 家责任企业，愿意主动对近 30 万名确诊患儿给予一次性现金赔偿。本着对患儿高度负责的精神，22 家责任企业将共同出资建立医疗赔偿基金，对患儿可能出现的相关后遗症给予医疗报销。

观点：无论是行政的、司法的、社会的，还是行业的主动性，都应当得到制度鼓励和充分发挥，除此之外，任何排斥性的主导权安排，都应当认清其潜伏的危害。

主动赔偿修补公信，乳业危机处理教训深刻

三鹿问题奶粉善后至今，仍未有最后定案。昨日，中国乳制品工业协会表示，问题奶粉事件中的三鹿集团等 22 家责任企业，愿意主动对近 30 万名确诊患儿给予一次性现金赔偿。本着对患儿高度负责的精神，22 家责任企业将共同出资建立医疗赔偿基金，对患儿可能出现的相关后遗症给予医疗报销。目前，赔偿资金已全部筹集到位，近日将发放到患儿监护人手中。

对于重创的中国乳业而言，这是难得的知耻后勇。尽管具体实施方案尚未披露，很多技术细节也未明了，但以责任企业的危机处理思路来看，无疑已有明显转变。寥寥数语的报道称，22 家责任企业愿通过主动承担赔偿责任，以取得患儿家庭和社会的谅解。在无奈的蛰伏之后，以主动赔偿来修补公信的伤害，以重担责任再塑行业的信誉，对于中国乳业来说，无疑是不能逃避也唯一可取的正路。

这是危机爆发行业失序之后，乳业联盟重拾危机处理的主动权。它不仅仅推动陷入胶着的赔偿善后走向积极前景，对于中国乳业尽快走出公信危机也应有启发。其中尤为深切的一点，就是在危机处理中，应当积极争取危机处理的主动权，但切忌盲目抢夺不适当的主导权。这既是三鹿事件以来的危机处理教训，也是走出危机阴影的处理指引。

早在三鹿问题奶粉大规模暴露之前，三鹿集团内部早已闻知此事，对于事件可能造成的严重后果也心知肚明。种种细节表明，三鹿身陷难以救赎的伪劣之祸，首先想到的即是要争取危机处理的主导权，即一种违背法律僭越身份的过度主动权。三鹿不仅制订了严密的媒体公关方案，也立下了与地方政府的攻守同盟，这种自不

量力的危机主导权最终穿帮，造成了今日颓败的局面。

在危机处理中把握主动权，是被逐渐接受的一种理念，然而，这种主动权的掌握，在危机处理的严峻时刻，常常异化成不择手段的主导权争夺，其代价则是对其他合法权益的进一步损害。初时三鹿身陷危机，未能正当使用这种适当的主动权，却盲目扩大为对丑闻处理的狂妄主导。这种主导推动封杀了正常的新闻报道，取消了受害者的投诉表达，收买了正常的行政监督，最后演变为不可收拾的大局溃败。这种教训是非常深刻的。

由此推导出的危机处理原则，是一种适度的主动与法治的恪守。既要在危机处理的第一时间掌握主动，又不能盲目主导超越法治。对于当前乳业协会的主动赔偿来说，这种掌握主动的意义在于，既要以自身的积极主动作为，赢取社会民心和公众谅解，又不能恃借这种解决方案，去排挤和压制包括司法救济在内的其他途径。如此，才是法治框架下的危机公关，亦是应该提倡的危机处理思路。这也正是自三鹿而来的教训和总结。

奶业协会的公开表态，也表明问题奶粉事件的善后，已经开启了包括责任企业、行业协会、行政机构、法律援助、司法救济等多层级的互动体系，这将大大有助于事件的积极解决。事实上，面对影响如此广大的社会事件，任何单一渠道都很难独力支撑繁难的善后工作。这就使得在责任企业的主动行动之外，更需要行政的、司法的、社会的各方助力，多管齐下方能疏导纠结的事态与郁结的民意。它们之间不是相互排斥而是分流疏导事件压力。

面对这场问题奶粉引发的公共危机，企业、行业、政府、社会都已不可避免地卷入其中，但都无法包办整个事件的完满解决。正因为此，22 家责任企业的主动赔偿，才应当祛除一了百了的速成心态，认识到单一方案的难竟全功。因为无论是行政的、司法的、社会的，还是行业的主动性，都应当得到制度鼓励和充分发挥，除此之外，任何排斥性的主导权安排，都应当认清其潜伏的危害。

（2008 年 12 月 28 日）

事件：据新华社报道，12月27～28日，中央农村工作会议在北京举行。会议提出："城乡基础设施建设和新增公益性就业岗位要尽量多使用农民工，从贷款发放、税费减免、工商登记、信息咨询等方面积极支持农民工返乡创业"。

观点：如果说，罗斯福新政"以工代赈"的办法可以解决失业人员当期的就业问题，而积极的劳动力市场政策则是重视提高和放眼未来。如果两种措施并用，相信对度过当前的世界金融、经济危机以及在经济景气后中国走向人力资源强国的美好愿景大有裨益。

危机时期应采用更加积极的劳动力市场政策

据新华社报道，12月27～28日，中央农村工作会议在北京举行。会议提出："城乡基础设施建设和新增公益性就业岗位要尽量多使用农民工，从贷款发放、税费减免、工商登记、信息咨询等方面积极支持农民工返乡创业"。中央农村工作会议针对失业返乡农民工提出的这些应对措施具有非常积极的现实意义。

由于此次全球金融危机的影响，中国劳动密集型的制造业企业遭遇寒冬。近几个月来，因企业关闭、裁员和减薪，被迫提前返乡的农民工越来越多。据人保部披露：截至11月底，四川、重庆、河北、安徽、江西、河南、湖北、湖南、广西、甘肃等十大劳动力输出大省（市、区）农民工返乡数总计有485万名。

针对日趋严重的失业问题，中央政府很快就采取了相应的措施。为拉动内需打出了4万亿投资，激发了地方政府和有关部委的投资积极性。譬如，据媒体报道，2009年铁道部6000亿元的投资，就可以创造600万个岗位。此次中央农村工作会议提出的"城乡基础设施建设和新增公益性就业岗位要尽量多使用农民工"，实际上早已在计划之中。

关于上述政策措施，国内外都有专家将其与70多年前美国经济大萧条时的"罗斯福新政"相比。当年，罗斯福曾用"以工代赈"的方式，吸收大量的失业人员，尤其是青年，从事植树护林、防治水患、水土保持、道路建筑等工作，为失业的非熟练工人找到了用武之地。据统计，先后雇用的失业人员达2000多万，约占全国劳动力的一半。

但是，随着世界进入后工业时期和全球化时期，应对失业问题的方式也在与时俱进。20世纪80年代，对于因产业结构调整而造成的大量失业，瑞典首先提出了“积极的劳动力市场政策”。对没有专项技术而发生就业困难的失业者进行培训，针对劳动力市场上结构性的劳动力短缺，要使接受培训者掌握某种技术技能以突破“就业瓶颈”，帮助他们转向符合市场需要的扩张中的企业，最终与产业结构转型的大环境相适应。

近年来，积极的劳动力市场政策已经登上了“既鼓励受雇就业，也鼓励自主创业”的新阶段。在国外，“企业孵化器”是指一种在中小企业的创业阶段为他们提供各方面援助的非营利性机构。这类机构为创业者提供办公场地和设备，帮助他们建立经营管理制度和财务制度、会计账目，帮助他们开拓市场，等等。这种帮助是有期限的，期满之后，小企业就应该搬出去独立经营。

中国的经济发展一直以来总是说缺乏技术工人，创业者的成功率也较低。然而，与市场相适应的职业培训却始终处于不冷不热的境地。如果不是着意去培养，这种状况就永远不会改善。因此，可以考虑在经济不景气的这段时期，由政府专门斥资来培养青年技术工人，也包括一部分青年创业者。参加培训者所需的资金可用借贷的办法，在其参加工作且工资达到一定水准后分期偿还。经过两三年的培训，在经济环境转暖时，中国工人的底蕴当与此前大不相同。如果就不了业或工资达不了标，则暂缓还贷。

另外，这还可以给一些企业中技术高超但体力渐弱的老工人找到新的工作岗位——当实习指导员或曰“师傅”，甚至可以趁现在经济不景气用较低的工资聘用发达国家的技术工人当外教。这样做，可以使中国的职业培训市场真正得到发展。

如果说，罗斯福新政“以工代赈”的办法可以解决失业人员当期的就业问题，那么积极的劳动力市场政策则是重视提高和放眼未来。如果两种措施并用，相信对度过当前的世界金融、经济危机以及在经济景气后中国走向人力资源强国的美好愿景大有裨益。

（2008年12月29日）

事件：广东省发改委前日发布消息，2007 年全省常住人口已达 9449 万人，首次成为全国第一人口大省。监测显示，广东提前进入第四次人口出生高峰期，人口自然增长率由 2005 年的 7.02‰升至 2007 年的 7.3‰，今年预计为 8‰。有学者同时认为，省外流动人口较快增长构成主要原因，推动人口数量快速攀升。

观点：简言之，广东人口问题的全景有待揭示，尤其是流动人口的结构特点需要得到不偏不倚、客观周全的阐释。相较于未雨绸缪的社会保障建构等公共政策，这是有待真正重视的基础工作。

研判人口大省形势，广东亟需积极人口政策

广东省发改委前日发布消息，2007 年全省常住人口已达 9449 万人，首次成为全国第一人口大省。监测显示，广东提前进入第四次人口出生高峰期，人口自然增长率由 2005 年的 7.02‰升至 2007 年的 7.3‰，今年预计为 8‰。有学者同时认为，省外流动人口较快增长构成主要原因，推动人口数量快速攀升。总之，厘清人口问题的现实和趋势，成了广东不容回避的一大省情。

人口问题是个笼统的概念，在不同国家和地区，甚至一个国家的不同区域都各有侧重，导致这一问题的复杂性。比如在香港，人口老化率达 12%，青壮年男女比例严重失衡；加拿大等国的极低出生率已带来劳动力锐减等一系列社会隐患，从而推动它们采纳更积极的移民迁入政策。而在研究者看来，广东的人口问题并非自然增长的结果，而是人口迁移流动所造成的。

广东本来就是人口大省，长期以来，在就业、资源分配、环境承载以及社会福利等方面累积了巨大矛盾。而今成为人口"冠军"，使得行政当局思考及处置人口问题的形势更加严峻。决策机构需要对问题的出路理出清晰的解决途径。然而，迄今为止，广东无论是学界和行政部门之间，还是政府职能部门内部，对人口问题的共识还比较脆弱。研判人口形势面临着破题的焦虑感。

我们很容易根据经验体会到人口问题的严重性，比如广州火车站春运期间动辄上百万的客流量，再如珠三角日趋严峻的人居环境等。遗憾的是，这些感性认知还

没能转化成全面的统计数据，因此对提高决策的精确度少有帮助。倘若轻易将人口问题置换成提高城市门槛限制人口迁入，或强化执行计生政策，如此一来，就很难准确把握人口问题在社会层面上的扩散规律。而那些针对它的举措要么失掉准星，要么陷入被动应付的境地。方向不清，既有的行动也缺乏力量。

现有的公开数据一般是零星的、孤立的，难以通过它们观察到人口问题的整体状况。人口数量增减不是关键，人口结构问题才是真正的严肃社会发展议题。譬如广东人口总量中，流动人口究竟呈现怎样的规模？各个年龄段的主要特征是什么？它们因何流动，静止时又以怎样的态势分布在城市里？简言之，广东人口问题的全景有待揭示，尤其是流动人口的结构特点需要得到不偏不倚、客观周全的阐释。相较于未雨绸缪的社会保障建构等公共政策，这是有待真正重视的基础工作。

疏导人口流动，不只是学者在书斋里的事务，更是职能部门当以政府使命承载的庞杂命题。深为老龄化困扰的日本，意识到十年后劳动力短缺高达400万人的事实后，即施行人才抢救计划，将银发人士、家庭主妇等拉入就业行列。广东要做的则是反向操作，既分享流动人口所创造的红利，又能以恰当的医疗、社保等资源给予他们公正的国民待遇。显然，广东要从更艰巨的人口问题中突围。

不只是广东，人口问题所涉及的内容越来越不限于计划生育，而是突进到社会综合治理的方方面面；而政府解决人口问题，假若仅拥有对低生育率的强力控制，也将越来越显得不够从容。这是广东要予以正视的严肃议题。它既是行政挑战，也关乎广东发展的根本问题。人口大省“夺冠”是一个挑战，但未必直接指向资源承载等方面的负面冲击，唯有梳理其背后潜伏的人口结构问题，广东才能够给出有效的政策工具，迎接人口大省的挑战。

（2008年12月30日）